JN101728

ワークブック

環境行動学入門

建築・都市の見方が変わる
*51*の方法

編著 山田あすか
小林健治
村川真紀

著 諫川輝之
熊澤貴之
古賀政好
小松尚
酒谷粋将
橘弘志
戸田都生男
林田大作
藤田大輔
前田薫子
米ケ田里奈

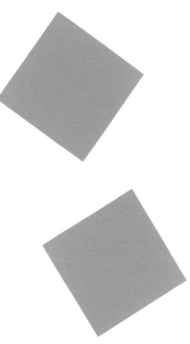

学芸出版社

はじめに

我々は日々、建築や都市の空間を身近に体験している。我々はそれらの空間のなかにあって、自らの経験や知識、身体性に基づいてそこに「環境 environment」を見出している。同時に、我々自身も環境の一部であり、環境につくられながら環境をつくっている。環境と共に在ることはあたりまえすぎるがゆえに、それぞれの空間にどのような意味や誘導が埋め込まれて環境となっているか、また人びとが環境との間にどのような関係を構築しているかはしばしば意識にのぼることがない。

本書が扱う「環境行動」のトピックスは、必ずしも建築や都市の設計に直結するものではない。しかし、環境と人間の関係という基本的なことがらへの視点を持つことは、建築・都市・社会のデザインの本質的なアプローチである。現在の施設や制度は、永続的なものではなく、社会情勢に伴って変化していく。例えば「学校」をつくろうとなったとき、時代に合った豊かな空間を創造するためには、「制度としての学校施設」だけを念頭に置くのではなく、「そこが子供たちの成長発達や学びの場となるには」と考えるだろう。環境行動という学問分野は、制度としての施設や空間から一歩引いた視点を与える。

本書では、「環境と人間の関係」をテーマにした51の演習を提示し、その解説や関連するトピックスの整理を行う。これらの体験により、「都市・建築の環境が人や生活に与える影響」や「環境と人間との関係」を学ぶ。また、こうした知識や体験が実際にどのような建築や都市空間のデザインに活かされているか、今後のデザインに活かしうるかを考える。

本書は大きく分けて2部で構成され、第1部には各テーマに沿った51の演習が納められている。第2部では読み物としてトピックスを追いつつ、演習を行うのに適したタイミングで各演習が示されている。

第2部第1章では、序説として環境行動という学問分野の概要を示し、第2章以降で第1部の演習の解説を行っている。まず第2章で、環境のなかにある自分、環境と自分の関係を意識する経験を、第3章では環境に「私」がどのように投影され、また環境を「私」のなかにどう取り込んでいるかを体験する演習を行う。

第4章では、人びとが経験や身体を通して環境を評価していることを改めて認識する。第5章では、まちあるきを想定し、まちのなかで環境と人間の関係を探す演習を設ける。第6章では、5章までの「現在」の経験や評価から少し離れ、「記憶」の中の環境を追体験する。それは、時間や「その後」の経験によって体験していた当時の環境への評価や意識がどのように変節していくかという、時間による環境の立体視の経験でもある。第7章では再び「現在」に戻り、人間の環境認知の多くを占める視覚情報、そのなかでもしばしば印象に対して支配的である「色」に注目する。第8章ではそれらを踏まえて、人間が環境を認知し意味づけていく行為であり意味づけられた環境である「イメージ」を意識する演習を行う。

本書の演習には、設計や計画プロジェクトの前段で、あるいはそれらの供用開始後に検証や効果測定として行われる都市や建築での使われ方実態調査や、環境評価に有効と考えられる各種の調査法の紹介や使用例を組み込んでいる。ヒューマンウォッチングやタウンウォッチングの技術と体験プログラムの提案として、設計等でのアイディアスケッチや発想、また市民参加ワークショップでのプログラム等にも役立てていただければ幸いである。

本書のコンセプトとしての特徴は「体験すること」を通じて「教えられるようになること」を重視したところにある。体験を楽しむ。知ること、知識という解像度が世界の見方を深く広くすることを楽しむ。つい、人に教えたくなる。体験や知識を共有したくなる。同じ世界を見られないことを知り、互いの視点での世界の見え方の違いに敬意を払い、さりとて同じ世界を見えるようになりたいものだと模索する。私はあなたを知りたい、あなたが見ている世界を知りたい、私が見ている世界を知って欲しい、と。そうした活用を通じて、環境行動という学問分野や視点の裾野が広がっていくことを、それによって環境と人間の双方向の関係構築による豊かな社会への寄与を著者一同、心から願っている。

山田あすか

はじめに…3

この本を授業・ワークショップでご利用になられる方へ…8

受講者・参加者の方へ（演習シートへの写真添付について）…8

第1部 演習編 ワークブック ─────────────────────── 9

第2部 解説編 建築・都市の現象や生態を読み解く ─────── 61

この本を授業・ワークショップでご利用になられる方へ

■この本の構成

演 習	解 説

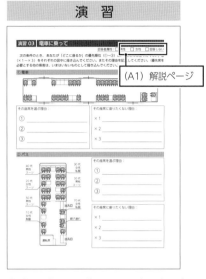

(A1) 解説ページ

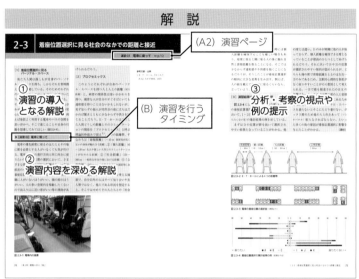

(A2) 演習ページ

① 演習の導入となる解説

(B) 演習を行うタイミング

② 演習内容を深める解説

③ 分析・考察の視点や例の提示

- 本書は大きく分けて、演習編（p.10〜60）と解説編（p.70〜187）の2部で構成されています。
- 演習と解説を相互に参照しやすい紙面構成としています（上図・A1、A2）。
- 解説編は、節と演習が対応する形式となっており、各節は以下の内容で構成されています。
  ① 演習の導入や前知識となる解説
  ② 演習で扱っている内容をより深めるためのトピックスとその解説
  ③ 収集したデータを受講者や参加者が分析する際の切り口となる視点や考察の例示
- 解説編本文には、読み進めながら演習を行うタイミングを示していますのでご参考ください（上図・B）。
- 集めた提出物を分析することを想定し、演習ページには回答者氏名欄を設けておりません。氏名の収集が必要な場合は適宜欄外などへの記入をご案内ください。

受講者・参加者の方へ（演習シートへの写真添付について）

写真を添付する枠

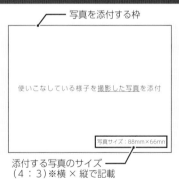

使いこなしている様子を撮影した写真を添付

写真サイズ：88mm×66mm

添付する写真のサイズ
（4：3）※横×縦で記載

縦向きの写真の添付例

本書には、写真を撮影し添付して作成する演習があります。写真の添付方法やルールは以下を参考にしてください。

- 撮影した写真データは、Word などに一度貼り付けて、演習に記載されている枠のサイズに変更します。

- 写真サイズを変更する際は、**縦と横の比率を変えない**ようにしてください。

- 枠のサイズはおおよそ4：3に設定しています。枠内に収まっていれば、写真サイズは多少小さくても大丈夫です。

- 撮影した写真が縦型の場合、写真の縦方向を枠の横幅に合わせた横向きでの添付（その際は下側がわかるよう記入してください）、または、撮影内容が判別可能であれば、枠の高さの幅にあわせたサイズでの添付でも結構です。

第 1 部

演習編

ワークブック

回答者属性：□ 男性　　□ 女性　　□ 回答しない

■あなたは友人と一緒に 大 き な 劇 場 に来ました

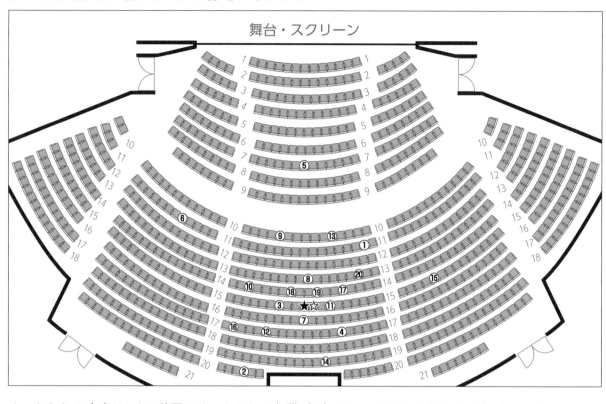

1．あなたの座席は、★の位置です。あなたの右隣（☆）には、あなたの親しい友人がいます。

2．次の番号の座席を示すとき、「ここ」「そこ」「あそこ」のうち、どの言葉を使いますか？

① : ここ / こっち　・　そこ / そっち　・　あそこ / あっち

② : ここ / こっち　・　そこ / そっち　・　あそこ / あっち

③ : ここ / こっち　・　そこ / そっち　・　あそこ / あっち

④ : ここ / こっち　・　そこ / そっち　・　あそこ / あっち

⑤ : ここ / こっち　・　そこ / そっち　・　あそこ / あっち

⑥ : ここ / こっち　・　そこ / そっち　・　あそこ / あっち

⑦ : ここ / こっち　・　そこ / そっち　・　あそこ / あっち

⑧ : ここ / こっち　・　そこ / そっち　・　あそこ / あっち

⑨ : ここ / こっち　・　そこ / そっち　・　あそこ / あっち

⑩ : ここ / こっち　・　そこ / そっち　・　あそこ / あっち

⑪ : ここ / こっち　・　そこ / そっち　・　あそこ / あっち

⑫ : ここ / こっち　・　そこ / そっち　・　あそこ / あっち

⑬ : ここ / こっち　・　そこ / そっち　・　あそこ / あっち

⑭ : ここ / こっち　・　そこ / そっち　・　あそこ / あっち

⑮ : ここ / こっち　・　そこ / そっち　・　あそこ / あっち

⑯ : ここ / こっち　・　そこ / そっち　・　あそこ / あっち

⑰ : ここ / こっち　・　そこ / そっち　・　あそこ / あっち

⑱ : ここ / こっち　・　そこ / そっち　・　あそこ / あっち

⑲ : ここ / こっち　・　そこ / そっち　・　あそこ / あっち

⑳ : ここ / こっち　・　そこ / そっち　・　あそこ / あっち

演習 02 | あなたとの距離

回答者属性：□ 男性　　□ 女性　　□ 回答しない

あなたの身長 [　　　　　.　　　cm]

今日の靴のヒール　[　　　　　　　cm]

実験結果（記録）

1）

相手属性：□男性　□女性　□その他

身長 [　　　　　　.　　　cm]
靴のヒールの高さ [　　　　　cm]

回答者との間柄：□よく話す　□たまに話す　□あまり話したことがない

つま先間の距離 [　　　　.　　cm]

条件：□ 正対　□ 側面（ 右 ・ 左 ）　□ 背面　□ その他 [　　　　　　　　　]

2）

相手属性：□男性　□女性　□その他

身長 [　　　　　　.　　　cm]
靴のヒールの高さ [　　　　　cm]

回答者との間柄：□よく話す　□たまに話す　□あまり話したことがない

つま先間の距離 [　　　　.　　cm]

条件：□ 正対　□ 側面（ 右 ・ 左 ）　□ 背面　□ その他 [　　　　　　　　　]

3）

相手属性：□男性　□女性　□その他

身長 [　　　　　　.　　　cm]
靴のヒールの高さ [　　　　　cm]

回答者との間柄：□よく話す　□たまに話す　□あまり話したことがない

つま先間の距離 [　　　　.　　cm]

条件：□ 正対　□ 側面（ 右 ・ 左 ）　□ 背面　□ その他 [　　　　　　　　　]

4）

相手属性：□男性　□女性　□その他

身長 [　　　　　　.　　　cm]
靴のヒールの高さ [　　　　　cm]

回答者との間柄：□よく話す　□たまに話す　□あまり話したことがない

つま先間の距離 [　　　　.　　cm]

条件：□ 正対　□ 側面（ 右 ・ 左 ）　□ 背面　□ その他 [　　　　　　　　　]

5）

相手属性：□男性　□女性　□その他

身長 [　　　　　　.　　　cm]
靴のヒールの高さ [　　　　　cm]

回答者との間柄：□よく話す　□たまに話す　□あまり話したことがない

つま先間の距離 [　　　　.　　cm]

条件：□ 正対　□ 側面（ 右 ・ 左 ）　□ 背面　□ その他 [　　　　　　　　　]

6）

相手属性：□男性　□女性　□その他

身長 [　　　　　　.　　　cm]
靴のヒールの高さ [　　　　　cm]

回答者との間柄：□よく話す　□たまに話す　□あまり話したことがない

つま先間の距離 [　　　　.　　cm]

条件：□ 正対　□ 側面（ 右 ・ 左 ）　□ 背面　□ その他 [　　　　　　　　　]

実験要領

これ以上は…

身長差（cm）

つま先間の距離（cm）

回答者＝あなた（近づく）　前方　誰か（動かない）

①立位で互いに正面を向き合い、視線を合わせます。

②あなたが徐々に近づいていき、これ以上は「近づけない（近づきたくない）」と感じたところで立ち止まってください。

③その時点で互いのつま先間の距離を測定してください。

※近づいていく際、互いの視線をそらさないようにしてください。

※身長や性別、間柄（親密さの程度）を変数として、同じ要領で繰り返し、測定してください。

※はじめに３人から５人程度のグループになると測定がスムーズです。

※余力があれば、視線を合わせない、正面ではなく側面／背面など、条件を変えて測定してみてください。

回答者属性：☐ 男性　　☐ 女性　　☐ 回答しない

　次の条件のとき、あなたが「どこに座るか」の優先順位（①〜③）と、「ここには座りたくない」順（×1〜×3）をそれぞれの図中に描き込んでください。またその理由を記入してください。（優先席を必要とする他の乗客は、いまはいないものとして描き込んでください。）

① 電車

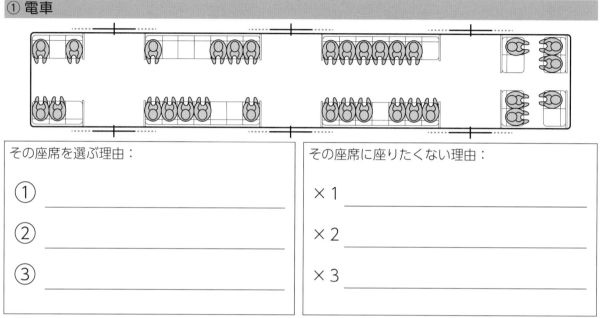

その座席を選ぶ理由：

① ＿＿＿＿＿＿＿＿＿＿＿＿

② ＿＿＿＿＿＿＿＿＿＿＿＿

③ ＿＿＿＿＿＿＿＿＿＿＿＿

その座席に座りたくない理由：

×1 ＿＿＿＿＿＿＿＿＿＿＿

×2 ＿＿＿＿＿＿＿＿＿＿＿

×3 ＿＿＿＿＿＿＿＿＿＿＿

② バス

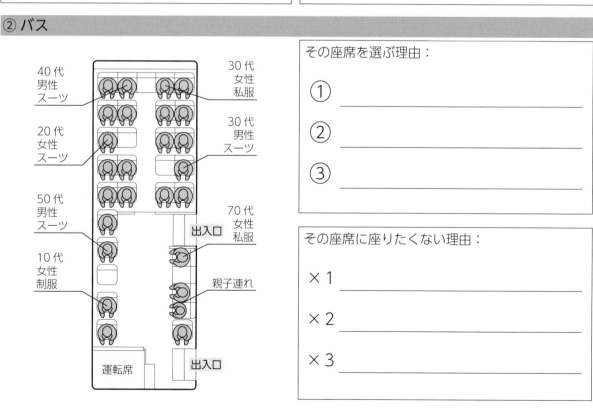

その座席を選ぶ理由：

① ＿＿＿＿＿＿＿＿＿＿＿＿

② ＿＿＿＿＿＿＿＿＿＿＿＿

③ ＿＿＿＿＿＿＿＿＿＿＿＿

その座席に座りたくない理由：

×1 ＿＿＿＿＿＿＿＿＿＿＿

×2 ＿＿＿＿＿＿＿＿＿＿＿

×3 ＿＿＿＿＿＿＿＿＿＿＿

演習 04 | 今日の授業はどこに座る？

⇒ p.76 2-4

回答者属性： ☐ 男性　　☐ 女性　　☐ 回答しない

講義の際にあなたが座る位置とその理由、また、講義への参加意欲を教えてください。

1．あなたが一番【好き】な講義について、教えてください。

1）講義の内容： 講義 ・ 演習 ・ 講義＋演習
（どれかに○をつける）

教卓

教壇

2)↑着座位置に●

＊左右が反転しているパターンの教室ですか？　Yes / No

3）どうしてこの席に座るのですか？

4）あなたはこの講義に

☐ いつも出席している

☐ ときどき欠席／遅刻している

☐ 欠席／遅刻しがち

2．あなたが一番【苦手】な講義について、教えてください。

1）講義の内容： 講義 ・ 演習 ・ 講義＋演習
（どれかに○をつける）

教卓

教壇

2)↑着座位置に●

＊左右が反転しているパターンの教室ですか？　Yes / No

3）どうしてこの席に座るのですか？

4）あなたはこの講義に

☐ いつも出席している

☐ ときどき欠席／遅刻している

☐ 欠席／遅刻しがち

演習 05 | 身体感覚1：教室の広さと高さ

⇒ p.78 2-5

回答者属性：□ 男性　　□ 女性　　□ 回答しない

1．この教室の見取り図（平面図）をざっと描いてください（壁・柱・窓・出入り口・黒板　は必ず記入）。
2．教室の奥行きと幅を記入してください。
3．教室の天井高を記入してください。
　　＊奥行き・幅・高さは、正確な値ではなく「どのくらいに感じたか」の値を記入してください。

教室の奥行き：＿＿＿＿m	幅　　：＿＿＿＿m	天井高：＿＿＿＿m

演習 06 | 身体感覚2：大空間の広さと高さ

⇒ p.79 2-6

回答者属性：☐ 男性　　☐ 女性　　☐ 回答しない

1．指定された吹き抜けの見取り図（平面図）・断面図をざっと描いて（壁・柱・開口部等）ください。
2．奥行きと幅を図中に記入してください。
3．吹き抜け空間の天井までの高さを図中に記入してください。
　＊奥行き・幅・高さは、正確な値ではなく「どのくらいに感じたか」の値を記入してください。

回答者属性：□ 男性　　□ 女性　　□ 回答しない

さまざまな「椅子」の写真を撮影して添付してください。右側枠内には、各部の寸法を測ったスケッチを添えてください。

写真サイズ：80mm×60mm

スケッチと計測した寸法

場所（どこにありますか？）

その椅子の特徴を簡単に

あなたはその椅子を…
□ よく使う
□ たまに使う　→　1回あたり _____ 分程度
□ 全く使わない

その椅子の座り心地は…
□ とてもよい
□ まあまあ
□ 悪い

さまざまな「椅子」の写真を撮影して添付してください。右側枠内には、各部の寸法を測ったスケッチを添えてください。

写真サイズ：80mm×60mm

スケッチと計測した寸法

場所（どこにありますか？）

その椅子の特徴を簡単に

あなたはその椅子を…
□ よく使う
□ たまに使う　→　1回あたり _____ 分程度
□ 全く使わない

その椅子の座り心地は…
□ とてもよい
□ まあまあ
□ 悪い

回答者属性：□ 男性　　□ 女性　　□ 回答しない

1）あなたがよく知っているトイレの見取り図（平面図）を描いてください。

＊寸法や什器（便器、手洗い、棚、コントローラー、ペーパーホルダーなど）を描き込んでください。

2）このトイレがあるのはどこですか？

_____

3）このトイレをどう思いますか？　各項目で 100 点を満点とした場合の点数をつけてください。

① 使いやすさ　　＿＿＿＿＿＿ 点
② 清潔さ　　　　＿＿＿＿＿＿ 点
③ 居心地の良さ　＿＿＿＿＿＿ 点
④ 好ましさ　　　＿＿＿＿＿＿ 点

4）このトイレについて、もっとこうだったらいいなと思うことを書いてください。

_____

_____

_____

回答者属性：□ 男性　　□ 女性　　□ 回答しない

・あなたの部屋の見取り図（平面図）と設え（家具、置いてある 小物など）を描いてください。また、それらの状態やあなたの 考え、気持ちなどをコメントとして記入してください。

・部屋のなかで「いつもいる場所」に人型（ 👁 ）を描いてく ださい。

・部屋の中で、どのように過ごすかを記入してください。

＊寸法を記入してください（1 マス＝30 センチなど）

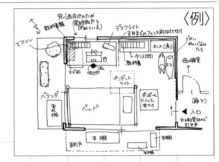

〈例〉

回答者属性：☐ 男性　　☐ 女性　　☐ 回答しない

・家族と暮らす／暮らした家（実家など）のリビング・ダイニングの
　間取りと家具配置を描いてください。
・寸法はできるだけ正確にお願いします。
・1マスを 45 センチとして描くと、描きやすいと思います。

〈例〉

1）上で描いた家の団らん空間と家族の寝室の位置関係は、以下 A、B、C のどれに該当しますか？

A. 団らん空間を通って
　　寝室にアプローチ

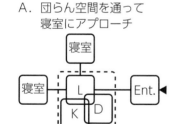

B. 団らん空間を通らずに
　　寝室にアプローチ

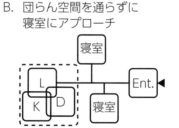

C. A、B が混在

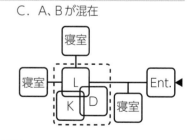

2）浴室（含む洗面所）と、団らん空間、廊下空間の位置関係はどれに該当しますか？

A. 団らん空間から浴室へアプローチ　　B. 廊下空間から浴室へアプローチ
C. 団らん空間と廊下空間のどちらからも行ける

3）この家は、何層ですか？

1層（平屋・集合住宅フラットタイプ）　・　2層（2階建て）　・　3層（3階建て）
その他 _____

4）「一家団らん」してますか？

　　　していない／したくない　・　必要があれば　・　週1〜2回　・　週3〜4回　・　ほぼ毎日
　　　※ひとり暮らし中の場合：　帰省しない　・　帰ったらときどきする　・　帰ったらいつもする

演習 11 状況を整えるという行動のステップ

回答者属性：☐ 男性　　☐ 女性　　☐ 回答しない

①：あなたの日常生活の中でよく見る人びとの行動とその環境の組み合わせ（行動セッティング）に着目し、その全体像がわかる風景の写真を撮影し、添付してください。
②：①の状況をよく観察し、人びとの行動の様子や環境の構成要素を 7 個書き出してください。
③：①で撮影した写真にトレーシングペーパーを重ねるなどして、写真に映る人や空間の要素を鉛筆やペン等を用いてなぞり、線画のスケッチを描いてください。
④：②で書き出した要素を 3 つ選び、変化を加えた場合（行動セッティング・ハッキング）のスケッチを枠内に添付し、選んだ要素をどのようにハッキングしたか記述してください。

行動セッティング

①
あなたが見つけた行動セッティングに関する
風景を撮影した写真を添付

写真サイズ：70mm×52mm

場所：

どんな人たちが、何をしていますか？：

全体や周辺のスケッチ：

② 人びとの行動と環境の構成要素

	人びとの行動	環境の構成要素
1		
2		
3		
4		
5		
6		
7		

行動セッティング・ハッキング

④
行動セッティング・ハッキングをした場合の
風景のスケッチを添付

トレーシングペーパーにスケッチをした場合は
コピーするなどして透けない状態でここに
添付してください

枠サイズ：70mm×52mm

選んだ要素の番号	ハッキング内容（追加した変化）

演習12 空想★妄想！秘密基地

⇒ p.95 3-4

回答者属性：☐ 男性　　☐ 女性　　☐ 回答しない

あなたの大学のキャンパスの中など、自宅以外であなたの身近な場所に、あなたやあなたの親しい友人等だけが利用できる"秘密基地"を空想してみましょう。まずは①秘密基地を設置する場所を決め、②具体的な空間のかたちやその設えについて考えてください。①は配置図、②は平面図と断面図で表現し、それぞれの計画の工夫・特徴をできる限り詳細に箇条書きで書いてください。

①配置計画

配置図（1/2000 程度の縮尺）　　　　　10m

配置図（1/500 程度の縮尺）　　　　2.5m

配置の工夫・特徴

②空間計画

平面図（1/50 程度の縮尺）　　1m

断面図（1/50 程度の縮尺）　　1m

空間の工夫・特徴　　利用する人数：　　　　　人

回答者属性：□ 男性 　□ 女性 　□ 回答しない

「あなたが好きな場所」を
撮影した写真を添付

写真サイズ：88mm×66mm

「好きな場所」の名前：

そこでは何をしますか：

そこはどれくらいの頻度で使う / 通りかかりますか？：

いつも 　/ 　ときどき 　/ 　たまに

その場所のことがいつから好きですか？：

中学生以前から 　/ 　高校生の頃から 　/ 　最近

あなたはなぜその場所が好きなのですか？：

〜が

〜だから

「あなたが好きな場所」を
撮影した写真を添付

写真サイズ：88mm×66mm

「好きな場所」の名前：

そこでは何をしますか：

そこはどれくらいの頻度で使う / 通りかかりますか？：

いつも 　/ 　ときどき 　/ 　たまに

その場所のことがいつから好きですか？：

中学生以前から 　/ 　高校生の頃から 　/ 　最近

あなたはなぜその場所が好きなのですか？：

〜が

〜だから

回答者属性：☐ 男性　　☐ 女性　　☐ 回答しない

あなたの「居心地の良い場所」を撮影した写真を添付してください。写真が難しい場合はその場所のスケッチを描いてください。（写真サイズは 96mm×72mm）

「居心地の良い場所」の名前

あなたはなぜ、その場所を「居心地が良い」と思うのでしょうか？

〜が

〜だから

そこでは何をしますか？

そこはどれくらいの頻度で使う／通りかかりますか？　　　いつも　・　ときどき　・　たまに

その場所の居心地の良さを生み出している工夫や設えはありますか？

あなたの「居心地の良い場所」を撮影した写真を添付してください。写真が難しい場合はその場所のスケッチを描いてください。（写真サイズは 96mm×72mm）

「居心地の良い場所」の名前

あなたはなぜ、その場所を「居心地が良い」と思うのでしょうか？

〜が

〜だから

そこでは何をしますか？

そこはどれくらいの頻度で使う／通りかかりますか？　　　いつも　・　ときどき　・　たまに

その場所の居心地の良さを生み出している工夫や設えはありますか？

演習 15 使いこなしの工夫

回答者属性：☐ 男性　　☐ 女性　　☐ 回答しない

どんな工夫がある？

使いこなしている様子を<u>撮影した写真</u>を添付

写真サイズ：88mm×66mm

場所の説明（様子）：

あなたもできる？
☐ やったことがある　　　　☐ できない
☐ やったことはないができる　　理由：_____

どんな工夫がある？

使いこなしている様子を<u>撮影した写真</u>を添付

写真サイズ：88mm×66mm

場所の説明（様子）：

あなたもできる？
☐ やったことがある　　　　☐ できない
☐ やったことはないができる　　理由：_____

演習 16 | 身近な生活環境における「場所」を記述し、言語化する ⇒ p.106 4-1

身近な生活環境において、あなたが見つけた「場所」
を教えてください。
あなた自身がつくっている「場所」でも、他者がつ
くっている「場所」でも、どちらでも構いません。

※スケッチ・ダイヤグラムは、右の例を参考に、なるべ
　く詳しく描いてください。

〈スケッチ・ダイヤグラムの例〉

「場所」の名前または説明：最寄り駅に行く途中の公園にある崖、など、なるべく詳しく書いてください

行為：あなたはそこで何をしますか？（何もしない、ぼーっとする、なども含む）

心理：あなたはそこでどのような気持ちになりますか？

頻度：　いつも　／　月・週・年　に　　　　　　回くらい　　　人数：　　　　　　人（くらい）で

その「場所」でその行為・その心理が生じる理由を、なるべく詳しく書いてください（箇条書き可）。

その「場所」と、そこでの行為・心理、環境を構成する要素などを、スケッチまたはダイアグラムで
表現してください。

回答者属性：☐ 男性　☐ 女性　☐ 回答しない

電車やバスで見かける「ああいう人」「こういう行為」、気になりますか？どれくらい気になりますか？
自分ではやりますか？該当する選択肢に ○ をつけてください。
「自分では？」の「やる」の回答には、「やっているかも／やるかも／してもいいかも」を含みます。

	車内が混雑しているとき				自分では？				車内が混雑していないとき				自分では？			
	とても気になる	やや気になる	あまり気にならない	全く気にならない	絶対やらない	たまにやる	ときどきやる	いつもやる	とても気になる	やや気になる	あまり気にならない	全く気にならない	絶対やらない	たまにやる	ときどきやる	いつもやる
1. 携帯電話で堂々と話している																
2. 口元を隠して、小声で携帯電話で話している																
3. 子供が騒いでいても叱らない親																
4. 同乗者と（声を落とさず）話をしている																
5. 酒に酔っている																
6. ドア付近に座り込んでいる																
7. お化粧をしている（かなりバッチリメイク☆）																
8. 携帯端末、ゲームの操作をしている																
9. パソコン（ipad 含む）の操作をしている																
10. おにぎりを食べている																
11. カップラーメンを食べている																
12. ペットボトルのお茶を飲んでいる																
13. ヘッドホンから漏れるほどの音で音楽を聴いている																
14. マンガ雑誌を読んでいる大人																
15. 新聞を広げて読んでいる																
16. 性的な記事・写真の載った新聞・雑誌を広げている																

演習 18 ○○しやすさの生態学

⇒ p.110 4-3

回答者属性：☐ 男性　　☐ 女性　　☐ 回答しない

2～3人で飲食しやすい場所

| 場所の写真を撮影して添付 写真サイズ：86mm×65mm | 場所の説明（様子）： |
| | 全体・周辺の状況のスケッチ： |

ここで飲食がしやすいと思う要素・理由

これらの場所は、何が・どのような点が異なっていますか？

ひとりでパソコン作業・オンラインの打合せがしやすい場所

| 場所の写真を撮影して添付 写真サイズ：86mm×65mm | 場所の説明（様子）： |
| | 全体・周辺の状況のスケッチ： |

ここで作業・打合せがしやすいと思う要素・理由

回答者属性：☐ 男性　　☐ 女性　　☐ 回答しない

あなたが日常生活の中で、「環境の要素に誘われて」「ついついやってしまう」または、「頭の中で考えてしまう」ことを挙げてください。

状況や行為を、イラストなどで示してください。

いつごろのことですか？
（当てはまれば複数に○）
1. こどもの頃
2. 中高生の頃
3. 最近

頻度を教えてください
（当てはまれば複数に○）
1. たまに
2. しばしば
3. 条件がそろえばいつも

なぜそれを「してしまう」と思いますか？　可能な限り、言語化してみてください。

状況や行為を、イラストなどで示してください。

いつごろのことですか？
（当てはまれば複数に○）
1. こどもの頃
2. 中高生の頃
3. 最近

頻度を教えてください
（当てはまれば複数に○）
1. たまに
2. しばしば
3. 条件がそろえばいつも

なぜそれを「してしまう」と思いますか？　可能な限り、言語化してみてください。

・初めてあなたの家を訪れる人に案内するつもりで、最寄り駅から自宅周辺の地図を手書きで描いてください。北の方向も図示してください。

・固有名詞は一般名詞に変換して構いません（「駅」、「スーパー」など）。

・この演習は正確さを競うものではありません。地図で調べたり、他の人のスケッチは見ないで、自分の記憶だけで描いてください。

回答者属性：☐ 男性 ☐ 女性 ☐ 回答しない

・初めて大学を訪れる人に案内するつもりで、大学周辺〜構内の地図を手書きで描いてください。鉄道を利用する際は最寄り駅から大学まで、バスを利用する際は最寄りのバス停から大学までの範囲で描いてください。北の方向も図示してください。
・大学構内の主な建物を記載してください。
・この演習は正確さを競うものではありません。地図で調べたり、他の人のスケッチは見ないで、自分の記憶だけで描いてください。

回答者属性：☐ 男性　　☐ 女性　　☐ 回答しない

地図①（まちの中：直交グリッド）

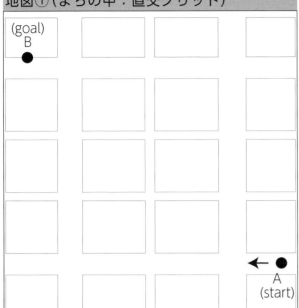

地図②（まちの中：ショートカット）

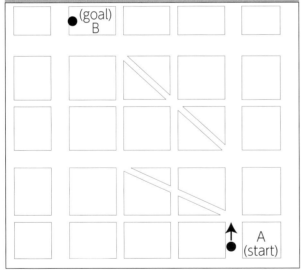

地図③（まちの中：非線形）

地図④（建物の中：上下移動）

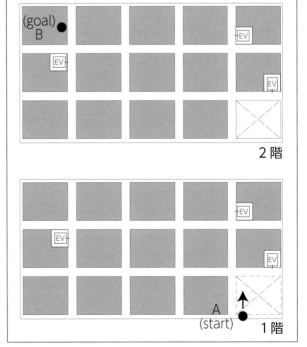

記入要領

目隠しをされ、知らないところに連れて来られた
あなた。目隠しを取ると、A（現在地）から B（目的
地）へ行くように指示が書かれた地図が置いてあ
ります。さて、あなたが通るルートを黒線で**太く**
描いてください。

回答者属性：□ 男性　　□ 女性　　□ 回答しない

まちの中で、「お金を払って借りられる場所」「買うことができる時空間」をピックアップし、場所・金額・時間・広さ・設え・そこでできることを書いてください。例：カラオケボックス、カフェ、電車など

| 例 | それはどこですか： 南大沢駅前 にある ミスド |

利用頻度：いつも　／（月）・週・年 に 1 回くらい　人数： 1 人（くらい）で
専有できる広さと時間、料金：2人がけのテーブル1個と椅子2個（荷物・自分）、30分くらい、約500円。

そこではなにができますか？
（実際にしていること）

その場所の利用の様子のスケッチまたはダイアグラム

　会議までの時間合わせに使う。実際にしているのは、暇つぶし、読書、仕事（打ち合わせ準備）、軽食（ドーナツとコーヒー）、携帯でメールやブログを書いたりしている。

仕事をするにはテーブルがちょっと狭い（2人いるときは4人掛けのテーブルにする）
鞄や上着を置く（椅子が狭いから）
窓から外が見える
あんまり座り心地よくない椅子（かたい）

---

1. それはどこですか：　　　　　　　　　　　　　にある

利用頻度：いつも　／　月・週・年　に　　　回くらい　　　人数：　　　　人（くらい）で

専有できる広さと時間、料金：

そこではなにができますか？
（実際にしていること）

その場所の利用の様子のスケッチまたはダイアグラム

---

2. それはどこですか：　　　　　　　　　　　　　にある

利用頻度：いつも　／　月・週・年　に　　　回くらい　　　人数：　　　　人（くらい）で

専有できる広さと時間、料金：

そこではなにができますか？
（実際にしていること）

その場所の利用の様子のスケッチまたはダイアグラム

演習 24 | まちのなかにあって嫌なもの・気になるもの ⇒ p.122 5-1

まちを歩いていて、「これがまちの中にあると嫌だな」や「良いか悪いか分からないけれど気になるな」と思うモノを撮影し、コメントを添えてください。
撮影するモノは、はっきりと目に見えないコト（音やイベント、人など）でも結構です。
屋内空間ではなく、歩行空間にある／歩行空間から見えるモノ・コトとしてください。

撮影した写真を添付 写真サイズ：80mm×60mm	場所：	モノ・コトの内容：
	□ まちの中にあると嫌　□ 気になる	
	選んだ理由： ～が ～だから	

撮影した写真を添付 写真サイズ：80mm×60mm	場所：	モノ・コトの内容：
	□ まちの中にあると嫌　□ 気になる	
	選んだ理由： ～が ～だから	

撮影した写真を添付 写真サイズ：80mm×60mm	場所：	モノ・コトの内容：
	□ まちの中にあると嫌　□ 気になる	
	選んだ理由： ～が ～だから	

回答者属性： ☐ 男性　　☐ 女性　　☐ 回答しない

環境要素への具体的な評価や要望

まちを歩いていて、「これがまちの中にある
と嫌だな」と思うモノを撮影して添付し、
コメントを添えてください。
撮影するモノは、はっきりと目に見えない
コト（音やイベント、人など）でも結構です。
屋内空間ではなく、歩行空間にある／歩行
空間から見えるモノ・コトにしてください。

写真サイズ：64mm×48mm

場所

撮影したモノ

なぜそれがあると「嫌」なのですか？

〜が

〜だから

目的・理念・要望の本質

回答者属性： □ 男性　　□ 女性　　□ 回答しない

ゴミがポイ捨てされている場所や自転車が放置されているなど「荒れている」と感じる場所を2か所、探して写真に撮り、その場所の特徴を図とコメントで説明して、考察してください。

荒れている場所を撮影した写真を添付 写真サイズ：94mm×70mm	場所
	周囲の状況の説明・スケッチ

利用頻度：　毎日利用している　・　週／月／年　　回程度利用する　・　全く利用していない

なぜこの場所は荒れていると思いますか？：

荒れている場所を撮影した写真を添付 写真サイズ：94mm×70mm	場所
	周囲の状況の説明・スケッチ

利用頻度：　毎日利用している　・　週／月／年　　回程度利用する　・　全く利用していない

なぜこの場所は荒れていると思いますか？：

回答者属性：□ 男性　　□ 女性　　□ 回答しない

「いい感じ」の生活感を感じる場所

①

「いい感じ」の生活感を感じる場所の
<u>写真を撮影して添付して</u>ください

写真サイズ：64mm×48mm

場所：

「いい感じ」と思った理由は？：

〜が

〜だから

②

「いい感じ」の生活感を感じる場所の
<u>写真を撮影して添付して</u>ください

写真サイズ：64mm×48mm

場所：

「いい感じ」と思った理由は？：

〜が

〜だから

「ちょっとどうかな？」な生活感を感じる場所

①

「ちょっとどうかな？」な生活感を感
じる場所の<u>写真を撮影して添付して</u>
ください

写真サイズ：64mm×48mm

場所：

「ちょっとどうかな？」と思った理由は？：

〜が

〜だから

②

「ちょっとどうかな？」な生活感を感
じる場所の<u>写真を撮影して添付して</u>
ください

写真サイズ：64mm×48mm

場所：

「ちょっとどうかな？」と思った理由は？：

〜が

〜だから

回答者属性： ☐ 男性　　☐ 女性　　☐ 回答しない

	これはどこの写真ですか？
まちや建物のなかで、「獣道」行動をしてしまう場所、したくなる場所、「獣道」行動がされた結果の写真を撮影して添付 写真サイズ：94mm×70mm	周囲の状況の説明・スケッチ

利用頻度：　毎日利用している　・　週／月／年　　　回程度利用する　・　全く利用していない

「獣道」行動をしたくなる理由：

	これはどこの写真ですか？
まちや建物のなかで、「獣道」行動をしてしまう場所、したくなる場所、「獣道」行動がされた結果の写真を撮影して添付 写真サイズ：94mm×70mm	周囲の状況の説明・スケッチ

利用頻度：　毎日利用している　・　週／月／年　　　回程度利用する　・　全く利用していない

「獣道」行動をしたくなる理由：

回答者属性：□ 男性　　□ 女性　　□ 回答しない

「行為」を感じる場所の<u>写真を</u>
<u>撮影して添付</u>

写真サイズ：80mm×60mm

どんな行為の痕跡？：

痕跡と認識した理由は？：

〜が

〜だから

「行為」を感じる場所の<u>写真を</u>
<u>撮影して添付</u>

写真サイズ：80mm×60mm

どんな行為の痕跡？：

痕跡と認識した理由は？：

〜が

〜だから

「行為」を感じる場所の<u>写真を</u>
<u>撮影して添付</u>

写真サイズ：80mm×60mm

どんな行為の痕跡？：

痕跡と認識した理由は？：

〜が

〜だから

「行為」を感じる場所の<u>写真を</u>
<u>撮影して添付</u>

写真サイズ：80mm×60mm

どんな行為の痕跡？：

痕跡と認識した理由は？：

〜が

〜だから

演習 30　待つ・座る…　滞在と滞留の場面を探す

⇒ p.136 5-7

回答者属性：☐ 男性　☐ 女性　☐ 回答しない

座ってほしくないのに、誰かが座っている場面

①

座っている

座っている場面を
撮影した写真を添付

写真サイズ：64mm×48mm

場所の説明（様子）：

座っている要因は？：

～が

～だから

②

座っている

座っている場面を
撮影した写真を添付

写真サイズ：64mm×48mm

場所の説明（様子）：

座っている要因は？：

～が

～だから

座ってもらいたいのに、誰も座っていない場面

①

座っていない

座っていない場面を
撮影した写真を添付

写真サイズ：64mm×48mm

場所の説明（様子）：

座っていない要因は？：

～が

～だから

②

座っていない

座っていない場面を
撮影した写真を添付

写真サイズ：64mm×48mm

場所の説明（様子）：

座っていない要因は？：

～が

～だから

演習31 | 近くて遠い・遠くて近い

回答者属性：☐ 男性　　☐ 女性　　☐ 回答しない

「見知らぬ他人同士」が場所を共有している

平面的な図（人間同士の位置関係や家具などを記入）	
	どんな人たちが？：
	何をしている？：
	それぞれの向きや距離は？：
	家具の種類や違いは？：

「家族や知り合い」が場所を共有している

平面的な図（人間同士の位置関係や家具などを記入）	
	どんな人たちが？：
	何をしている？：
	それぞれの向きや距離は？：
	家具の種類や違いは？：

回答者属性：□ 男性　　□ 女性　　□ 回答しない

身近な地域のハザードマップを調べ、以下の内容をまとめてください。

（1）どの自治体の、何についてのハザードマップか

（2）それは、どのような想定でつくられたマップか

（3）そこから読み取れることは何か（どこに、どのような危険性が想定されているのか）

読み取った場所（どこに）	想定されている危険性・その危険性によって起こりうること

（4）被害を軽減するために、どのような対策が考えられるか

（5）あなたがマップを見た感想

□ 予想通りだった　　□ 意外だった

その理由：

その他の感想：不思議に思ったこと、今後気を付けようと思うことなど

【ハザードマップの探し方】
・「国土交通省ハザードマップポータルサイト」（https://disaportal.gsi.go.jp/）にアクセスすると、「重ねるハザードマップ」から複数の災害情報を、地形情報と重ね合わせて確認できる。「わがまちハザードマップ」からは、各市区町村における主な災害に対するハザードマップ作成状況とリンク先を確認できる。万一、リンクが切れている場合は、「自治体名　ハザードマップ」で検索する。
・インターネットで公開していない自治体もあるため、その場合は市区長村などに問い合わせる。

演習 33 社会を生きる悲劇とジレンマ

⇒ p.142 5-10

回答者属性：☐ 男性　　☐ 女性　　☐ 回答しない

【状況】あなたが住む市内ではゴミ焼却場が慢性的に不足しています。そのため、ゴミ焼却場を既存の施設に加えて別の場所に新設する計画があります。

1）①〜④の役割になりきり、その立場での回答を記入してください。

2）グループをつくり、メンバーは下記の4つの立場に分かれ、その立場から話し合ってください。終了後は、別の立場になって繰り返して話し合いましょう。

① 市長　1）役割視点での回答	② 計画地の近隣住民　1）役割視点での回答
ゴミ焼却場の新設計画による利益は何か？	ゴミ焼却場の新設計画による利益は何か？
ゴミ焼却場の新設計画による損失は何か？	ゴミ焼却場の新設計画による損失は何か？
2）話し合い後	2）話し合い後
合意形成したか？　　合意した・合意しない	合意形成したか？　　合意した・合意しない
計画の実施に対するあなたの考え　賛成・反対	計画の実施に対するあなたの考え　賛成・反対
その理由は？：	その理由は？：

③ 市内の一般市民　1）役割視点での回答	④ 環境問題に関心が高い市民　1）役割視点での回答
ゴミ焼却場の新設計画による利益は何か？	ゴミ焼却場の新設計画による利益は何か？
ゴミ焼却場の新設計画による損失は何か？	ゴミ焼却場の新設計画による損失は何か？
2）話し合い後	2）話し合い後
合意形成したか？　　合意した・合意しない	合意形成したか？　　合意した・合意しない
計画の実施に対するあなたの考え　賛成・反対	計画の実施に対するあなたの考え　賛成・反対
その理由は？：	その理由は？：

回答者属性：☐ 男性　　☐ 女性　　☐ 回答しない

「バリア」だと思う 「不便な状況」を撮影して 写真を添付 写真サイズ：97mm×73mm

この「バリア」があるところ

この「バリア」の説明

この「バリア」はどのような人びとにとって「不便な状況」になりますか？また、この状況を改善するためにはどのような環境デザインが求められますか？具体的に記述してください。

「バリア」だと思う 「不便な状況」を撮影して 写真を添付 写真サイズ：97mm×73mm

この「バリア」があるところ

この「バリア」の説明

この「バリア」はどのような人びとにとって「不便な状況」になりますか？また、この状況を改善するためにはどのような環境デザインが求められますか？具体的に記述してください。

回答者属性： □ 男性　　□ 女性　　□ 回答しない

引っ越しなどで複数の小学校に通った方は、一番記憶に残っている小学校について答えてください。

小学校の配置図

● 配置図内に、記憶に残っている場所①〜③を書き込み、それぞれの場所を説明してください。

① そこはどのような場所ですか？	② そこはどのような場所ですか？	③ そこはどのような場所ですか？
印象深い遊び・授業・生活行為や場面	印象深い遊び・授業・生活行為や場面	印象深い遊び・授業・生活行為や場面
あなたはその場所が… 　好き ・ きらい ・ どちらでもない	あなたはその場所が… 　好き ・ きらい ・ どちらでもない	あなたはその場所が… 　好き ・ きらい ・ どちらでもない
誰と使いましたか？ 　ひとり ・ 友達と(_____ 人 で)	誰と使いましたか？ 　ひとり ・ 友達と(_____ 人 で)	誰と使いましたか？ 　ひとり ・ 友達と(_____ 人 で)
特に記憶に残っているモノ・コト	特に記憶に残っているモノ・コト	特に記憶に残っているモノ・コト
そこは…□ 外部空間 □ 半屋外空間 　　　　□ 内部空間 □ 覚えていない	そこは…□ 外部空間 □ 半屋外空間 　　　　□ 内部空間 □ 覚えていない	そこは…□ 外部空間 □ 半屋外空間 　　　　□ 内部空間 □ 覚えていない
いつ使いましたか？(複数回答可) _____年生の　春・夏・秋・冬・？	いつ使いましたか？(複数回答可) _____年生の　春・夏・秋・冬・？	いつ使いましたか？(複数回答可) _____年生の　春・夏・秋・冬・？
□ 朝　　　　　□ 放課後 □ 授業中　　　□ 登下校中 □ 休み時間　　□ その他 □ 生活時間　　_____	□ 朝　　　　　□ 放課後 □ 授業中　　　□ 登下校中 □ 休み時間　　□ その他 □ 生活時間　　_____	□ 朝　　　　　□ 放課後 □ 授業中　　　□ 登下校中 □ 休み時間　　□ その他 □ 生活時間　　_____

回答者属性：□ 男性　　□ 女性　　□ 回答しない

必ず、| 1)校舎・校庭　2)校門の位置　3)記憶にある教室の種類(教室、特別教室、部室など)と位置 | を描いてください。

中学校の配置図

● 配置図内に、以下の特に印象深い場所①〜④を書き込み、それぞれの場所を説明してください。

① 好きな場所　　　　　□ そのような場所はなかった
場所の種類：□ 普通教室　　　　□ 廊下や階段 □ 特別教室　　　　□ 校庭 （　　　　　室）　□ その他 □ 教室前の廊下など　（　　　　　　　）
場所の特徴(言葉とイラストなどで説明してください)

② ひとりで過ごす場所　　□ そのような場所はなかった
場所の種類：□ 普通教室　　　　□ 廊下や階段 □ 特別教室　　　　□ 校庭 （　　　　　室）　□ その他 □ 教室前の廊下など　（　　　　　　　）
場所の特徴(言葉とイラストなどで説明してください)

③ きらいな場所　　　　　□ そのような場所はなかった
場所の種類：□ 普通教室　　　　□ 廊下や階段 □ 特別教室　　　　□ 校庭 （　　　　　室）　□ その他 □ 教室前の廊下など　（　　　　　　　）
場所の特徴(言葉とイラストなどで説明してください)

④ 特に仲の良い友達と過ごす場所　　　□ なかった
場所の種類：□ 普通教室　　　　□ 廊下や階段 □ 特別教室　　　　□ 校庭 （　　　　　室）　□ その他 □ 教室前の廊下など　（　　　　　　　）
場所の特徴(言葉とイラストなどで説明してください)

人生に必要なことは、すべて幼稚園の砂場で学んだ ⇒ p.152 6-3

回答者属性：☐ 男性　　☐ 女性　　☐ 回答しない

※通っていた保育所・幼稚園・こども園の配置図を、以下4点を必ず入れて描いてください。

1．園舎と園庭の形	3．門の位置
2．記憶に残っているもの	4．記憶に残っている部屋の種類やよく遊んだ園庭の遊具の位置 （お遊戯教室、砂場、木登りの木など）

配置図

● 配置図内に、記憶に残っている場所や場面①・②を書き込み、それぞれの場所を説明してください。

施設の種類	保育園　／　幼稚園　／　こども園　／　その他　[　　　　　　　　　　　]

① あなたはその場所が…　好き／きらい／どちらでもない	② あなたはその場所が…　好き／きらい／どちらでもない
理由 　　　　　　　　…が　　　　　　　　だったから	理由 　　　　　　　　…が　　　　　　　　だったから
いつのことですか？（複数回答可） 　0〜2歳　／　3〜4歳　／　5〜6歳　／　覚えていない	いつのことですか？（複数回答可） 　0〜2歳　／　3〜4歳　／　5〜6歳　／　覚えていない
誰と 友達と(　　人で)／ひとりで／その他　[　　　　　]	誰と 友達と(　　人で)／ひとりで／その他　[　　　　　]
そこでは何をしましたか？	そこでは何をしましたか？
その場所・空間、そこにあったものなどのスケッチ	その場所・空間、そこにあったものなどのスケッチ

回答者属性：ロ 男性　　ロ 女性　　ロ 回答しない

遊び場（記憶に残っている遊び場所を印象深い順から①〜⑤を ロ に記入）

※s〜vはa〜rに該当しない場合に記入し、項目としてください。

a：空き地	f：神社・寺	k：駐車場	p：海		t：
b：公園	g：自分の家	l：児童館	q：池・湖		u：
c：校庭	h：友達の家	m：山	r：広場		
d：グラウンド	i：庭	n：畑	s：		v：
e：道路・路地	j：屋上	o：川・河原			

「子供のころよくやった遊び」について、以下の設問に答えてください。

1) それは、どこですか？ a・b・c・d・e・f・g・h・I・j・k・l・m・n・o・p・q・r・s・t・u・v

※スケッチを交えてできるだけ詳しく書いてください。

2) そこでは、どんな遊びをしましたか？

※スケッチを交えてできるだけ詳しく書いてください。

3) それは、いつですか？　また、誰と遊んでいましたか？

時期	幼児（5〜6歳）・小学校（ 低・中・高 ）		季節	春・夏・秋・冬
時間	学校 ／ 保育所 ／ 幼稚園へ行く前 ／ 学校の休み時間 ／ 放課後 ／ 夜 その他（　　　　　　　　　　　　　　　　　　　　　　　　　　　　　　）			
人数　　人	年齢　年上・同年齢・年下		相手　きょうだい・同級生・近所の友達 　　　その他（　　　　　　　　　　　　）	

「映える」空間／思い出に残る空間　⇒ p.156 6-5

回答者属性：☐ 男性　　☐ 女性　　☐ 回答しない

「映える」空間

	これはどこの写真ですか？
街や建物、自然のなかで、SNS で「ともだちや、知らない人に」紹介したいと思う、「映える」写真を撮影して添付してください。 写真の縦横比は枠内であれば自由です。 枠サイズ：95mm×66mm	周囲の状況の説明・スケッチ

この空間の「映える」に影響している要素を記述してください：

写真撮影時に「映える」ためにどのような工夫をしたのか具体的に記述してください：

思い出に残る空間

	これはどこの写真ですか？
街や建物、自然のなかで思い出に残っている写真を添付してください。 写真サイズ：86mm×64mm	周囲の状況の説明・スケッチ

この空間のどんな点が思い出に残っていますか？：

回答者属性：□ 男性　　□ 女性　　□ 回答しない

1．あなたがこれから行く場所の地図を用意して、音を観測する地点に ▲ を書いてください。

2．▲ の地点で音を記録（記録時間 5 分程度、その場で記入 or 録音も可）、また、観測した地点の風景の写真を添付してください。

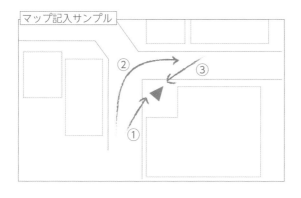

この枠全面のサイズ（W100mm×H95mm）で地図を添付

・観測地点に ▲（向いている方向が上）

・音の方向は番号と矢印で記入

マップ記入サンプル

観測地点の風景
（写真を撮影して添付）

写真サイズ：60mm×40mm

場所：

日時：　　　年　　　月　　　日（　　）
AM・PM　　　：　　～　　：

天候：快晴・晴れ・くもり・雨
　　　他（　　　　　　　　　　　）

風の強さ：強い・普通・弱い・無し

その他：

No	聞いた音	分類	音源	大きさ
		1. 基調音 2. 信号音 3. 標識音 4. その他（　　　　　　　　）	1. 自然　　2. 人間　　3. 機械 4. その他（　　　　　　　　）	小 1 2 3 4 5 大
		詳細・状況など		
		1. 基調音 2. 信号音 3. 標識音 4. その他（　　　　　　　　）	1. 自然　　2. 人間　　3. 機械 4. その他（　　　　　　　　）	小 1 2 3 4 5 大
		詳細・状況など		
		1. 基調音 2. 信号音 3. 標識音 4. その他（　　　　　　　　）	1. 自然　　2. 人間　　3. 機械 4. その他（　　　　　　　　）	小 1 2 3 4 5 大
		詳細・状況など		
		1. 基調音 2. 信号音 3. 標識音 4. その他（　　　　　　　　）	1. 自然　　2. 人間　　3. 機械 4. その他（　　　　　　　　）	小 1 2 3 4 5 大
		詳細・状況など		
		1. 基調音 2. 信号音 3. 標識音 4. その他（　　　　　　　　）	1. 自然　　2. 人間　　3. 機械 4. その他（　　　　　　　　）	小 1 2 3 4 5 大
		詳細・状況など		

1. 基調音：そこの地域や風土、すなわち水、風、森、平野、鳥、虫、動物などの要素による音。
2. 信号音：前景の音であり、意識的に聴かれる音。どうしても聴かなければならない信号。ベル、汽笛、警笛、サイレンなどの音響的警告手段。
3. 標識音：（信号音のなかでも）その共同体の人びとによって特に尊重され、注意されるような特質を持った共同体の音。

回答者属性：□ 男性　　□ 女性　　□ 回答しない

担当色：　赤　紫　青　黄　緑　橙　桃　白　黒　灰色

担当になった色のモノを、まち中で **10 コ** 見つけ、**写真を撮って**、サムネイル（縮刷）で下に貼り付けてください。

担当になった色は、まちの中で、どのような使われ方をしていると思いましたか？

回答者属性：☐ 男性　　☐ 女性　　☐ 回答しない

色紙のなかから色を選んで、「好きな **"色の組み合わせ"**」、「嫌いな **"色の組み合わせ"**」を各2組、作ってください。「好き／嫌いな色」の組み合わせではありません。好き／嫌いな「**色の組み合わせ**」です。順位は関係ありません。同じ色が登場しても OK です。

好き（1）

この色の組み合わせが好きな理由は？

好き（2）

この色の組み合わせが好きな理由は？

嫌い（1）

この色の組み合わせが嫌いな理由は？

嫌い（2）

この色の組み合わせが嫌いな理由は？

色紙（以下を切り取って色紙片をつくり、上記に添付してください）

黄	黄オレンジ	赤オレンジ	赤	赤紫	紫	青	青緑系の水色	緑	黄緑

回答者属性：□ 男性　　□ 女性　　□ 回答しない

1．少しずつ時間を変えながら、「色」を見せます。集中して見てください。現れた「色」に○をつけ、その「色」が表示されていたのは何秒か、答えてください。

例）赤・青・黄・緑・紫　　　　　秒	3）青・黄・赤・緑・紫　　　　　秒
1）赤・青・黄・緑・紫　　　　　秒	4）黄・紫・緑・赤・青　　　　　秒
2）赤・黄・緑・青・紫　　　　　秒	5）黄・赤・緑・紫・青　　　　　秒

2．示される言葉を見て、その言葉に合うと思う色を選択してください。同じ色を複数回選ぶこともできます。

1）色の番号：

2）色の番号：

3）色の番号：

4）色の番号：

5）色の番号：

6）色の番号：

7）色の番号：

8）色の番号：

9）色の番号：

10）色の番号：

11）色の番号：

12）色の番号：

13）色の番号：

14）色の番号：

15）色の番号：

① ② ③ ④
⑤ ⑥ ⑦ ⑧
⑨ ⑩ ⑪ ⑫
⑬ ⑭ ⑮ ⑯

演習 42　色紙片裏側部分のため、何も記入しないでください

回答者属性：□ 男性　　□ 女性　　□ 回答しない

「財布」「傘」「鞄」「携帯（またはケース）」の色を下記のフィールドに書き込んでください。

※いくつか持っている場合は、使用頻度が高いもの、または、最も気に入っているもの

※中心ほど白っぽく、外側ほど黒っぽい

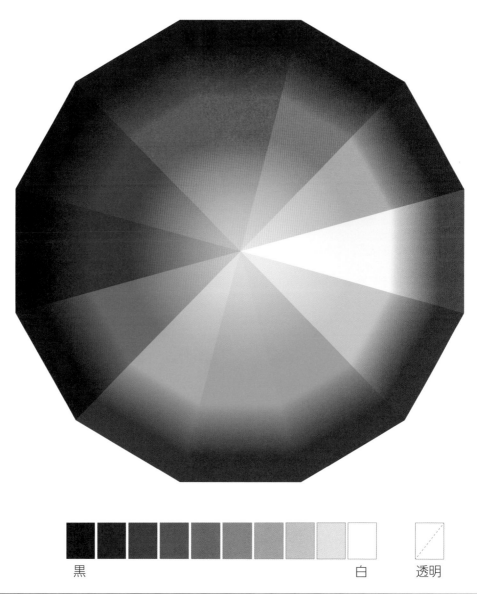

黒　　　　　　　　　　　　　　　　　　　　　　白　　　透明

あなたについて

好きな色：＿＿＿＿＿＿＿＿＿＿＿＿　　嫌いな色：＿＿＿＿＿＿＿＿＿＿＿＿

あなたの性格は？：□ どちらかというと活発　　□ どちらかというと落ち着いている

友人との関係はどちらに共感する？：□ たくさんの友人と、まんべんなく　□ 少数の友人と、じっくり

回答者属性： ☐ 男性　　☐ 女性　　☐ 回答しない

まちや建物のなかで、ちょっと気配を消しながらそこに「ある」様々なモノ。彼らはなぜ、なにに擬態しているのか？　あるのにないことにされるもの。Aなのに、Bのように見せかけられるもの。そこには、空間への美学や素材への価値観・意味づけが現れる。

「擬態」しているものを 撮影した写真を添付 写真サイズ：86mm×64mm	これはどこの写真ですか？
	周囲の状況の説明（どんな場所ですか？）

なにが、なにに擬態していますか？　それはなぜだと思いますか？　どんな美学や価値観を読み取れますか？

「擬態」しているものを 撮影した写真を添付 写真サイズ：86mm×64mm	これはどこの写真ですか？
	周囲の状況の説明（どんな場所ですか？）

なにが、なにに擬態していますか？　それはなぜだと思いますか？　どんな美学や価値観を読み取れますか？

回答者属性：☐ 男性　　☐ 女性　　☐ 回答しない

これらの家の外観から、そこに住んでいる人はどのような性格の人だとイメージしますか？
どちらかの形容詞に○を、どちらともいえないときには、「－」に○をつけてください。

①

理性的な － 感情的な
大胆な － 繊細な
落ち着きのある － 落ち着きのない
古典的な － 革新的な
真面目な － 不真面目な
存在感のある － 存在感のない
強気な － 弱気な
わがままな － 思いやりのある

②

理性的な － 感情的な
大胆な － 繊細な
落ち着きのある － 落ち着きのない
古典的な － 革新的な
真面目な － 不真面目な
存在感のある － 存在感のない
強気な － 弱気な
わがままな － 思いやりのある

③

理性的な － 感情的な
大胆な － 繊細な
落ち着きのある － 落ち着きのない
古典的な － 革新的な
真面目な － 不真面目な
存在感のある － 存在感のない
強気な － 弱気な
わがままな － 思いやりのある

④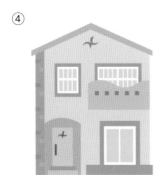

理性的な － 感情的な
大胆な － 繊細な
落ち着きのある － 落ち着きのない
古典的な － 革新的な
真面目な － 不真面目な
存在感のある － 存在感のない
強気な － 弱気な
わがままな － 思いやりのある

⑤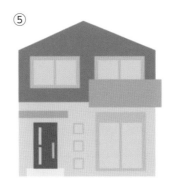

理性的な － 感情的な
大胆な － 繊細な
落ち着きのある － 落ち着きのない
古典的な － 革新的な
真面目な － 不真面目な
存在感のある － 存在感のない
強気な － 弱気な
わがままな － 思いやりのある

⑥

理性的な － 感情的な
大胆な － 繊細な
落ち着きのある － 落ち着きのない
古典的な － 革新的な
真面目な － 不真面目な
存在感のある － 存在感のない
強気な － 弱気な
わがままな － 思いやりのある

演習47 | 美容院・居酒屋、どこに入る？

⇒ p.176 8-3

回答者属性：□ 男性　　□ 女性　　□ 回答しない

美容院

①

美容院

美容院の外観の写真を撮影して添付

写真サイズ：64mm×48mm

立地や客層などの特徴：

ここに入りたい？：□ Yes　□ No

その理由は？：

〜が

〜だから

②

美容院

美容院の外観の写真を撮影して添付

写真サイズ：64mm×48mm

立地や客層などの特徴：

ここに入りたい？：□ Yes　□ No

その理由は？：

〜が

〜だから

居酒屋

①

居酒屋

居酒屋の外観の写真を撮影して添付

写真サイズ：64mm×48mm

立地や客層などの特徴：

ここに入りたい？：□ Yes　□ No

その理由は？：

〜が

〜だから

②

居酒屋

居酒屋の外観の写真を撮影して添付

写真サイズ：64mm×48mm

立地や客層などの特徴：

ここに入りたい？：□ Yes　□ No

その理由は？：

〜が

〜だから

回答者属性：☐ 男性　　☐ 女性　　☐ 回答しない

まちの中の、「お店や施設のイメージや理念に合わせてデザインされているフォント（ロゴタイプ、グラフィック）」を探してみてください。チェーン店では重複してしまいますので、できるだけあなたの地元の身近な事例を探してください。

①
まちの中の、「お店や施設のイメージや理念に合わせてデザインされているフォント（ロゴタイプ、グラフィック）」を探して、写真を撮影して添付。いただければ、ショップカードでも結構です。

写真サイズ：64mm×48mm

左の写真のロゴが使われているお店や施設の雰囲気がわかるように写真を撮影して添付。

写真サイズ：64mm×48mm

ここはなんのお店／施設ですか？	周辺の状況や、利用者の様子を言語化して教えてください	あなたの、このお店／施設とフォントデザインについての印象を教えてください

②
まちの中の、「お店や施設のイメージや理念に合わせてデザインされているフォント（ロゴタイプ、グラフィック）」を探して、写真を撮影して添付。いただければ、ショップカードでも結構です。

写真サイズ：64mm×48mm

左の写真のロゴが使われているお店や施設の雰囲気がわかるように写真を撮影して添付。

写真サイズ：64mm×48mm

ここはなんのお店／施設ですか？	周辺の状況や、利用者の様子を言語化して教えてください	あなたの、このお店／施設とフォントデザインについての印象を教えてください

回答者属性：□ 男性　　□ 女性　　□ 回答しない

1）持ってきた資料から対象とするページ（見開き）を2か所選び、番号を振ってください。
2）番号を付した雑誌のページについて、それぞれ話し合った内容を記入してください。

No 1 雑誌名：	No 2 雑誌名：
何を紹介するページですか？：	何を紹介するページですか？：
どのような情報やイメージの伝達を企図してデザインされていると思いますか？：	どのような情報やイメージの伝達を企図してデザインされていると思いますか？：
紙面から受け取った情報や印象、それはどの要素から得たか： 要素：①写真・イラストなどの図版、②レイアウト、③文字、④文章、⑤その他は記述	紙面から受け取った情報や印象、それはどの要素から得たか： 要素：①写真・イラストなどの図版、②レイアウト、③文字、④文章、⑤その他は記述
どんな人（年齢、性別、興味・関心、性格）がこの記事を読むと思いますか？：	どんな人（年齢、性別、興味・関心、性格）がこの記事を読むと思いますか？：

回答者属性：□ 男性　　□ 女性　　□ 回答しない

① 「○○（都市名）」と聞いて思い浮かぶ場所やモノを 5 つあげてください。

② 上で挙げた要素は、K. リンチが『都市のイメージ』の中で提唱した 5 つのエレメント（パス・エッジ・ランドマーク、ノード、ディストリクト）のそれぞれどれに当てはまるでしょうか。

③ 複数のエレメントに当たると思われる場合や 5 つのどれにも当てはまらないと思う場合、その理由を記述してください。

都市名：

① 思い浮かぶ場所やモノ	② 5 つのエレメントとの対応
	□ パス　□ エッジ　□ ランドマーク　□ ノード　□ ディストリクト ③理由
	□ パス　□ エッジ　□ ランドマーク　□ ノード　□ ディストリクト ③理由
	□ パス　□ エッジ　□ ランドマーク　□ ノード　□ ディストリクト ③理由
	□ パス　□ エッジ　□ ランドマーク　□ ノード　□ ディストリクト ③理由
	□ パス　□ エッジ　□ ランドマーク　□ ノード　□ ディストリクト ③理由

回答者属性：□ 男性　　□ 女性　　□ 回答しない

		非常にそう思う	かなりそう思う	ややそう思う	どちらとも言えない	ややそう思う	かなりそう思う	非常にそう思う	
1)	つまらなさそうな感じ	③	②	①	⓪	①	②	③	楽しそうな感じ
2)	現代的な感じ	③	②	①	⓪	①	②	③	歴史的な感じ
3)	個性的な感じ	③	②	①	⓪	①	②	③	平凡な感じ
4)	人工的な感じ	③	②	①	⓪	①	②	③	自然が豊かな感じ
5)	居心地が悪い感じ	③	②	①	⓪	①	②	③	居心地が良い感じ
6)	親しみのない感じ	③	②	①	⓪	①	②	③	親しみのある感じ
7)	雰囲気が明るい感じ	③	②	①	⓪	①	②	③	雰囲気が暗い感じ
8)	開けている感じ	③	②	①	⓪	①	②	③	囲われている感じ
9)	人がとどまりやすい感じ	③	②	①	⓪	①	②	③	人が通過しやすい感じ
10)	木材が多い感じ	③	②	①	⓪	①	②	③	木材が少ない感じ
11)	狭い感じ	③	②	①	⓪	①	②	③	広い感じ
12)	古い感じ	③	②	①	⓪	①	②	③	新しい感じ
13)	騒々しい感じ	③	②	①	⓪	①	②	③	静かな感じ
14)	窮屈な感じ	③	②	①	⓪	①	②	③	ゆったりした感じ
15)	複雑な感じ	③	②	①	⓪	①	②	③	単調な感じ
16)	上品な感じ	③	②	①	⓪	①	②	③	下品な感じ
17)	あたたかな感じ	③	②	①	⓪	①	②	③	寒々しい感じ
18)	落ち着きのある感じ	③	②	①	⓪	①	②	③	落ち着きのない感じ
19)	整然とした感じ	③	②	①	⓪	①	②	③	雑然とした感じ
20)	不潔な感じ	③	②	①	⓪	①	②	③	清潔な感じ
21)	簡素な感じ	③	②	①	⓪	①	②	③	華やかな感じ
22)	うっとうしい感じ	③	②	①	⓪	①	②	③	さわやかな感じ
23)	美しい感じ	③	②	①	⓪	①	②	③	醜い感じ
24)	特徴のある感じ	③	②	①	⓪	①	②	③	特徴のない感じ
25)	すっきりした感じ	③	②	①	⓪	①	②	③	ごみごみした感じ
26)	重い感じ	③	②	①	⓪	①	②	③	軽い感じ
27)	若々しい感じ	③	②	①	⓪	①	②	③	成熟した感じ
28)	くすんだ感じ	③	②	①	⓪	①	②	③	鮮やかな感じ

目に付いた要素

第 2 部

解説編

建築・都市の現象や生態を読み解く

［1］環境行動研究とは

環境行動研究の定義

「環境行動」とは、環境のなかでの人間の振る舞い（行動）や、人間が環境に働きかけることで生じる現象など、環境と人間の相互の関係を意味する。アメリカの環境行動学会（EDRA：Environmental Design Research Association、1968～）と、日本建築学会、人間・環境学会（MERA：Man-Environment Research Association）では環境行動や自らの活動を以下のように説明している。なおこれらの文章から数十年が経ち、今日ではその関心は物理的環境に留まらず社会的、文化的環境などにも及ぶ。

EDRA による定義：

「環境デザイン学とは、人間とその周囲のあらゆるスケールの物理的環境の相互関係を研究するものであり、そうして得た知識を、環境の政策、計画、デザイン、教育に活かし、生活の質を向上させるため、実際に適用することまで含んでいる。物理的な環境のシステムと人間のシステムの相互依存性に着目し、環境的な要因と人間的な要因の双方を扱うのが環境デザイン学である[文1]」。

日本建築学会・設計方法小委員会（当時）の定義：

「環境行動デザイン研究は、人間とあらゆるスケールの物理的環境との相互作用を研究し、得られた知識を、環境の政策・計画・デザイン・教育を通して、生活の質の改善のために応用する[文2]」。

人間・環境学会による自身の活動の定義：

MERA のメンバーの主たる関心の対象は以下の領域です[文3]。

- 種々の構築環境が人間の生活・行動にどのような影響を与えるかについての研究
- 人間の諸要求に適合する環境をつくり出していく計画・設計過程の探求
- 生活環境の質を向上させるための基礎的な科学研究の振興とその適切な応用に関する研究

つまるところ、環境行動研究とは、環境と人間の関係に着目して、それをデザインに結びつける学問である。例えばそれは、空間（狭い意味での環境）のなかでの人間の行動の「くせ」や習性、行動パターンとも言える（図1.1-1）。インテリアや、心理、社会学、建築など、さまざまな関連分野と連携・連動した研究を行う、学際的な研究分野であり、既存の学問分野の壁を越えた議論や研究蓄積が重ねられている（図1.1-2）。

環境行動研究は、建築分野のなかでは建築計画と親和性が高い。建築計画分野での研究が、使われ方など人間の環境との関わり方を調査しても最終的には建物のあり方に帰着するのに対して、環境行動研究では、建物という物理的環境を含む広義の意味での環境と人間の関係そのものに着目する

図 1.1-1 「人間は多少の障害によらずショートカットをしようとする」獣道行動の例

参考文献・出典
1. 「環境デザイン学入門 ENVIRONMENTAL DESIGN RESEARCH DIRECTIONS（1985 原書、1997 邦訳）」1 章・G・T・ムーアら）
2. 日本建築学会編『人間―環境系のデザイン』、彰国社、1997
3. 人間・環境学会、MERA について、〈https://mera-web.jp/aboutus〉、2023/03/21 参照
4. G・T・ムーア他著、小林正美監訳、三浦研訳『環境デザイン学入門―その導入過程と展望』、鹿島出版会、1997、p.5 の「図1 環境デザイン学は、社会科学および環境に関わる数多くの専門分野を集合したものである」をトレース

使用している図・写真は、特記なき場合は各節執筆者の作成・撮影による（以下同）

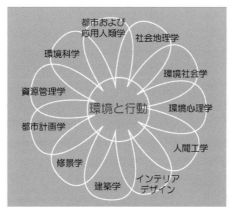

図 1.1-2 学際分野としての環境行動研究 （出典：文4）

図 1.1-3 建築計画との違いと連携

（図 **1.1-3**）。この両者には相互補完の関係がある。環境行動研究「だけ」では社会制度など現実的な制約の中での建築のあり方に結びつけにくいこと、また建築計画研究「だけ」では既存の枠組みを超えた本質的なニーズや可能性の探究に結びつけにくいためである。

［2］人間と環境の関係の原点： パーソナル・スペース

　人間社会における「人間と環境の関係」のうち、まず人間自身が他者との間に開けておきたいと思う物理的な距離や空間である「パーソナル・スペース」に着目する。これは、アメリカの社会学者E・T・ホールによって提唱され、R・ソマーによって広められた概念である。パーソナル・スペースは、個々の人間が心理的に持っている持ち運び可能なテリトリーと言い換えられる。

　他人が意味もなく自分に近づいてくると、私たちは無意識に不快な思いを抱く。これは自分の心理的縄張りに進入されたからだ。逆に、不快な思いをしない距離と不快な距離の境目、これが自分のパーソナル・スペースの境界線だと言える。パーソナル・スペースは、自分の左右よりも前後に長く、かつ自分の後ろよりも前に長い、ちょうど卵のようなかたちをしていると考えられている。このパーソナル・スペースの大きさ、他者との間に開けておきたい距離は、周囲の状況（場面）や自身の心身の状況、経験、相手との関係、経験、文化、あるいは性格などによっても異なる。

　パーソナル・スペースをそれぞれ持つ人間が、互いに相対する状態となるとき、その場面や相手との関係によって、適切だと感じる「対人距離」は異なる。R・ソマーは、家族や恋人などを相手とし、身体的接触が容易にできる「親密な関係（450㎜）」から、「個人的関係（～1200㎜）」、「社交的関係（～3600㎜）」、そしてそれ以上の「公式的関係（3600㎜～）」において取られる距離があると説明した。

　相手との適切な距離は文化や時代によっても異なるが、距離に人間関係や場面の特性が表れる現象は、いずれの文化圏でも共通して見られる。例えば日本でも、「三歩下がって師の影を踏まず」や、（目上の人を）じろじろと見ないという距離の取り方が相

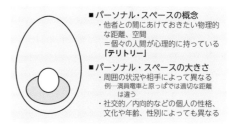

図 1.1-4 パーソナル・スペース

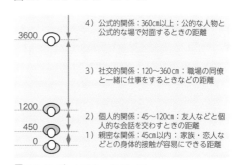

図 1.1-5 パーソナル・スペース

手への敬意の表明だという考え方がある。

［3］ 都市空間での人びとの滞在という振る舞い

「親しい人との距離」と「関係のない人との距離」を使い分ける人びとは、都市の中ではどのように定位をしているのだろうか。例えば、京都・鴨川の河川敷に座る人びとが互いに等間隔を取りながら定位する行動が知られている[文5]。横方向の対人距離への意識が表れたものと理解される、こうした現象は世界中の都市で観察される。

都市のオープンスペースのうち、腰掛けることができる植え込みが続く場所での人びとの着座滞在の様子を調べた研究では、人びとが「間に何組が滞在できるか」を目安に距離を取っていると解釈できる着座位置選択行動を取っていることが報告されている（図1.1-8）[文6]。また、大階段のような階段状の空間[文7]、芝生のような面状の空間[文8]には、それぞれの空間が持つ滞在を誘う要素や、滞在者の密度に従った滞在誘発と、等間隔に距離を取ろうとする法則がある。

こうした定位行動もまた、空を渡る鳥の群れや、一匹の大きな魚のように泳ぐ魚の

図 1.1-6 セーヌ川河岸にて、等間隔に座る人

図 1.1-7 新宿駅前の広場にて、等間隔に座る人

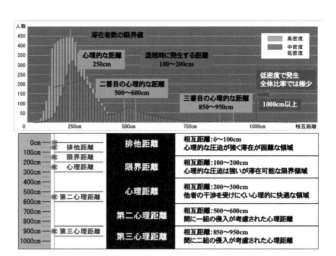

図 1.1-8 「線状着座滞在」の相互距離[文5]

図 1.1-9 芝生の上で、それぞれ等間隔の距離を取りながら定位する人びと

群のような「群れ」行動の一種と理解できる。これを3つの「ルール」で説明し、再現をしているマルチエージェントによる人工生命をシミュレーションするプログラムが発表されている[文9]。

Boids Algorithm by クレイグ・レイノルズ

(1) 間隔（Separation）：オブジェクトが、他のオブジェクトとぶつからないように距離を取る

(2) 同調（Alignment）：オブジェクトが、近くの他のオブジェクトとが向かう方向と速度の平均に合わせて動く

(3) 結束（Cohesion）：オブジェクトが、近くの他のオブジェクトの位置の平均に向かって動く

それぞれの空間において、人びとは互い

参考文献・出典

5. 森田孝夫「京都・鴨川河川敷に坐る人々の空間占有に関する研究」（『日本建築学会学術講演梗概集』E、建築計画、農村計画、745-746、1987）

6. 吉田圭一、上野淳「登張絵夢：モール状都市オープンスペースにおける線状着座滞在とその相互距離に関する考察―新宿サザンテラスにおけるケーススタディ」（『日本建築学会計画系論文集』68巻574号、pp.47-54、2003）

7. 近藤樹理、山田あすか、上野淳、竹宮健司「階段状都市オープンスペースにおける人の着座滞在について―京都駅ビル大階段におけるケーススタディ」（『日本建築学会学術講演梗概集』E-1、pp.817-818、2004）

8. 坂村大地、山田あすか「平面状に定位可能な芝生空間における人の滞在場所選択に関する研究」（『日本建築学会』地域施設計画研究40、pp.207-214、2022）

9. CANOPUS、群れのルール、Installation 2021、〈https://spnc.jp/project/rules-boids/〉、2023/12/30参照

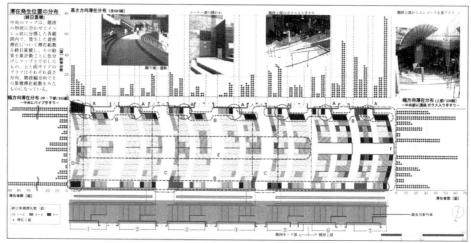

図 1.1-10 階段状空間での着座滞在（京都駅）[文7]

図 1.1-11 階段空間で、手すりに身を寄せるように着座する人びと（パリ）

に距離を取り合いながら、また動線を避けながら、その場所に定位する手がかりを探し、定位している。例えば、階段空間では、壁際や手すりに身を寄せるように着座する人びとを見ることができる（図1.1-10）。都市のオープンスペースでは、植え込みや柱、壁、ガードレール、ちょっとした段差、階段などのさまざまな要素が人びとの滞在を誘う空間要素として見出されている。

［4］人間の行動とものものかたち

人間の行動は、環境のあり方のうち、もののかたちによっても誘導される。人びとは都市空間で、建物で、色々なところに「座って」定位する。このときの座りやすさは、座るところの高さと座面の奥行きによって異なり、一般的に下腿高と同じ高さの座面の場合に、座りやすいとされている（図1.1-12）。人びとはどこにでも座ることはできるが、その時の姿勢が異なるため、座りやすさも異なる。座面が低く狭ければ、膝を折るように座り、座面が高く広ければ、深く腰掛け足を投げ出すように座る、といった具合だ。

この高さと奥行きの関係で、さまざまな椅子がつくられる（図1.1-13）。椅子が人間の姿勢をつくり、姿勢と人間の行動、滞在の様態は関係するため、場所ごとに、どのような椅子が適切かということは異なる。例えば座面が下腿高にフィットして、腰の位

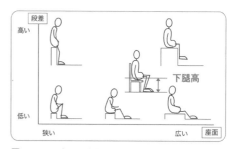

図 1.1-12 高さ・奥行きと座りやすさ

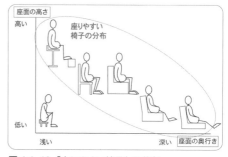

図 1.1-13 「座りやすい椅子」の分布

置に背もたれがくる椅子は、勉強や作業に向く。座面が低く、座面の奥行きが深い椅子では、ひとは足を投げ出すようにしてくつろいで座る。長時間滞在を誘いたい場所に採用されやすいだろう。ある場所にどんな椅子、あるいは着座装置が置かれているかには、その場所で人びとにどのように過ごして欲しいかというその場所の運営者の期待を読み取ることができる。

もののかたちなど、環境のあり方と人びととの利用や滞在の関係は、椅子に限らずあらゆる要素に見出すことができる。人びとが使いやすいものや場所のデザインには、人間の身体寸法や動作寸法をものづくりに活かす人間工学や、心理学などが活かされている。このとき、想定する利用者や設計の前提に無意識の偏見（アンコンシャス・バイアス）が反映されることがある。あらゆる人工物には設計者・設置者の意図や常識が反映されている。このことを認識し、構造的な差別の撤廃につなげていかなければならない、とする思想のバックボーンとなる理論の1つが、科学技術社会論（STS）[注1]である。例えば、エスカレーターはあるがエレベーターのないビルの

上層階に劇場が置かれたら、そこに車いすやベビーカー利用者はほとんど来ることがないだろう。それは、利用ニーズがないからではなく、そもそもそこに到達することができないからだ。建築や都市、社会の状況がそうした制限や差別をつくっていることがある。それを構造的差別と呼ぶ。環境行動研究はしばしば、そこに「ある」現象を真摯に観ることから始まる。「ある」現象は考え方の前提となりがちで、「ない」ものは観ることができない、このことには自覚的である必要がある。

［5］滞在をコントロールするしつらえ

そこに「ある」ものは、他のものを寄せ付けないために置かれていることがある。例えば、「ホームレスの人などに長くその場に居着いて欲しくない」「そこに寝床をつくったり荷物を置いて欲しくない」といったその場所の運営者のねらいが環境のしつらえに表れる（図1.1-14〜16）。反対に、どのような人がどのような居方（いかた）をしても構わない、とする場所のつくり方もあるだろう。また、ある属性や行為を明確に排除せず、

注釈
1. Science, technology and society。また同じSTSの略称にて、Science and technology studies（科学技術研究）とも。科学と技術の創造や発展、その影響するところを歴史や文化、そして社会的な文脈において調べ、あるいは理解しようとする学際的な分野である。

図1.1-14 地下歩道に置かれたアート・オブジェ

図1.1-15 階段裏に置かれた石と柵

図1.1-16 高さの違う2枚の1人用座面で構成されたベンチ

図1.1-17 寺の境内に置かれた、体型に合わせて座れるが寝られないしつらえ

参考文献・出典

10. Roger Garlock Barker（ロジャー・ガーロック・バーカー）、Herbert Francis Wright（ハーバート・フランシス・ライト）、『Psychological ecology and the problem of psychosocial development（心理生態学と心理社会的発達の問題）』、1949

11. Seymour Wapner（シーモア・ワップナー）、『A holistic, developmental, systems-oriented environmental psychology: Some beginnings. In D. Stokols & I. Altman（Eds.）, Handbook of environmental psychology, Vol.2. New York: J. Wiley & Sons., 1987

12. 日本建築学会編『人間―環境系のデザイン』、彰国社、1997
なお、「相互浸透論」とは、高橋鷹志が与えた訳語

13. 山田あすか『人は、なぜ、そこにいるのか―「固有の居場所」の環境行動学』青弓社、2007

14. James Jerome Gibson（ジェームズ・ジェローム・ギブソン）『The ecological approach to visual perception／視覚認識への生態学的アプローチ』、Boston: Houghton Mifflin, 1979
邦訳、J.J. ギブソン 著、古崎 敬 訳『生態学的視覚論―ヒトの知覚世界を探る』サイエンス社、1986

15. The Design of Everyday Things（1988, originally under the title The Psychology of Everyday Things）（Newprint 2002）
邦訳、野島久雄訳『誰のためのデザイン？―認知科学者のデザイン原論』新曜社、1990

16. Kurt Koffka（クルト・コフカ）、Principles of Gestalt Psychology／『ゲシュタルト心理学の原理』1935

ないしそのように見せることなく、その場所にとって望ましい（と運営者が考える）滞在のあり方を誘発するしつらえもある（図1.1-17）。

環境が積極的に設計されたわけでなくとも、人びとは都市空間のなかに、自分が望む行為や他者との距離感をそのときどきで「どこでならそれができるか」を見出す。座って食事をしたいとき、しばらく人を待ちたいとき、路上で商売をしたいときなど、人びとが町で行いたい行為は多様だ。ある場所で、昼間にはできないことが、店のシャッターが閉まり道行く人びとが減った夜であればできることもある。都市の空間と時間の中に、人びとは自分の滞在と行為の手がかりを見出す。

環境行動の視点では、どのような空間要素が人びとの滞在や行為を誘発しているかを読み取り、またその場所がどのようなねらいによってつくられているかを読み取る。同時に、こうした視点での場所やしつらえの影響とそれを活かした場所づくりの読解を、自らが実践する場所の設計に活かしていく。

［6］環境と人間の関係を理論から見る

環境行動研究の基盤となっている、人間と環境の研究に関する研究や理論としては、20世紀前半、環境が人間の行動を規定しているとするS-R理論や、場面Settingsが支配的な要素であり個体はむしろ交換可能であるとする行動場面理論[10]などが積み重ねられており、今日では人間と環境は相互に影響を及ぼし合うものであるとする相互浸透論（Transactionalizm, man-en-vironment transaction）[11,12]、行為者はそれぞれに異なる判断基準や行動選択の根拠を持っているとする心理学的環境の概念が共有されている[13]。

人は、自分がしたい行為ができる、居たい場所、居られる場所に居る。J・J・ギブソン（1960's）[14,15]によるアフォーダンス理論（図1.1-18）では、「環境（の要素）が、人に、その行動ができると思わせる（アフォードする）」と説明する。例えば人は、椅子だと思うから座るのではなく、座れると思うから座る。座れると思えば、切り株にも座る。段差があれば座る。ドアの取っ手は掴んで引くことをアフォードしており、エレベーターのボタンは押すことをアフォードしている。

この、「情報はもの・環境自体に内在し、生物は自分が何をしたいかによってそれが可能である要素を環境に見つけているのだ」とするアフォーダンス理論は、近代的自我観のもとで世界とは自己の中に存在するのだと説明したデカルト的世界観（方法序説、1637）に対するアンチテーゼでもあった。

人間の心理や行動は、物理的な要素とそれに誘発される単純な「行為」との関係としてだけでは説明できないことがある。記憶や経験、文化などに紐付けられた、あるいは「意味」を持つ選択は、無意識にも刷り込まれ至る所で我々の判断を縛っている。

K・コフカ（1935）[16]は、人間の認知如何に関わらずそこに存在する物理的環境・地理的環境に対して、人が物理的環境のな

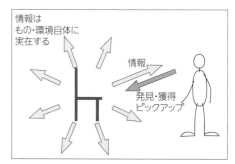

図1.1-18 アフォーダンス理論

情報はもの・環境自体に実在する
情報
発見・獲得ピックアップ

図1.1-19 切り株に座る人

かから情報を取捨選択して形成する、人間が見たり感じたりしているものとしての心理学的環境・行動的環境を区別した（図**1.1-20**）。客観的事実である物理的環境に対して、心理学的環境は人間それぞれの経験や知識、価値観などによって異なる。そして、人の行動を誘発する環境とはしばしば、事実としての物理的環境ではなく、その人固有の心理的環境である。

図**1.1-21**には、資源ゴミの回収場所の脇にある標識のポールに停められた自転車が見える。この自転車を停めた行為者は、ここが資源ゴミの回収場所であることを知らずに停め、その後に資源回収の箱が置かれたのだろう。もしも知っていれば、自分の大切な自転車がゴミに埋もれるような選択はしない。「自転車が停められる余裕と、ポールがある場所」が行為者が見た心理学的環境、「資源ゴミの回収場所（ゴミをおけるよう空間的余裕が取られた場所）」が物理的環境である。

この心理学的環境は、行為者それぞれがそのときどのような状況にあるかによっても異なる。件のポールは、自転車を停めたいと思う人、寄りかかるところを探している人にはそれぞれ違う行為を引き出すものとして目に入るだろう。生物学者であるユ

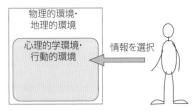

図**1.1-20** 物理的環境と心理学的環境

図**1.1-21** 心理学的環境に基づく行為が観察される風景

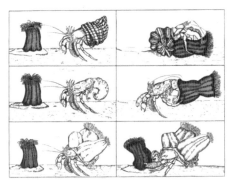

図**1.1-22** 生き物が見ている世界：環世界論

クスキュルとクリサート（1933）は、殻を持つヤドカリ、殻を取られたヤドカリ、殻と保護用のイソギンチャクを持ったヤドカリを例に出し、それぞれイソギンチャクを保護用、殻の代用、食用とすると説明して同じものを同じ生き物が見てもその生き物のモードによって、対象物は異なる意味を持って見えるのだ、と述べた（図**1.1-22**）。そして、この生物とモードによって見え方が異なる世界を環世界（Umwelt）と呼んだ[文17]。我々が見ている（と思っている）世界とは、種・個体・作用モード（状況）によって異なる「意味の世界」である。

［7］建築計画／実践への展開

建築計画に対して、環境行動研究は、観察調査をもとに例えば高齢期の生活の場のあり方が望ましいものとなっているかを検証する研究など、「施設」のあり方を人間の心理や振る舞いの観点から検討するための視点や方法論を与えている。都市のオープンスペースでの人びとの滞在の様子や、建物の使われ方を観察することで、計画のねらい通りの効果が表れているかや、予期していなかったニーズや使われ方が喚起されているかなどを検証的に捉える。そうしたものの見方は、既存の制度を越えた新しい空間や場所のあり方、そして人間の行動の本質に迫るものである。環境行動の視点は、行動に表れた心理やときには困難を見ようとするもの、またなにかが表れていないことにも意味を見出そうとする。（山田）

参考文献・出典

17. ユクスキュル、クリサート著、日高敏隆、羽田節子訳『生物から見た世界』岩波文庫、2005

第 2 章

環境の中の「私」

［1］これ・それ・あれの領域

　私たち人間はいつでも何らかの領域の中にいる。領域をつくる「空間」という言葉を思い浮かべると、建築に関心のある人であれば、壁や床、屋根などの建築要素で囲まれたハコのようなものを思い起こすかもしれない。一方でそうした境界のわかりやすい空間にいなくとも、私たちの身体を中心にグラデーショナルに広がる領域の中に私たちは常に身を置いている。曖昧な輪郭を持つ領域を詳しくみていくと、そこにはいくつかの階層性があり、さらにはその領域を捉える感覚には他者と共通する部分も多くあることがわかる。例えば位置や場所を指し示す日本語の例があげられる。ここでは具体的に「ここ、そこ、あそこ」という指示代名詞について考えてみてほしい（図2.1-1）。

　たとえば「ここ」といいながら100m先の位置を指す人はほとんどいないだろうし、「あそこ」といいながら手のひらの上の位置を指すことも滅多にはないだろう。こうした空間認知の構造の共通性を私たちが日常的に用いる言語の中に見つけられる。以下の演習では「ここ、そこ、あそこ」の言葉の使い分けをもとに自身の領域の認知の仕方と、他者のそれとの共通点・相違点を調べてみよう。まずは友達と一緒に劇場に来た場面を想像してみてほしい。あなたと友人は客席の中央に並んで座っている。その時ふと、同じ劇場に共通の別の友人がいることにあなたは気付く。そのことを隣に座る友人に伝えようと「○○に（共通の友人）さんがいるよ」と話しかけるとき、あなたは「ここ」「そこ」「あそこ」のどの言葉を使ってその共通の友人の座る場所を指し示すだろうか。

▶【演習01】ここ、そこ、あそこ

- あなたは友人と一緒に、大きな劇場に来ました。あなたと友人は隣どうしに座ります。
- 「おっ？」あなたは、友人とあなたの共通の知人を見つけたかもしれません。あなたは友人に、知人がいることを伝えようと思います。
- 知人が、①〜⑳のそれぞれの席に居たとします。「ここにAさんがいるよ」「あっちにいるのBさんじゃない？」——知人の位置を、あなたは友人になんと言って伝えようとするでしょうか？

［2］立体の空間認識

　日本語の指示代名詞では、その言葉を使用する際に話し相手がいない場合には、「ここ」「そこ」「あそこ」の順に近い領域から遠い領域へその指示対象が移り変わるのが一般的で、「ここ」や「そこ」の指し示す領域は前方が他の方向に比べて少し大きく

参考文献・出典

1. 橋本都子、西出和彦、高橋鷹志「指示代名詞の使い分けによる3次元空間の領域分節」（『日本建築学会計画系論文集』Vo.67、No.552、2002）

図 2.1-1　ここ・そこ・あそこ

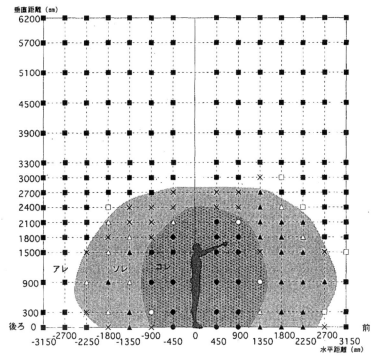

凡例:
5%水準で有意	●：コレ	▲：ソレ	■：アレ
10%水準で有意	○：コレ	△：ソレ	□：アレ
	×：有意差なし		

垂直距離（㎜）

（縦軸目盛）6200, 5700, 5100, 4500, 3900, 3300, 3000, 2700, 2400, 2100, 1800, 1500, 900, 300, 0

アレ　ソレ　コレ

後ろ　0

（横軸目盛）-3150 -2700 -2250 -1800 -1350 -900 -450 0 450 900 1350 1800 2250 2700 3150　前

水平距離（㎜）

図 2.1-2 これ・それ・あれが指す立体的領域 (文1より)

なる傾向がある。

　一方で領域の認識は水平方向だけでなく、上下の垂直方向も合わさって立体的な広がりを持つ。**図 2.1-2** に示すように水平方向と同様に「これ」「それ」「あれ」の順に同心 "卵" 状の領域の段階性を見ることができる。

［3］領域の認知を変化させる要素

　人間を中心とした領域の認知に関わるのは人間とその認知対象との距離の指標だけではない。例えば今回の演習のようにすぐ隣に友人がいる場面ではなく、少し離れた位置にいる友人に話しかける場面を想像してみると、その友人のすぐ目の前の位置を指し示したい場合には「そこ」を用いる人が多いのではないだろうか。このように指示代名詞を用いてコミュニケーションをとる相手との位置関係によっても「ここ・そこ・あそこ」が指す領域は大きく変化することが知られている。

　他にも指示対象の物的な大きさや自身と指示対象との間の遮蔽物の有無、指示対象の背景となる空間の条件など、さまざまな要素が私たちの領域の認識に影響を与える。**演習 01** のように指定した箇所からの視覚的体験を "想像" しながら回答するだけでなく、実体験で領域を認知しようとすると、新たな要素に気付くかもしれない。是非日常生活の中で「自分が認識する領域」と他者のそれ、またそれらが各種条件によって変化する現象を再認識し、領域の認知に影響を与える新たな要素を探しあててみてほしい。

（酒谷）

図 2.1-3 「その」の領域の変化

2-2 | 対人距離と個人の関係

演習02　あなたとの距離　⇒ p.11

［1］ 人間のまわりにある空間

　私たちがある場所に身を置くとき、他者との間に間隔を保とうとする（図2.2-1）。そして、なんらかの事情でその間隔が確保できなくなると、不快さや窮屈さを感じ、その間隔を取り戻そうと動いたり、向きや姿勢を変えたりする。

図 2.2-1 離れて待つ人たち

　人間は、他の動物たちと同様に、これ以上他者に近づいてきてほしくないと感じる、持ち運び可能な「なわばり」のようなものを人体のまわりに形成している。R・ソマーは、この目に見えない境界に囲まれた領域を「パーソナル・スペース」[注1] と名付けた。またE・T・ホールは、人間同士の距離をコミュニケーションと対応させ、4つの距離帯を提案した（表2.2-1）。

intimate distance **密接距離** 0-45cm	**夫婦や恋人のように、非常に密接な関係の人間同士の距離** 愛撫、慰め、保護、格闘の距離。手で相手の手に触れることができたり、ささやきかけが行われる距離。
personal distance **個体距離** 45-120cm	**友人などの親しい関係の人間同士の距離** 相手を抱いたり捕まえたりできる距離。これを超えると手を触れることができなくなる距離。
social distance **社会距離** 120-370cm	**個人的な関係のない人間同士の距離** 知らない人同士の会話などが行われる距離、形式的な仕事のやりとりが行われる距離。
public distance **公衆距離** 370cm-	**かかわりの範囲外にいて一方的な伝達に使われる距離** 聴衆に対して語りかけたりする距離。重要人物のまわりにできる隔たりの距離。

表 2.2-1 E・T・ホールによる対人距離の区分
　　　（文1表5-1を元に筆者作成）

［2］ パーソナル・スペースの可視化

　私たちが持っている、目に見えないが確かに存在するパーソナル・スペースを可視化する試みは、さまざまな方法・状況で行われてきた。

　図2.2-2 は、2人の人間の間の距離（中心）と体の向きを変数として、被験者に「このままでよい（0）～しばらくこのままでよい（2）～すぐに離れたい（4）」かどうか、選択してもらった実験結果をまとめた図である。「離れたい」という感覚は、一般に、

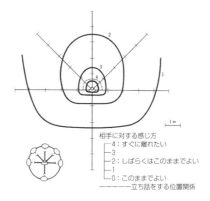

図 2.2-2 実験によって求めた個体域 [文2（p.55 図2.23）]

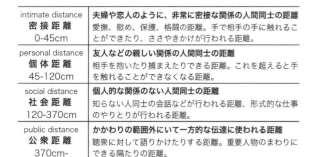

図 2.2-3 「線状着座滞在」の密度別相互距離 [文3]

注釈
1. 人とともに移動するため「ポータブル・テリトリー」とも呼ばれる。
2. グループの端点にいる滞在者の中心線とその隣のグループの端点にいる滞在者の中心線間の距離。

参考文献・出典
1. 小原二郎監修、渡辺秀俊・岩澤昭彦著『インテリアの人間工学』ガイアブックス、2008
2. 高橋鷹志・西出和彦・長澤泰編『環境と空間』朝倉書店、1997
3. 吉田圭一・上野淳・登張絵夢「モール状オープンスペースにおける線状着座滞在とその相互距離に関する考察—新宿サザンテラスにおけるケーススタディ」（『日本建築学会計画系論文集』第574号、pp.47-54、2003）

4. E・T・ホール著、日高敏隆・佐藤信行訳『かくれた次元』みすず書房、1970

前方に大きく、後方に小さい卵のような形であることがわかる。

図 2.2-3 は、都市のオープンスペースで線状に並んで着座滞在している様子を観察し、無関係な他人どうしの相互距離[注2]を密度別にまとめた図である。低密度の場合、相互距離は広範に分布しているが、高密度の場合、100 cm〜150 cmに集中している。この距離はE・T・ホールが示した個体距離に相当しており、都市のオープンスペースにおいて見知らぬ他人どうしが滞在する上でのひとつの限界と見ることができる。

［3］伸び縮みするパーソナル・スペース

パーソナル・スペースの大きさや形状は、性別、年齢、パーソナリティ（性格）、他者の向きや視線、その場の状況や雰囲気などによって変化すると言われている。

図 2.2-4 は混雑する電車の中での位置と

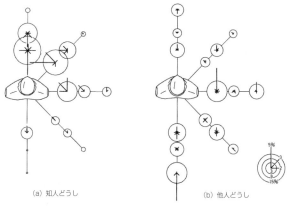

(a) 知人どうし　　　　(b) 他人どうし

図 2.2-4 混雑する電車の中での人の位置と向き[文2](p.59 図2.28)

向きの観察結果をまとめたものである。移動という目的を達成するために、限られた空間内で互いに体の向きを調整していることがわかる。

E・T・ホールが示した4つの距離帯は、少数のアメリカ人による実験結果を根拠としている。日本人の場合でも大きな違いはないとも言われるが、民族（文化）による違いの存在も指摘されている[文4]。

▶【演習 02】あなたとの距離

あなたの対人距離には何が影響しているだろうか。

［4］演習結果の分析・考察の例

表 2.2-2 は被験者の性別と間柄による対人距離をまとめた表である。被験者群による差異も想定されるが、平素からの関係性（と、被験者が認識しているもの）によって、距離に差異が生じている現象を確認できる。

表 2.2-3 は被験者間の身長差と間柄による対人距離をまとめた表である。正比例的ではないものの、身長差がある程、距離が大きい傾向がある。身長差があった方が顔と顔の物理的な距離は遠くなるものの、身長差によって生じる圧迫感（威圧感）が影響していることが伺える。

この他、自身と他者の測定結果の差異に着目し、性格（パーソナリティ）との関連を探るなどの発展的なアプローチも考えられる。

(小林)

性別	間柄			
	よく話す	たまに話す	知っているが話さない	知らない
男性▶男性	53.1	56.8	68.0	100.0
男性▶女性	58.7	65.1	68.2	85.2
女性▶男性	58.8	73.1	69.3	-
女性▶女性	37.4	57.0	44.5	-

表 2.2-2 性別と間柄からみた「適切な距離」(単位は cm)

身長差	間柄			
	よく話す	たまに話す	知っているが話さない	知らない
5cm 未満	48.6	64.8	65.3	120.0
5cm 以上10cm 未満	44.0	67.9	70.5	63.0
10cm 以上15cm 未満	50.5	60.7	61.7	63.0
15cm 以上20cm 未満	46.2	58.8	77.3	100.0
15cm 以上20cm 未満	58.9	75.0	70.5	-

表 2.2-3 身長差と間柄からみた「適切な距離」(単位は cm)

[1] 着座位置選択に見る
　　パーソナル・スペース

　私たち人間は誰しもが自身のパーソナル・スペースを持ち、しかもそれを常時携えながら移動している。そのためそれぞれのパーソナル・スペースが互いに近づいたり離れたり、時には重なり合ったりする。その結果、同じ空間であってもそこに居合わせる他者の存在によってその場所での居心地や人びとの行動は大きく変化する。例えば普段よく利用する電車やバスの空間を思い浮かべ、そこで感じることや自身の行動を想像してみてほしい（**図 2.3-1**）。

▶【演習 03】電車に乗って

　電車の優先座席に座るのはたとえその場に席を必要とする人がいなくても気が引ける、電車やバスの進行方向と同じ向きに座りたいなど、着座位置の選択において、さまざまな要因がその判断に影響する。一方で前述のパーソナル・スペースの観点からも着座位置の選択行動を考察できる。例えば隣に人がいないほうがいい、端の席のほうがいい、人の多い空間内を移動したくないので出入り口に近い席がいいなどの理由

があげられるだろう。

[2] プロクセミックス

　このようにそれぞれが自身のパーソナル・スペースを持つ人と人との距離（対人距離）と、両者の関係性は深いかかわりを持つ。親密な人が自分のすぐそばにいても違和感を持つことはないかもしれないが、見ず知らずの他人が突然目の前に立ちはだかれば驚きとともに少なからず不快さを感じることだろう。E・T・ホールはこうした人間どうしの距離とそのコミュニケーションの関係を「プロクセミックス」と呼ぶ理論的枠組みで捉え[文1]、4つの距離帯、すなわち①「密接距離」（〜45 cm：親密度が高く互いの身体が触れ合う距離）、②「個人距離」（45〜120 cm：友人や親しい人などとのコミュニケーションが行われる距離）③「社会距離」（120〜360 cm：一般的な社交の場における距離）④「公衆距離」（360 cm〜：公の場での演説や講演などにおける距離）を提示した（**図 2.3-2**）。

　1人で電車に乗って着座位置を考える場面で、自分以外の人はすべて知り合いや友人などではなく、他人である状況を想定すると、そこではせめてその人たちとの「社

参考文献・出典
1. E・T・ホール、『かくれた次元』みすず書房、1970

図 2.3-1　電車内の風景

会距離」は確保したい。一方で混雑時には個人距離を確保することも難しい場合もあり、座席に座ると隣に座る人の体に触れ自然と密接距離を取ることになる。そこでは少なからず違和感や不快感を抱くことになるだろうが、そうしたことが着座位置選択の傾向に大きな差異を生み出す。例えば、人の前を越えて奥の席に座るくらいなら、立っていよう、などと。

［3］演習結果の分析・考察の例

図 2.3-4 には**図 2.3-3** の電車の席（A～K）の着座位置選択の優先順位のアンケートにおいて、1～3位（座りたい席）と9～11位（座りたくない席）の集計結果の例を示している。

まずはDの位置が群を抜いて選択されやすい結果となっていることがわかる。他の席とは違い、Dのみが両隣に他の人が座っておらず、個人距離を確保できる席となっていることが理由のひとつとしてあげられるだろう。それに次いでBやHの位置が選択されやすい傾向が認められるが、どちらも端の席で密接距離をとるのは左右一方のみであるため、比較的心理的な負担がなく座りやすいことがその要因として考えられる。一方で最も敬遠されたのはKの位置であった。ここでは隣の席の人と密接距離をとることになる、席が奥にあるため手前に座っている人のパーソナル・スペースを通らないとそこにたどり着けない、ボックス席のため他の人と向きあって（ソシオペタル）座らなければならない、といった多くの負の要因が着座位置選択に影響を与えたことがわかる。

（酒谷）

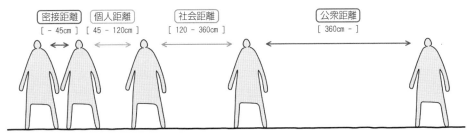

図 2.3-2 E・T・ホールによる4つの距離帯

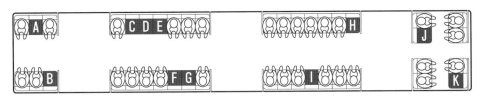

図 2.3-3 電車の着座位置の選択肢 （演習より）

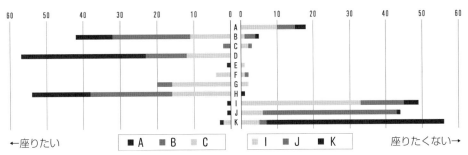

図 2.3-4 着座位置選択の集計結果の例 （受講生作成）

カフェや図書館、教室など日常生活のなかで自由に席を選択する場合、選択の余地の無い場合を除いては自分の座りたい席あるいは空いているなかでより良いと思う席を探すことだろう。一緒に居る人や周りの人との対人関係を含む環境やこれから予定している行為などを自然に考えていないだろうか。例えば大学などの教室では、先生と学生との1対1の関係や、周囲の人との対人関係、授業スライドの見やすさや聞こえやすさなどがあり、端と中央、前と後ろでは場所の性質が異なってくることが考えられる。

[1] 状況に応じた着座位置選択に見るコミュニケーションの取り方

前項の対人距離理論は、日常的な着座位置選択でも観測できる。人と人との関係において距離には意味があり、実際に、見知らぬ人どうしが距離を空けてベンチに腰掛けたり友人どうしが立ち話をする姿はよく見られる。

テーブルがある場合に活動の種類（会話、協力、同時作業、競争）によって人びとはどのような配置を取るのかについて行われた研究で、R・ソマーは図2.4-1の結果を示している。普通の会話はテーブルの角を挟むか、向かい合う位置、協力する活動の場合は隣り合う席、競争の場合は向かい合う席と2人ができるだけ離れる席を選択する人が多い。またソマーは、形状の異なるテーブル（正方形、円、矩形）の座席位置による心理的近さについて、隣り合う席は最も親しく、次いで角を挟んだもの、向かい合った席、互いに反対の隅に寄った席の順になることを述べている。

ここでは作業内容によって同席する人との関係を調整するための着座位置選択が見られるが、他にもその「場」での自分の立場や、眺望、滞在を想定する時間など多様な要因が着座位置選択に影響を及ぼしている。例えば、会議や会食の場において、上座（かみざ）と呼ばれる、格が高いとされる席は室の入り口から見て奥の方にあり、そこには同席者のなかで最も位が高い人物（年長者、座長、その組織のリーダーなど）や、優先的に遇される人物（お祝いの席など）が座る慣習がある。適切な着座位置選択とは、単に互いの身体的距離感だけではなく、その場の意味合いや自らの立場、参加の姿勢など多様な要因によってなされている行為である。

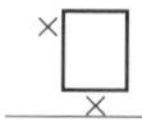

▶【演習04】今日の授業はどこに座る？

• 好きな講義、苦手な講義の際の着座位置を確認しよう。授業内容、出席状況はどうだろうか。席の選択理由は何だろうか。

[2] 演習結果の分析・考察の例

受講生による好きな講義、苦手な講義の座席選択に関する演習結果の一例として、好きな授業については76名（男性35名、女

| 配置 | 配置を選んだ被験者の% | | | |
---	条件1（会話）	条件2（協力）	条件3（同時作業）	条件4（競争）
×□／×□	42	19	3	7
×□×	46	25	32	41
×□×（離れ）	1	5	43	20
□／×	0	0	3	5
×□×（縦）	11	51	7	8
×□×（対角）	0	0	13	18
合計	100	100	100	99

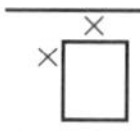

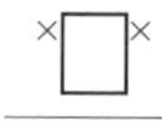

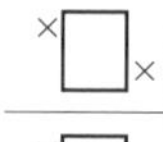

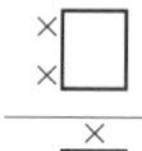

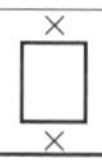

図 2.4-1　矩形のテーブルでの席の選択 [文1]

参考文献・出典
1. R・ソマー、穐山貞登訳『人間の空間』鹿島出版会、1972
2. E・T・ホール、日高敏隆他訳『かくれた次元』みすず書房、1970
3. 長澤泰編、在塚礼子他『建築計画』市ヶ谷出版社、2005

性41名）、苦手な授業については70名（男性32名、女性38名）について得られた結果を示す。この例では、**図2.4-2**のように講義室の座席配置を前後左右で12か所に区分し、それぞれの集計をしている。**図2.4-3**の好きな講義の着座位置では、全体として窓側の中央から後ろのエリア（2a、3a）、廊下側の前から中央エリア（1d、2d）の選択が多いことがわかる。男女別のグラフを見ると、男性は窓側の中央から後ろのエリア（2a、3a）が多いのに対して、女性は廊下側の前から中央エリア（1d、2d）に加え、1の前方エリアが多いことがわかる。男性

は窓側の後ろ寄りを好むのに対して、女性は前方と廊下側を選択することがわかり、この結果からは性別による特徴が見られている。

選択理由として、2aや2bの窓側の場合は、モニターの見やすさ、窓側を好むこと、聞き取りやすいことのようにものとの関係性が見られる一方で、質問されにくい、人が来ない、緊張しないなど対人関係による理由も見られた。2dに見られる廊下側の場合も同様に、スライドやモニターの見やすさのようにものとの関係も見られるが、立っても目立ちにくいという対人関係による理由も見られる。

図2.4-4の苦手な講義の着座位置では、性別によらず後ろの3のエリアが選択されている。特に3aと3dの選択理由は、出入口が近い、コンセントがある、窓側を好むことのものとの関係性の他に、後ろに人が居ると落ち着かない、周りを無意識に感じてしまう、見つからずに他のことができる、などの回答があり、パーソナル・スペースや対人距離との関係が見られる。

（前田）

注釈

1. 前から後ろにかけて3つのエリア、窓から廊下側でa~dの4列の計12か所に区分している。
2. 全体の集計は、授業内容（講義や演習など）の違いによる影響は無いものとした総合計を表している。

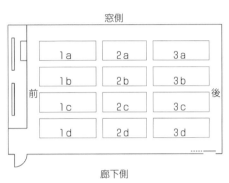

図 **2.4-2** 講義室の座席の区分分け[注1]

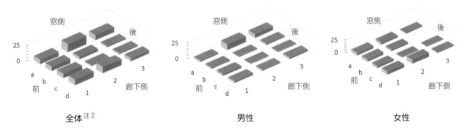

全体[注2]　　　男性　　　女性

図 **2.4-3** 好きな講義の着座位置

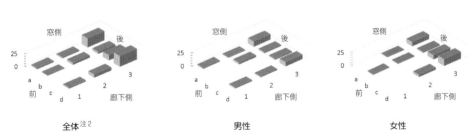

全体[注2]　　　男性　　　女性

図 **2.4-4** 苦手な講義の着座位置

（図 2.4-2 ～ 2.4-4 は 2019 年度受講生のグループ課題成果をもとに作図）

［1］小・中学生の身体と空間の寸法

　教室の天井高は明治時代に3mと定められたが、その基準は2005年に撤廃となった。もともと3mの基準は教室当たりの人数が多く、空気環境の悪化を防ぐための気積確保から定められたが、1教室当たりの児童・生徒数が減っても、照明器具が普及し直接採光に拠らなくなった後も、長い間見直されなかった。今日の学校空間は質的担保が重視され、(1)児童・生徒の身体の大きさや発達段階に応じた教室空間、(2)大型モニターの設置、(3)タブレットの活用など、変容する授業方法に対応する必要がある。画一的な教室空間は黒板などを用いた一方向的な授業スタイルをベースに考えられており、今後の教育方法やそこで行われる活動をイメージした教室空間が求められる。

［2］長さと高さの感覚

　心と身体が大きく成長する小・中学生は教室内の広さや天井高をどう感じているのか。実験結果を見ると、小・中学生では、水平方向の長さを的確に把握していないと読み取れる（図2.5-1）。高さ方向も同様で、実際より高く感じている傾向がある（図2.5-2）。図2.5-3は教室と体育館の天井高について小・中学生が答えた寸法と身長の関係を示したものである。身長が低い児童は評定値の分布に幅があり、身長が高いと評定値が集約する。また、教室よりも体育館で数値がばらつき、室内の高さがあるほど分布に幅があり、的確に捉えにくいことがわかる。またこちらも身長が高いほど、評定値が正しい数値に近づいている。(藤田)

参考文献・出典
1.「特集学校建築─個性を育む環境創出へ向けて」SD9907、鹿島出版会、1999
2. 橋本都子・倉斗綾子・上野淳「学校教室と天井高についての生徒の印象評価と寸法知覚に関する研究」(『日本建築学会計画系論文集』第606号、pp.41-47、2006

▶【演習05】身体感覚：教室の広さと高さ

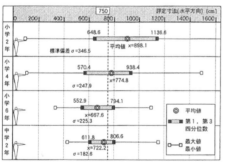

図2.5-1　教室水平方向に対する評定（L = 750）[文1]

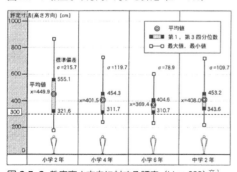

図2.5-2　教室高さ方向に対する評定（H = 300）[文1]

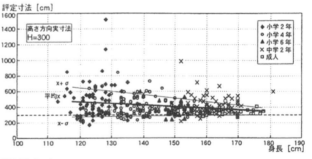

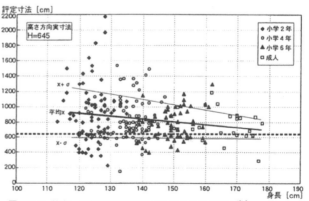

図2.5-3　教室・体育館における高さ方向と身長の評定 [文1]

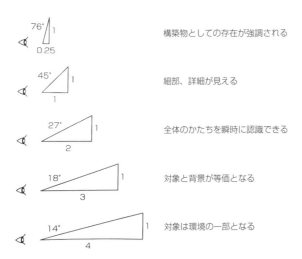

図 2.6-1　D/H と建物の見え方（メルテンスの理論）[文1]

76° / 0.25　構築物としての存在が強調される

45° / 1　細部、詳細が見える

27° / 2　全体のかたちを瞬時に認識できる

18° / 3　対象と背景が等価となる

14° / 4　対象は環境の一部となる

[1] D/H（囲まれ感）と開口部による抜け感

　広場や街路における囲まれ感（解放感－閉塞感）を評価する方法にD/Hがある。D：水平距離、H：垂直距離で、路地の場合は路地の幅員と路地に面する建物高さの比となる。メルテンスは、D/H＝1であれば細部や詳細が見え、D/H＝2であれば全体のかたちを瞬時に認識できるとしている（図2.6-1）。また、屋内外問わず、大きな壁の圧迫感を解消するため、適度に空間の抜けをつくる場合もある。例えばハイタウン北方の妹島和世棟（図2.6-2）ではところどころに穴が穿たれ、集合住宅外観の圧迫感を軽減しようとしている。この他、道路幅員のまま開口部を海岸線につなぐ広島市環境局中工場の例もある（図2.6-3）。また、玄関部分の正面や建具の全面開口など、小規模な住宅において空間の魅力を高めるために空間の抜けが用いられることもある（図2.6-4）。

図 2.6-2　ハイタウン北方妹島棟

図 2.6-3　広島市環境局中工場

図 2.6-4　長泉寺町の家（ToLoLo studio 撮影）

［2］見上げと見下ろしによる距離感

空間内における上下間の距離認識は、見上げるときは実際よりも遠く感じ、見下ろすときは近く感じると言われている。また、同じ容積の場合は天井が高い方が空間の容積が大きいと評価される傾向もある。すなわち空間を広く感じさせるには、吹き抜けなどを用いて上部の高さをかせぐことが有効である。吹き抜けは、住宅の玄関や複合ビルのエントランス部分など、内部空間の演出にも有効である。また「見る－見られる」状況が生じるため、オフィスにおける賑わいや商業施設の活気がある雰囲気づくりにも利用されている。この場合、吹き抜けに面して交流スペースが設けられると、コミュニケーションの促進にもつながっている（図2.6-5）。　　　　　（藤田）

図 2.6-5 商業施設の吹き抜け空間

参考文献・出典

1. 日本建築学会編『建築・都市計画のための空間学事典』井上書院、2002
2. 奥山尚美ほか「フロア間のコミュニケーションを促すオフィスの吹き抜けに関する研究」（『日本建築学会大会学術講演梗概集』2014
3. 内藤恵介・初見学「見上げと見下ろしの距離感—距離の認知に関する研究—」（『日本建築学会学術講演梗概集』pp.985-986、1993）
4. 橋本郁子・込山敦司・初見学・高橋鷹志「複数の在室者による室空間の容積と印象評価に関する実験的研究—容積を指標とした空間計画のための基礎研究（その3）」（『日本建築学会計画系論文集』第525号、pp.153-159、1999

▶【演習06】身体感覚：吹き抜けの広さと大きさ

空間≒ヴォイドは「見えない」、それは「知る」ことによって認知できるもの

Column 1

建築物として具体的な設計の対象となるのは柱や梁、壁などの物理的な存在物 solid である。しかし、我々が実際に体験するのはそれらの間に生まれる空間 void である。ソリッドは目に見える物体であるが、ヴォイドそれ自体は、目に見えない。そして、人が目に見えないものを知覚することは、実はとても難しい。

例えば子供に、「交差点の手前で止まってね」と言うと、子供は交差点の中央で立ち止まる。「交差点」とは、物理的な存在ではなく概念として存在する「空間」、つまりヴォイドなのだ。子供は成長とともに、物理的なものの間にある「空間」を認知するための知識と感覚を獲得していく。安全のため「交差点の手前で止まる」には、交差点とはどこまでかという空間の認知とその共有が必要である。しかし大人であっても、それぞれに空間の認知やここまでと思う範囲が異なる。だから交差点の手前には「止まれ」

の停止線や、停止位置を示すマークがある。「交差点の手前で止まる」という、やってほしいことはそれだが実は曖昧な指示ではなく、「ここで止まる」という具体的な、ソリッドとしてのマークが設置されている。

我々は空間に生きている、けれど空間それ自体は見えない、認知できたとしてもそれが他者と同じであるとは限らない。身体の大きさやものの見え方（視野や視力、色覚の特性など）も人によって異なる。一人ひとりそれぞれが同じ空間にあって、異なる空間を知覚しているのだ。

　　　　　　　　　　　　　　（山田）

図コラム 1-1 交差点手前の「止まれ」マーク

演習 07　いろいろな「いす」　⇒ p.16

分析例

- 例1・2は、2012年度受講生によるグループ演習課題成果をもとに加筆・修正
- 例3は、2021年度受講生によるグループ演習課題成果をもとに加筆・修正

回答例

2022年度受講生の回答

［1］座りやすい椅子の分布（座面・奥行き）

椅子や地面など、私たちはあらゆる場所に座る。座面が低く狭ければ膝を折るように座り、座面が高く広ければ深く腰掛け足を投げ出すように座る。座りやすさには、座面の高さと奥行きが関係する。座面の高さが膝から下の高さ、下腿高と同じ高さで座面の奥行きが十分にある椅子は座りやすく、座っていて疲れない（図**1.1-12**）。人が身体をあずける家具である椅子の寸法は、人の身体寸法や動作寸法、居方などを考慮してつくられており、さまざまなかたちがある。座りやすい椅子の分布は図**1.1-13**のようになり、背もたれやアームレストの付き方、可動性も座り心地に影響する。

［2］姿勢と人間の行動

図**1.1-13**①の小さな椅子はイベント時などに持って行く折りたたみの椅子で、長く座るには辛い。座面が下腿高にフィットし、腰の位置に背もたれがくる椅子（②③）は勉強や作業に向く。座面が低く、座面の奥行きが深い椅子（④）は、くつろぐ椅子で、人は足を投げ出すようにしてゆったりと座る。

このように椅子は人間の姿勢をつくり出す。姿勢と人間の行動は関係し、そこにどのような椅子がどのように置かれているかは、人の滞在の様態や滞在時間、行為内容などにも影響する。

［3］想定する滞在で選ばれる椅子

ファストフード店やバーのカウンターの椅子は⑤のようなかたちがよく見られ、あまり場所をとらない、または回転率を高めたいなどの理由で選ばれる。商談などに使われる高級な喫茶店やホテルのラウンジなどでは④のようなかたちが見られ、ゆったりとした滞在を誘う。椅子を見ると、そこでどんな滞在を想定しているかという、その場所のコンセプトが見えてくる。

▶【演習 07】いろいろな「いす」

［4］演習課題の回答例

身の回りにある椅子をふたつ、写真とスケッチで説明し、寸法を計測し、その場所と使う頻度、座り心地などを記入する（図**2.7-1**）。

［5］演習結果の分析・考察の例

例1　座面の高さ・奥行きの分析

座面の高さと奥行きとの関係を、座り心

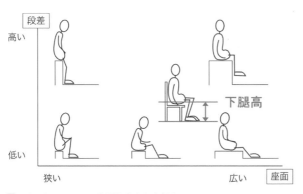

図**1.1-12**（p.65再掲）**座面と高さと奥行き**（山田作成）

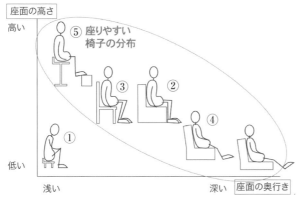

図**1.1-13**（p.65再掲）**座りやすい座面と高さと奥行き**（山田作成）

地への評価とともに見ると（図2.7-2）、座り心地が「とても良い」と回答されているのは座面の高さが高いほど奥行きが浅く、座面の高さが低いほど奥行きが深い椅子だが、座面までの高さ300〜500㎜、奥行き350〜500㎜内では座り心地が「とても良い・まあまあ・悪い」と評価が分かれ、座面の高さと奥行き以外の要素の影響が考えられる。

例2　形状・素材による座り心地の分析

座り心地の評価ごとに形状を見ると（図2.7-3）、男性の「とても良い」では「悪い・まあまあ」と比べて「回転・座椅子・ソファ」が占める割合が高く、リラックスできる椅子の形状が好まれる傾向がある。また素材による座り心地（図2.7-4）では、「布・革」では「とても良い」の占める割合が高く、座り心地に素材も影響する。

例3　使用頻度との関係の分析

座面の高さと使用時間の関係を、使用頻度ごとにとると（図2.7-5）、「たまに使う」と答えた人は座面の高さに関係なく使用時間が60分以内である。また「よく使う」椅子の座面の高さと使用時間が分散するが、座る時間が長くなるにつれて座面の高さが収束していき、3時間以上使う椅子の高さが40〜50cmの間に収まっていることが特徴的である。　　　　（古賀）

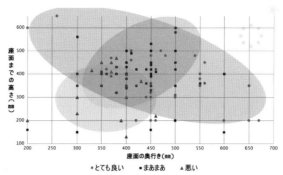

図 2.7-2　座面の高さ・奥行き相関図

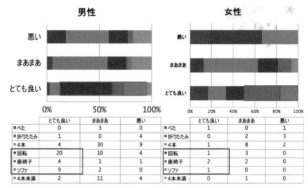

図 2.7-3　形状による座り心地

男性

	とても良い	まあまあ	悪い
ぺた	0	3	0
折りたたみ	1	0	4
4本	4	30	9
回転	20	10	4
座椅子	4	1	1
ソファ	9	2	0
4本未満	2	11	4

女性

	とても良い	まあまあ	悪い
ぺた	1	0	1
折りたたみ	0	2	3
4本	1	8	2
回転	1	3	0
座椅子	2	2	0
ソファ	1	0	0
4本未満	0	1	0

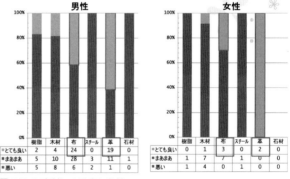

図 2.7-4　素材による座り心地

男性

	樹脂	木材	布	スチール	革	石材
とても良い	2	4	24	0	19	0
まあまあ	5	10	28	3	11	1
悪い	5	8	6	2	1	0

女性

	樹脂	木材	布	スチール	革	石材
とても良い	0	1	3	0	2	0
まあまあ	1	7	7	1	0	0
悪い	1	4	1	1	0	0

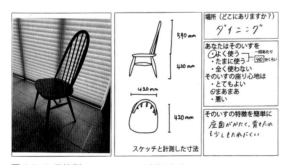

図 2.7-1　回答例　　図 2.7-1〜5 は受講生作成

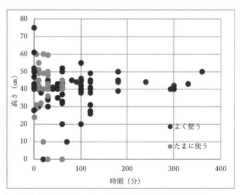

図 2.7-5　座面の高さ・使用時間・使用頻度の関係

[1] 文化と文明、そしてトイレ

トイレは、現代の生活では衛生の観点から日常的に使用する必要がある場所であると同時に、個人の健康や尊厳の観点からも意味を持つ場所である。公共のトイレは、不特定多数に開かれていることから防犯を考慮した設計も必要となる。トイレは都市生活にとって重要な場所であるにもかかわらず、プライバシーや羞恥心にも関係することから、一般的には話題に上りにくい場所であることも特徴的である。それだけに、設計においては一層の配慮を行う必要がある。そして、世界を見渡すと、時代や文化などによって多様なトイレが存在する。「あたりまえ」は多様だ（図2.8-1 ～ 2.8-3）。

排泄行為は、民族や文化圏、気候風土などの影響を強く受けるが、表には現れにくい。文化人類学者のS・ヘンリは、世界各地の排泄行為や排泄のための場所、歴史について調べ、比較することで「文化と文明

の違い」が見えるのだと強調する。文化相対論では、文化水準が高い、低い、進んだ、遅れた、という捉え方ではなく、それぞれの民族の生活様式やものの考え方は、それぞれの環境に適応した歴史観で形成される、「文化のかたちの差異」なのだと捉える。ある場所で生きるには、その場所ならではの知識と経験が必要とされる。これに対して、文明とは普遍性、合理性、機能性を指し、誰であっても（お金さえあれば）生きていける、文化集団の範囲を超えた仕組みである[文1]。

身近で、意識にのぼりにくく、あたりまえと見逃してしまいがちな場所に、目を向けてみよう。

▶【演習08】たかがトイレ、されどトイレ

[2] 待ち行列と使用率

一般的に、待ち時間を生じさせないことを前提とした必要な什器数は次のように表

図 2.8-1 左・中央：パリの街路にある公共トイレ。右：ストックホルムの広場にあるトイレ。男女兼用で、死角のないつくり

図 2.8-2 左：駅構内のチップトイレ（料金を払って使用する。欧州では一般的）。
右：女性専用ブースと男女兼用ブースが並ぶレストランのトイレ（性犯罪への取締が十分になされ、監視と管理が行き届く限定的な条件で実現している）

される。

$$B = A \times Ts / u$$

Ts：平均サービス時間（1件当たりの処理時間）

A：単位時間あたりの利用者の到着数

B：単位時間あたりの利用可能什器数

u：利用率（単位時間あたりに什器が使われている割合）

駅やイベント施設などのトイレでは、しばしば待ち行列が発生する。こうした、トイレなど什器の待ち時間は、次の式で表される。

$$Tw = \rho / (1 - \rho) \times Ts$$

Tw：平均待ち時間

Ts：平均サービス時間（1件当たりの処理時間）

ρ：利用率（単位時間当たりの利用者の到着数／単位時間当たりの利用可能什器数）

男性と女性では、衣類の構造などの違いにより、Ts（使用時間）が異なり、女性の方が長い。このため、男女比が同じ利用者が想定される施設で同数のトイレを設置し

た場合、待ち時間 Tw は、女性の方が長くなる[注1]。公共の用に供するトイレはこうした特性を踏まえて設置個数を設計するが、各家庭でのトイレなどは単に効率性だけでなく、長時間の利用も含めた居心地を重視して設定されることもある（図2.8-3）。

トイレは排泄の場所であるが、時には仕事や身仕舞い、食事、他者から離れて「1人になれる場所」という位置づけを持つこともある。世界各地のトイレや、著名人のトイレを集め、鋭くもユニークな観察によってそれを紹介している本（図2.8-3）では、「ところ変われば、トイレも変わる」を実感することができる。例えば、がんに影響を受けた人を迎え入れ、相談にのったり必要な支援につなげる活動をしている「マギーズセンター」では、その設置要項に「ひとりで泣けるトイレ（bathroom）」を入れている[文2]。医療や福祉の場、学校、オフィスなど、他者との居合わせが避けられない場所で、トイレが持つ「居場所／退避場所としての意味」もまた重要なものと言える。

［3］トイレに見る公共性と多様性、多文化理解

公共施設のトイレは、バリアフリーなま

注釈

1. トイレの使用時間：施設の用途（急いでいるかどうかなどの状況を反映する）やブースの埋まり具合などにも影響される。ある大学でのトイレ占有時間は、男性小38秒、男性ブース353秒、女性ブース124秒という調査結果がある。
高橋未樹子、木下芳郎、疋田篤史「公共トイレにおける衛生器具適正数検討に関する研究（第2報）占有時間の施設用途、便座機能等における比較とモデル式による分布形推定」（空気調和・衛生工学会大会、A-30、pp.117-120、2020

図 2.8-3 さまざまな文化圏や、著名人の自宅のトイレを比べてみると？[文3]

図 2.8-4 大人と子供の身体寸法の違いを踏まえた高さの違う手洗いや、多目的トイレの諸機能。介護用ベッドが設置されることもある

2. ジェンダー：社会的・文化的に「つくられた」性差のこと。例えばこの場合は、「子の性別に拠らず（子供のアイコンが男性型の縮小であることに注目）子供の世話は女性の役割。男性は子供の世話はしない」というジェンダーバイアスを読み取れる。

参考文献・出典

1. スチュアート・ヘンリ『「トイレと文化」考―はばかりながら』文春文庫、1993
2. 「第二の我が家」として気軽に立ち寄れる日本版マギーズセンター　認定NPO法人マギーズ東京　マギーズ東京、Projects' CATA-Log、〈https://pjcatalog.jp/archives/1445〉、2024/01/04 参照
3. 妹尾河童『河童が覗いたトイレまんだら』文春文庫、1996

図 2.8-5　左：スロープに設置されたさまざまな高さの手洗いから、自分に合った高さを見つけることができる。ここにはいろいろな人が居るということを視覚的に伝えている（大阪、海遊館）。右：公園の公衆トイレに設置された、大人と子供で使える高さが違う手洗い

ち・建築の基本要件の1つである（図2.8-4、2.8-5）。障害当事者へのアンケート調査では、交通と並んで不満評価が多い。例えば子連れなら、子連れで用を足せるトイレがない場所には出かけることができない。身障者に配慮したトイレがないところには身障者やその介助をする人びとは出かけることができない。女性用トイレがなければ、女性たちは性犯罪に巻き込まれる危険によ

り一層気を張る必要がある。トイレの有無やあり方は、容易に人びとを阻む「バリア」となる。バリアフリー法によって、公共施設には多目的トイレの設置が義務づけられることとなり、こうしたバリアの解消が進んでいる。ただなおもトイレの有無や設備には、ジェンダー[注2]など「アンコンシャスバイアス」への意識が表れていることもある（図2.8-6）。ぜひ観察されたい。

逆に、快適かつ衛生的で使い勝手のよいトイレは集客の効果をもたらす。例えばデパートや高速道路のサービスエリアなど、トイレの質が施設自体への「評価」やリピート利用に直結することもある。　　　　（山田）

図 2.8-6　子育てについてのジェンダーギャップが表れているトイレの設備サイン（子連れ用設備が女性用トイレにしかない）

ピクトグラムに見るジェンダー　　Column 2

サインで使われるピクトグラムの「人」の表示は、男性型でつくられている。つまり、「男性」と「女性（スカートをはき、相対的に腰のくびれが強調されるかたち）」は異なるマークで示されるが、性別を限定せず「人一般」を表す際には「男性」と同じマークが用いられる。Man は人間であり男性を示すのに対して女性はWoman と有徴化（→ p.167）される現象と同じである（図コラム2-1）。そもそもこの社会は「健康な壮年男性」を基準とし

てつくられているため、そうではない者、例えば女性、子供、障害者、老人、は有徴化される。「健康な男性」と「それ以外の特徴を持つ人びと」という認識がデザインとして公共空間の至る所に埋め込まれているわけだ。

図コラム 2-1
ピクトグラムにおける「人間一般」では男性型ピクトグラムを用いる

一方、その通例が破られる場面がある。「人一般」を示すが、示したい人物が「ケアラー（ケアを提供する人）」である場合だ。「受付」や「看護師」のピクトグラムを検索してみると、それが女性型であることに気付くだろう（図コラム 2-2、2-3）。このことは、ケア＝女性の役割であるというジェンダー・バイアスを示している。

こうしたバイアスはゆっくりとではあるが是正の方向にあり、サインのアップデートも行われている（図コラム 2-4）。

身の回りの何気ないサインにも社会観念は埋め込まれ、人びとはそれをあたりまえだと刷り込まれて内面化している。そのように「あたりまえ」だと認識していることがらは意識にのぼりにくく、たとえ見えていても、気付くことができない。「知ること」を経て眺めると、世界に疑問を持ったり、思わぬ刷り込みに気付くことができる。　　　　　（山田）

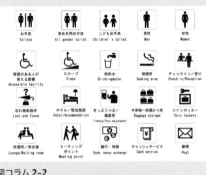

図コラム 2-2
左：人間一般は男性型だが、「受付」をする人物には女性型が使われている。（出典：国交省サイト[文1]）。右：実際にケアサービスの受付の表示に使われている様子

図コラム 2-3
ある商業施設でのトイレ前のサインボードの例。赤ちゃんの世話をするピクトグラムを女性型ピクトグラムで示しているため、男性トイレの中に「女性型の人物がおむつを替える」ピクトグラムが配置されてしまっているケース。デザイナーも運営者も、誰も、何かがおかしいとは思わなかったのだろうか？ それとも、気づいても言い出すことができなかったのだろうか

図コラム 2-4
ピクトグラムのアップデート
上：かつては「子連れ」を示すピクトグラムは女性型であった。現在でもリプレイス前のサインがしばしば残っている。下：現在は JIS の改訂によって人一般（男性型）ピクトグラムが推奨されている。[文2]

参考文献・出典
1. 国土交通省、バリアフリー・ユニバーサルデザイン交通消費者行政／公共交通事故被害者支援、JIS Z8210 案内用図記号（ピクトグラム）、公共・一般施設、〈https://www.mlit.go.jp/common/001315239.pdf〉、2024/01/04 参照
2. 同、旅客施設における誘導サイン・位置サイン・案内サインの表示例、〈https://www.mlit.go.jp/common/001245715.pdf〉、2024/01/04 参照

第 3 章

「私」がつくる、まちのイメージ

[1] ものに投影されるテリトリー意識

人は、空間にものを置くことで、その場所を「自分のもの」とする（テリトリーや所有の主張）。例えば図書館やカフェテリアで席を取るために荷物を置く、お花見でブルーシートを敷いて場所取りをする、などの場面でそれを確認できる（図3.1-1）。また、家や自室、職場の自分のデスクのしつらえは、その人の個性（パーソナリティ）や、その場所に対する想い、その場所での暮らし方・過ごし方を体現している。このため我々は、空間のしつらえを手がかりに、そこでの人びとの過ごし方やその場所での人と空間の関係を類推できる。

▶【演習09】私の部屋、私の居場所

[2] 生活環境のパーソナライゼーション

誰かの部屋に入るシーンを想像してほしい。そこで目にする家具や小物、ファブリックなどからは、その家や部屋をしつらえた人の趣味や考え方、その場所への愛着やそこでの過ごし方、時には困難を読み取れる。

ひとり暮らし高齢者の住まい方を調べた研究では、高齢者が起きているときに大半

図 3.1-1 公共空間での場所取り
上：祭り見物のために沿道にシートや椅子を置く。下：席を離れる際に荷物を置いていく

参考文献・出典
1. 古賀紀江、高橋鷹志「ひとり暮らしの高齢者の常座をめぐる考察—高齢者の住居における居場所に関する研究　その1」『日本建築学会計画系論文集』第94号、pp.97-104、1997)

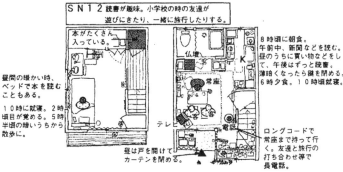

図 3.1-2 高齢者の住まいにおける「常座」の例 [文1]

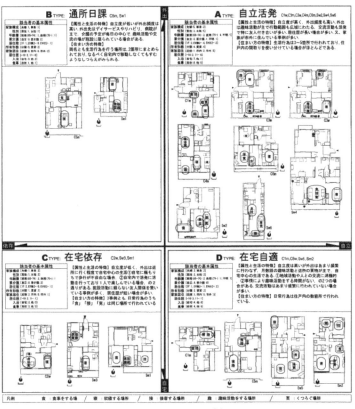

図 3.1-3 高齢者の生活スタイルと住まい方の特徴 [文3]

2. 山田あすか、上野淳「グループリビング型知的障碍者入所更生施設における居室及び共用空間の設えと入居者の滞在に関する研究」（『日本建築学会計画系論文集』70巻、595号、p.57-64、2005）

3. 加藤田歌、上野淳「生活スタイルと住まい方からみた団地居住高齢者の環境整備に関する考察—多摩ニュータウン団地高齢者の生活像と居住環境整備に関する研究 その2」（『日本建築学会計画系論文集』第617号、pp.9-16、2007）

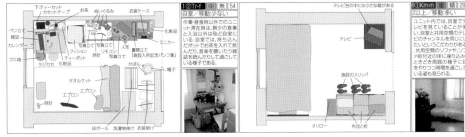

図 3.1-4　知的障害者施設でのパーソナライゼーションの例[文2]

の時間を過ごす「座」を有する[文1]（図3.1-2）。古賀らが「常座」と名付けたこの場所で、高齢者は食事行為を含めて家での行為のほとんどを行う。また加藤らの研究でも、移動が困難などで自立度が低い高齢者の住まい方では、「寝る」以外の行為（食べる、趣味活動をする、くつろぐ、接客する）がひとつの場所に集約されていることが報告されている[文3]（図3.1-3）。

　パーソナライゼーションは、住まいだけでなく職場でも発揮される。ふさわしいしつらえは、仕事上の立場や仕事の内容によっても異なる。これに対して、フリーアドレスオフィスでは個人の仕事の場としてのしつらえよりも、オフィス全体での空間の効率性や、さまざまな人との交流による新たなアイディアの発掘やチーム力の構築を重視する。空間のあり方は、その空間で何が重要とされているかを如実に示す。

［3］環境に映し出された行動特性

　図3.1-4は知的障害者施設に暮らす人びとの暮らしの場のパーソナライゼーションの例である。重度知的障害と自閉傾向を持つAさんの個室（左）にはほとんどものが置かれていないが、Aさんには蒐集行動があり施設内のスリッパを並べて置いている。一方、同じ施設内でも自閉症がなく比較的自立した生活を送っているBさんの個室（右）は、本人の趣味に応じたさまざまなもので意図的にしつらえられている。家や自室に置かれたさまざまなものは、そこで暮らす人びとと暮らしを支える要素

だ。もの、つまり環境であることを剥ぎ取られた空間では、そこに居る人びととの間に双方向の関係を持ち得ない。

［4］演習結果の分析・考察の例

　演習結果を見ると、自室での主な居場所がひとつである人もいれば、複数の居場所を持つ人もいる（図3.1-5）。自室での居場所の数を決定づける要因となるのは、自室で行う行為の数と、行為による場所の使い分けをするかどうか、また行為による場所の使い分けができる広さがあるかどうか、などである。自室内での「いつもいる場所」

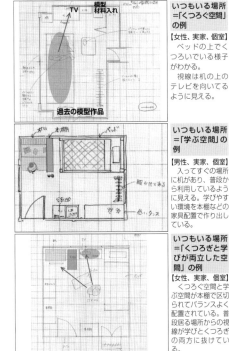

図 3.1-5　受講生による「いつもいる場所」の分類

をくつろぐ空間、学ぶ空間、くつろぎと学びが両立した空間、の3つに分類する（図3.1-6）。［くつろぎの空間］の場合、普段ベッドやテレビの前で過ごしている人が多い。また勉強するスペースは普段いる場所から遠かったり、部屋の端の方にある。［両立する空間］の場合、普段いる場所が部屋の中央で、机や座布団をそばに置き、テレビや本棚や作業机にすぐに移動できる位置であることが多い。なお［両立］の部屋は室面積が狭い傾向があり、空間の意味付けが曖昧となっている可能性もある。

［5］ 住まいのしつらえと住まう人の関係、あるいはその喪失

図3.1-7は、夫と長年暮らした戸建て住宅から、夫の死後サービスハウスに生活の場を移した婦人の住まいである。引っ越しの準備をする間、婦人は作業に疲れると、生前のまま残された夫の部屋の椅子に腰掛け、しばし夫と"会話"をして元気を取り戻したものだが、サービスハウス入居後に婦人はこう言ったという[文4]。

「このサービスハウスには、夫は付いてきてくれなかったわ」

住まいやそのしつらえとそこに住まう人の関係は、単に一方が他方に影響を与えるだけではなく、互いに長い年月をかけて積み重ね、形づくられる。その関係は、生活そのもの、あるいはそこで暮らす家族の関係の体現とも言える。件の婦人は、生活拠点の移動によって「場所と結びついた習慣や想い」のみならず「夫がいつもともにいるという実感」をも失い、夫の喪失

という哀しみに再び向かい合わなければいけなかった。環境の変化は、時に残酷なまでに強い影響を、それを経験した人にもたらす。

（山田）

4. 外山義『自宅でない在宅』、医学書院、2003

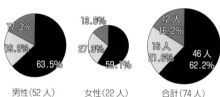

男性（52人） 女性（22人） 合計（74人）

- ■ くつろぐ空間
- □ 学ぶ空間
- ▨ 両立する空間

図3.1-6 受講生が自室で「いつもいる場所」：性別とは無関係

1F

2F

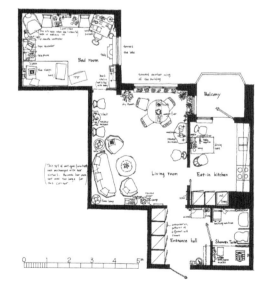

上：婦人が夫とともに暮らした戸建て住宅の平面

下：婦人が引っ越した先のサービスハウスの住戸平面

図3.1-7 生活拠点の移動前後の住まい例[文4]

注釈

1. 原則として調査当時（1983 ～ 1984年）に主に70歳（1913年前後生まれ）以上の女性を対象として、①箱膳の時期②ちゃぶ台の時期③テーブルの時期について調査が実施されたものである。

2. 一般的に民家の食事空間の中心には炉があり、その周りには座る位置がそれぞれ定められていた。土間から正面の奥が主人の座る横座（この例では上座）、その脇で勝手に近い方が女房の席でかか座、これと反対側で入口に近い方の側が客座、そして土間に接している側は下男下女の席で木の尻などといわれている[文4]。多少ではあるが地方によって呼び名の違いがある。

参考文献・出典

1. 新村出編『広辞苑 第6版』岩波書店、2008

2. 石毛直道・井上忠司編「現代日本における家庭と食卓―銘々膳からチャブ台へ」（『国立民俗学博物館研究報告』別冊16号、pp.64-82、243-447、1991）

3. 堺利彦『家庭の新風味』内外出版協会、1904

4. 田邊泰『日本建築の性格』相模書房、1958

5. 高橋鷹志「住居における行動場面に関する研究―人の居方から住居の公的空間を考察する―」（『住宅総合研究財団研究年報』No.18、1991）

団らんとは、広辞苑によると「集まって車座に座ること。集まってなごやかに楽しむこと。親密で楽しい会合。」[文1]とされている。現代の家庭での団らんには多様なかたちがあると考えられるが、一般的には家族共有の場（リビング・ダイニングなど）で会話や食事をしている状況を思い浮かべるのではないだろうか。

今では普通に思い浮かぶ情景であるが、家族が食卓を囲むようになったのは、一般的に明治時代の中頃に箱膳に替わりちゃぶ台が都市部で使われ始め、昭和初期に全国的に普及するようになってからだと言われている。そして現在のテーブル形式がちゃぶ台よりも多くなったのは1970年代であることが報告されている（図3.2-1）。箱膳の時代には食事中の会話がほとんど禁止であったが、ちゃぶ台の時代にはかなり緩和され、テーブル時代には話して良いようになったことがわかる（図3.2-2）。明治中頃

図 3.2-1 生活拠点の移動前後の住まい例[注1, 文2(p.69)]

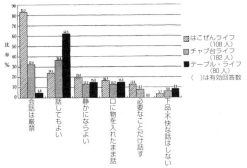

図 3.2-2 食事中の会話に対する態度[文2, p.79]

図 3.2-3 ある農家の箱膳時代の座の形式[文2, p.343]

ある農家の一例。
囲炉裏を囲み、子供達は客座や下座など適当に散らばったようである。食事は板目に直に座って皆一緒に食べた。客が来た時は、客座にゴザを敷いて接待した。（抜粋）

図 3.2-4 ある製菓業のちゃぶ台時代の座の形式[文2, p.276]

ある製菓業の一例。
特に座席の順番は決まっていない。仕事の関係で揃ったり揃わなかったりしたが、晩ごはんはみんな一緒に食べていた。座ぶとんを使用した。（抜粋）

に一家団らんにおける会話は重要とされ、それには食事時に同じ食卓を囲むことが必要であるとの主張がなされた[文3]。

図3.2-3～4は箱膳時代、ちゃぶ台時代の食事空間の座の形式の一例[注2]である。

▶【演習10】「家族」する空間

「家族とともに暮らす家」の団らん空間の家具のマッピングと滞在関係を調べよう。

[1] 団らんの距離と家具の配置

図3.2-5～6は、居間や食堂に代表される住居内の公的空間における人の居方に着目した研究[文5]で、家族の食事、団らん、接客などの居方が1.5m、3mの2種類の輪の中にいるかどうかによって、特徴づけられることが明らかにされたものである。

1.5mの輪の中ではコミュニケーション・団らんを主とする積極的かつ親密な集まりが行われ、3mの輪の中では、それよりも一歩退いた居方であるが、団らんの行われる準親密な集まりが行われる。3mはE・T・ホールによる4つの距離帯の社会距離（遠方相）に含まれ、これは互いに必要であれば会話をすることができる距離であり、ま

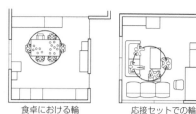

食卓における輪　　　応接セットでの輪

図 3.2-5 1.5 mの輪 [文6]

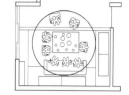

図 3.2-6 3 mの輪 [文6]

6. 日本建築学会編『コンパクト建築設計資料集成［インテリア］』丸善、pp.19-20、2011

7. 西山夘三「住居空間の用途構成に於ける食寝分離論」（『日本建築学会論文集』第25号、pp.149-155、1942）

8. 竹下輝和「個室成立以後の家族コミュニティーに関する実証的研究―その2. だんらん様式の成立と居間の空間概念についての住文化論的考察―」（『財団法人新住宅普及会住宅建築研究所』No.14、pp.129-138、1988）

た互いに干渉しあわずに別々の事もできる距離になる。緩やかなつながり方で同じ場を共有できるといえるだろう。

　同じ場を共有するときは人との距離だけではなく向かい合い方も関係している。H・オズモンドは人間どうしの交流においてソシオフーガル（交流をさまたげるようなデザイン）とソシオペタル（交流を活発にするデザイン）の性質を持つ空間デザインのタイプがあるとしている [文6]。リビングの応接セットに見られる囲むような家具配置は顔を合わせ会話を楽しむことを想定したものといえる。

［2］間取りと家族との関係

　1942年に提案された西山による食寝分離論 [文7]は、狭い住宅であっても食べるところと寝るところを分離するというものであり、戦後の住宅の基本理念となった。また戦後は親子の就寝分離、個室の確立、公私室の機能の分離などが課題とされた。個室での生活に重点が置かれると家族と過ごす時間は減少するが、特に子供に関して自室に閉じこもる現象が社会問題として取り上げられた時期もあり、公私室の関係性は重要ともいえる。例えば竹下の研究 [文8]において、個人的または集団的営みに分けられる住生活行為のうち、家族の行為が同時的に重なり合う集団的営みを広い意味での団らんとしている。団らん空間における最も根底的な行為は「食べる」行為であり、それ以外の主要な行為には「くつろぐ」、「余暇・楽しみ」などがある。そして後者の場を「居間」として設定した場合に、家族の団らんの空間として機能しながら、一方で親による主体的な行為がなされる比重

が大きくなると、子供の住生活の中心は子供部屋につくられ、家族のコミュニティー上の問題をつくることになることが報告されている。

［3］演習結果の分析・考察の例

　図3.2-7は受講生による演習の一例である。家具のレイアウトによってダイニング部分とリビング部分とに空間が分節されている。ダイニングには1.8 mと1.2 m程度の輪を描くことができる。1.8 mはホールの社会距離（遠方相）に相当し、1.2 mはホールの社会距離（遠方相）と個体距離（近接相）との境目になる。テーブルに近づいているのか、椅子の背もたれに寄りかかって座るのかによって話している状況が異なることが読み取れる。リビングでは、家族が3 m内に輪をつくり団らんする様子が描かれている。家具の配置で、リビングのソファーはダイニングの人に背を向ける配置であり、ダイニングに人が居た場合でも互いに干渉することなく居ることができ、また振り向けば会話も可能であることがわかる。

　この例にはソファーやローテーブル、テレビなどの家具類が見られ、ダイニングに比べてリビングはリラックスした座り方を選択できる空間といえる。また明らかに個人の持ち物といえるものが置かれていないと見受けられ、家族共有の場として認識されていることがわかる。

（前田）

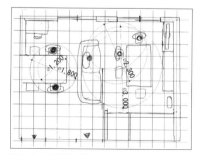

図 3.2-7 課題に対する一例（2020年度受講生による演習課題成果）

演習 11　状況を整えるという行動のステップ　⇒p.20

参考文献・出典

1. アラン・W・ウィッカー『生態学的心理学入門』九州大学出版会、p.14、1997

[1] 行動セッティング

学校での授業中は教室の前方に立つ教員に多くの学生は体を向けているし、乗客の多い電車の中では自身のテリトリーを広げすぎないように心がけ、そこで大きな声を出すことは控えている。

私たちはそれほど強く意識をすることなく、ある環境のもとでそれに対応する行動を日々自然とやってのける。またこれらは特定の個人に固有のものではなく、多くの人びとに共通する行動パターンと言えるだろう。R・バーカーはこうしたある行動が繰り返し発生する環境の諸状況のことを「行動セッティング」と呼んだ。私たちの日々の生活の中には無数の行動セッティングを見出すことができる。またこうした相互に適合した行動と環境の組み合わせは「シノモルフ」と呼ばれるが、これは具体的にどのような条件のもとで成立しているのだろうか。こうした問いかけに対し、**図3.3-1**のように人間の行動とその環境について、可能な限りの詳細な記述を試みることが自然な態度であろう。これに対して以下の演習では、逆にあなたが見つけたある

行動セッティングにおけるシノモルフを簡単な操作で改造してみる（＝ハッキング）ことを通してシノモルフのメカニズムについて考えてみてほしい。

▶【演習11】状況を整えるという行動のステップ

この演習で、元の写真とは大きく異なる状況の風景を比較的簡単に描くことができたのではないだろうか。（**図3.3-2**）

特に、行動セッティングを構成する数多くの要素の中から異なるものを選び、それを改変することで、見られる行動のパターンも多様なかたちで崩壊（変容）した点に注目しよう。これは言い換えれば、ある行動セッティングの成立のための唯一の条件・要素などが存在するわけではない、ということである。授業という「状況」は、教員の立ち位置と学生の座席の向きの関係だけでなく、大人数を収容できる広さの教室空間、学生どうしが適当な距離感を保てる席の配置、学習に適した温熱環境、書字や作業をしやすい机の高さなど、無数の場の要素が複雑に絡み合い、相互に影響を与え合いながら生み出され、その状況にある

- 先生と生徒が小さな声でも話ができる程度の距離で向かい合って座っている
- 先生が生徒に見えるようにスケッチを描きながら設計の指導をしている
- 机の上には設計案の図面や模型が並べられている
- 鉛筆やトレーシングペーパー、三角スケールなどが先生の手の届く所に置かれている
- 生徒の手元には指導の内容を書き留めるノートやメモ帳が置かれている etc.

図 3.3-1「エスキースチェック」の場面に見る行動セッティング

エスキースチェックの場面

↓ 「製図道具」を「印鑑・朱肉」に替えてみると ↓

何かの契約の場面

図 3.3-2 環境が変わるだけで、行動も違って見える

人びとの行動のパターンを導いている。

［2］トランザクショナリズム

　環境行動研究において、その前提となる人間と環境の関係性を捉える視点や理論的アプローチの仕方はさまざまであった。例えば建築空間を始めとする人間を取り巻く環境が人間の行動を方向づけるという考えは「環境決定論」と呼ばれる。さらには環境から人間への作用に加えて人間が環境に与える影響にも注目し、両者が相互にインタラクションを起こすことを想定した理論は「相互作用論」と呼ばれる。

　一方で、上記の考え方の背景には互いに独立した人間と環境の存在の前提がある。しかし私たちは自身が環境から完全に切り離された状況をつくり出すことは極めて困難であろうし、人間と環境の境界を正確に言い当てることも難しい。

　（つい先ほどまで頭から生えていたが抜けて床に落ちてしまった髪の毛、子供の頃からかけ続けているメガネ、人間の発する声としての振動する空気。これらは人間か？ 環境か？）

　そのようなことを考え始めるだけでも私たちの行動は私たちを取り囲む環境と分かちがたく結びついている事実に改めて気づかされる。このように環境と人間とが不可分な存在であることを前提とし、その総体を研究の対象として扱おうとする立場は「トランザクショナリズム」と呼ばれる（図3.3-2）。

［3］設計するのは空間か？行動か？

　もしかすると上記のような環境と人間の存在を捉える視点は、それほど驚くべきものではなく当たり前のことのようにみなさんは感じるかもしれない。しかし私たちが建築設計に取り組む場面を思い起こすと、「空間をどのようなかたちにすれば人は〇〇の行動を起こすだろうか？」といった環境決定論的な思考に陥りがちであることに気付かされる。もちろんその思考自体が間違っているわけではなく、建築空間が人間やその行動に与える影響は環境と人間のトランザクションの一側面でしかないことに意識的になる必要がある、ということである。建築設計は建築空間の寸法や素材、配置などの物的構成を決定していくことに他ならないが、あらゆる建築の構成要素にはそこでの人間の行動や心理・認知が複雑に絡んでいることを忘れてはならない。つまり私たちが設計者として向き合うべき対象は環境と人間とが総体として織りなす「人間－環境系」へと大きく広がっているのである。

（酒谷）

2. 日本建築学会編『人間―環境系のデザイン』彰国社、1997

参考文献・出典
1. ジェイ・アプルトン『風景の
経験—景観の美について』
法政大学出版、2005

[1] 秘密基地の楽しさ

秘密基地をつくる遊びをしたことはあるだろうか。秘密基地とはその名の通り、他者には秘密につくられる基地≒拠点のことで、例えば子供にとっては大人を始めとする部外者には知られないように、公園の端の物陰や大きな木の上、建物と建物の間の隙間などの目立ちにくいところに子供たちが物理的に構築したり、秘密基地性を見出すことで意味的につくられたりするものである。多くの場合その空間は何か特定の目的だけに使用されることはなく、自分たちの居場所や活動（遊び）の拠点として思い思いの時間を過ごすことのできる子供たちにとっての自由な空間である。

大学生・大人となった今、例えば大学キャンパスの中などの身近な場所に秘密基地をつくるとしたら、あなたはどこにどのような空間をつくるだろうか（図3.4-1）。

▶【演習12】空想★ 妄想！ 秘密基地

[2] 人間の本能が望む場所

まずはどの場所に秘密基地をつくろうと

したか、に着目したい。選びだした秘密基地の設置場所はどのような特徴をもった場所となっていただろうか。例えば授業でよく使う教室が近い、自動販売機があるなどといった場所の利便性が選択理由としてあがることもあるかもしれない（機能性や合理性を追求する姿勢は秘密基地を純粋に楽しむ心とは相容れないだろうが）。一方で他者との見る・見られるの視覚的関係性に着目した場所の特性をあげた人も多かったのではないだろうか。アップルトンの眺望・隠れ場理論によれば、周囲の危険をいち早く察知できるよう見通し（眺望）がよくきき、かつ自身の姿を周囲から隠すことのできる場所（隠れ場）を人間は好むとされる。たしかに秘密基地の中からのぞき穴を通して外の様子を伺うという動作は秘密基地における典型的な行為のひとつであり、そのことが秘密基地の楽しさの大きな要因となっているように思える。

[3] 人間のニッチとしての秘密基地

次に秘密基地の空間そのもののつくりにも目を向けてみたい。大抵の場合秘密基地はそれほど大きくはなく、比較的コンパク

図3.4-1 キャンパスの中庭の高低差を活かしてつくった空間

トに収まった最小限の空間がつくられる事が多いだろう。そしてその空間には、自然と開閉したくなる監視窓、子供だけがギリギリ通れる大きさの出入り口、座ってもたれても痛くない椅子など、さまざまなしつらえとより良い居心地のための空間づくりの妙がたくさん詰まっている。特に秘密基地のような小さな空間ほど中にいる人間の身体との距離は小さく、その関係性はより緊密なものになり、空間のあらゆる要素がそこで過ごす人間のさまざまな行動をアフォード（誘発）することになる。生態学の分野では、動物の行動に適合する環境の諸要素のまとまりを「ニッチ」と呼んでいるが、J・J・ギブソンはそれをアフォーダンスの集合として捉えている。子供たちによってうまく使いこなされている秘密基地は、多くの場合1日では完成できず、日々の遊びの中で増築と改修を重ねながら、少しずつつくられていくものである。快適で過ごしやすい人間のニッチの実現には、使いながらつくり、住まいながら建てる、といった環境との対話を通して小さな改変を重ねていく漸進的な空間づくりの手順が必要になるだろう。

機会があれば段ボールや廃材などの身近な素材を用いて、是非あなたの身体にフィットする小さな空間を自身の手で試行錯誤しながらつくってみてほしい。　　　　（酒谷）

2.J・J・ギブソン『生態学的視覚論―ヒトの知覚世界を探る』サイエンス社、1985

ケアする者は、ケアされる。
居場所をつくる行為は、それ自体が居場所である

Column 3

秘密基地遊びなどで共有される概念としての「基地」とは、どこかへ出かけていく行動の拠点であり、同時に安心してそこへ帰り、そこに居ることができる「居場所」である。この「居場所」は、"居ることができる場所"や"居るべき場所"など多様なニュアンスを纏う。この言葉は、単に物理的空間としての場所を指しているのではなく、心理的な肯定感、ひとの存在や存在の肯定にかかわる意味を伴っている。「居場所がない」とは、単に身体の置き所としての滞在場所に事欠く状態ではなく、社会的・精神的な拠り所や安心感、安定感を得られてない――すなわち、世界からのケアに欠ける状態を意味する。居場所とは、多分にケアの意味合いを含む概念である[文1]。

ケアは受け取るものでもあるが、与えることもまたケアである。セルフ・ケア・グループ（ピアサポート）を広めたF・リースマンは、援助者療法原理（ヘルパー・セラピー原則）において「援助をする人がもっとも援助を受ける」と説明する。人は、自分自身や他者をケアすることで、依存性を軽減したり、自分の問題を客観視できるようになったり、社会的有用感を得ることにつながるという。居場所が多分にケアの概念を含むということは、居場所を「つくる」こと、「探す」こともまた、自己や他者に対するケアそのものだと言える。

ニュータウンなどの計画されたまちには、こうした「居場所」になる、人びとが自ら発見し、つくり込み、住みこなすことができる場所が少ないと言われていた。他者に与えられた、小綺麗なまちは、どこか居心地が悪かったのである。主体的な居場所づくり、互いに肩肘張らない関係が自然に構築されていくような場所を求めて、ニュータウンでは2000年代になって盛んに「コミュニティ・カフェ」などと呼ばれる、空き店舗などを活用して住民自らが発案し、運営し、利用する場所がつくられるようになった[注1]。居場所をつくる、というその行為自体が生きがいであり、関係性であり、まさに意味としての居場所そのものであった。

（山田）

参考文献・出典
1. 山田あすか『ケアする建築―共在の場の理念と実践』鹿島出版会、2024

注釈
1. 多摩ニュータウンの福祉亭【1】や、千里ニュータウンのひがしまち街角広場【2】などが有名。
【1】Projects' CATA-Log、お年寄りの居場所と自然な互助・共助関係を持つコミュニティカフェ、NPO福祉亭、https://pjcatalog.jp/archives/133
【2】Projects' CATA-Log、ニュータウン商店街の空き店舗に開かれた、まちの居場所、ひがしまち街角広場（再開発などにより、現在は閉鎖）、https://pjcatalog.jp/archives/591

参考文献・出典

1. レイ・オルデンバーグ『サード・プレイス』みすず書房、2013
   原著では、
   ① Neutral Ground
   ② Leveler
   ③ Conversation is Main Activity
   ④ Accessibility
   ⑤ The Regulars
   ⑥ A Low Profile
   ⑦ The Mood is Playful
   ⑧ A Home Away From Home
   と説明されている。
2. 林田大作、舟橋國男、木多道宏「職場周囲に構築される『サードプレイス』に関する研究 神田地域・品川地域の比較分析」（『都市計画論文集』38.3巻 pp.433-438、2003）
3. 佐伯胖『「学ぶ」ということの意味』岩波書店、1995

［1］サードプレイス

ある世界的なコーヒーチェーン店（図3.5-1）が経営コンセプトに掲げているサードプレイス。近年ではサードプレイスをコンセプトに掲げる公共図書館も見られる。このサードプレイスは、当然ファーストとセカンドのプレイスがあってこその場所である。ファーストは自宅、セカンドは職場や学校である。つまり、サードプレイスはこれらに属さない「私」にとっての場所である。

サードプレイスという概念は、社会学者R・オルデンバーグの著書[文1]で指摘された。その特徴として、①中立の領域へ、②サードプレイスは人を平等にするもの、③会話がおもな活動、④利用しやすさと便宜、⑤常連、⑥目立たない存在、⑦その雰囲気には遊び心がある、⑧もう一つのわが家、の8点があるとされる。

この8つの視点を持って街に出かけてみると、確かに喫茶店や図書館などはサードプレイスとしての特徴を備えていることに気付く。また、ファーストとセカンドとの違いを踏まえると、その立地も重要と言える。ハリウッド映画にもなった「Shall we dance?」は、中年男性が通勤電車の車窓から見えた社交ダンス教室に飛び込むところから始まる。しばらくは家族や会社の仲間に社交ダンスにのめり込んでいることは知られないようにしている主人公の様子が、サードプレイスという場所が備える性格のひとつを物語っているが、ファーストとセカンドとの地理的な位置やアクセスの手段や経路もサードプレイスになり得る上で影響してくる[文2]。

ファーストやセカンドの場所での役割や関係性を脱して振る舞えるサードプレイス、もしくは私の場所。それがあることで生活や仕事に張りやリズムが生まれているという効果もあろう。ただ、ある人にとってサードプレイスである場所が、他者にとってもそうであるとは限らない。

［2］「自分の世界」と「別の世界」の接点

ところで、私たちは常に自分自身を中心に置きながら、自分とあなた（You）や彼ら（They）[文3]と呼ぶような他者との関係をつくったり、調整しながら行動している。周りの人びとに対して背を向けて（ソシオフーガルに）座る（図3.5-2）、部屋の扉を必要に応じて開けたり閉めたりするのはその一例である。自分と他者、または別の世界を物理的、また心理的に調整している。

図3.5-1 本屋兼コーヒーショップで過ごす人びと

図3.5-2 ソシオペタル（親社会的）とソシオフーガル（疎社会的）な着座関係

図 3.5-3 適度な距離を置きながら、同じ街を眺める
ように座る人びと（東京・スパイラル）

また、孤立した状態で居たい場合があれ
ば、1人で居るが1人ではない、つまり孤
立はしていないという感覚をもって居るこ
とができる場所を探していることもある
（図 3.5-3）。これは前述のファースト、セカン
ド、そしてサードプレイスでも同じである。

［3］愛着、その場所が好きということ

私たちは場所に対して感情を持ち、意味
づけをしながら日々生活をしている。つま
り、生活環境は私たちの生活や営みを豊か
にする道具的存在であると同時に、記憶や
体験に基づいた意味的存在なのである。そ
の中で、愛着とはある場所を肯定的に捉え
た感情的な関係であり、そこには帰属感や
持続への期待を持ち合わせている。また、
よく通った店が突然閉店した時に抱く喪失

感のように、愛着は失った時に気付くこと
もある。ただし、サードプレイスがそうで
あるように、同じ場所であっても人によっ
て認識のされ方が違う可能性があることに
は、注意しておこう。

【演習 13】「私」をつくる場所を探して

［4］演習結果の分析・考察の例

「私の好きな居場所」という課題で、大
学生 53 名が一人 2 つ程度、好きな場所を
撮影し、下記の 4 つの質問に答えた結果を
見る。男女比較では、ファーストプレイス
を選ぶ人は女性が多く、男性はセカンドプ
レイスやサードプレイスといった自宅から
離れた場所を好んでいる（図 3.5-4）。理由
として、眺めがいい、落ち着く、思い出、
楽しさなどがあがった。またサードプレイ
スとして選ばれた場所では、主に散歩や休
憩といった気分転換が、ファーストやセカ
ンドのプレイスでは勉強や作業といった集
中を伴う行為や活動が行われている（図
3.5-5）。全体的に一人での活動を前提とし
た場所が多いが、サードプレイスでの活動
や行為の方が多岐にわたる（図 3.5-6）。サー
ドプレイスになる場所やそこでの活動な
どには、個人差が大きいことがうかがえる。

（小松）

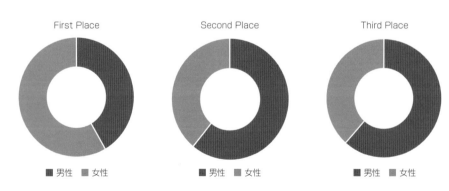

図 3.5-4　3 つのプレイス選好の男女比較

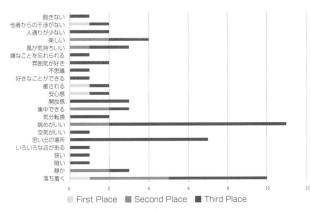

図 3.5-5 3つのプレイスの選好理由

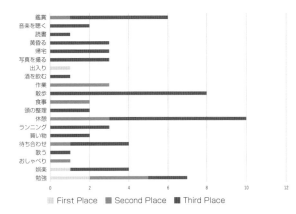

図 3.5-6 「落ち着く」とした回答者の3つのプレイスでの行動

Settings が関係をつくる

　R・バーカーとH・ライトの行動場面理論（→p.67）では、人はある目的をもって空間・しつらえ・活動内容などが設定された「場面」によってその行動が決定するのだと説明する。例えば家庭での団らんの場面と学校での受講の場面では期待される振る舞いも実際に生じる振る舞いも全く異なるように、行為者の行為は、行為主体が誰であるかよりも場面の設定に大きく依拠するものであり、行動場面においては「行為者」は交換可能である、とする。その後、理論の拡張によってこの「交換可能性」はバーカー自らが妥当ではないとして説明がアップデートされていった。つまり、「誰が」そこで行為を行うかもまた、場面のあり方に影響するものだ、と変わっていった。し

かし、初期の行動場面論が主張する、しつらえやそこでの活動プログラム、Settings によって振る舞いが「ある程度」規定されることについては行為者の固有性が尊重されるようになった現代でもやはり共感されるのではないか。

　例えば椅子が向かい合わせなどソシオペタルな状態だと、背中合わせであるなどソシオフーガルな場合に比べて着座者の交流が誘発される傾向は、しつらえによる行動への影響の例である。あるいは、住戸の並びを生活の向きに対して背中合わせに置くのと、向かい合わせに置くのでは生じる交流、人間関係のあり方は確かに異なるのだと被災地の復興公営住宅での研究などでも明らかになっている[1]。

（山田）

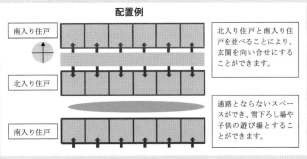

図コラム 4-1 応急仮設住宅での「向かい合わせ配置」はコミュニティの形成と醸成に寄与する

配置例

北入り住戸と南入り住戸を並べることにより、玄関を向い合せにすることができます。

通路とならないスペースができ、雪下ろし場や子供の遊び場とすることができます。

参考文献・出典
1. 国土交通省、東日本大震災における応急仮設住宅の建設事例、〈https://www.mlit.go.jp/common/000170074.pdf〉、2024/01/05 参照

演習14　居心地の良い場所の収集・考察　⇒ p.23

[1] 人びとがつくり出す 居心地の良い場所

　建築の設計・計画を考える前に、環境における人びとの行動を見つめ、丁寧に考察してみよう。図3.6-1は、いずれも筆者が撮影した、「ある環境に人びとが居心地良さそうに居る場面」である。筆者はこのような場面を「居心地の良い場所」と呼んでいる。人びとがそれぞれの生活環境で、どのような空間を「居心地が良い」と感じ、「居心地の良い場所」として見出しているかを把握するため、調査をしてみよう。

　図3.6-2は、オフィスワーカー137名へのアンケート調査によって得られた「居心地の良い場所」のデータシートである。このデータシートの「場所の名前」「場所の自由記述表現（あなたが何をしているか・周りの様子はこのようだった）」「理由（どうしてその場所が居心地が良いのか）」では、文章やイラストで「居心地の良い場所」の様態が記述されている。これらの場所の様態表現を考察することで、人びとの「居心地の良い場所」を記述できる。具体的には、「居心地の良い場所」における「ひとの活動」「ひとの内面的状態」「ひとやものの性質・特徴」に着目し、その場所における居心地を、「する」「なる」「である」という3つの分類軸から考察しようとする試みである。

▶【演習14】居心地の良い場所の収集・考察

　考察の結果、「見る」「歩く」「座る」「遊ぶ」などの「する」、「心地良い」「楽しい」「ぼーっとする」「リラックスする」「落ち着く」などの「なる」という、ひとの行動・心理に関する語が得られた。また、ものの性質・特徴に関する語も得られ、それらは全体的要素・自然的要素・都市的要素・建築的要素に分類できた。特に、ものが持つ「できる」「なれる」などのアフォーダンスに着目する語が多く得られたことは、人びとが生活環境の中に「ここで○○できそうだ」「ここで○○という気持ちになれそうだ」というアフォーダンスを見つけて、使いこなし、「居心地の良い場所」をつくり出していることの表れであると言えよう。

[2] 居心地の良い場所における他者

　「居心地の良い場所」は、ひとの行動・心理およびものの性質・特徴に関する語で記述されるが、環境における「他者」は、

参考文献・出典
1. 林田大作、舟橋國男、鈴木毅、木多道宏「『場所』の様態表現に関する基礎的分析―都市生活者の「居心地の良い場所」に見る人間―環境関係の研究―」（『日本建築学会計画系論文集』第579号、pp.45-52、2004）

図3.6-1
①万博記念公園（1996）
②さいたま広場（2000）
③金沢21世紀美術館（2019）
④チヨダボウル跡地（2019）
⑤淀川河川敷（2018）

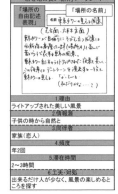

図3.6-2「居心地の良い場所」のデータシート

その場所の居心地にどのような影響を及ぼすのであろうか。

この点に着目して、再度上述のデータシートを考察した結果、「他者が居ないことで、その空間が自分たちだけの居心地の良い場所になる」（図3.6-3）、「主（あるじ）が居ることで、その空間が自分にとって居心地の良い場所になる」（図3.6-4）、そして「自分と他者との社会的了解があることで、その空間の居心地の悪さが最小化される」という類型を得た。

特に、居心地の良い公共空間をつくり出すためには、「誰も排除されず、全員が社会的に参加できる機会をつくること」、すなわち社会的包摂（Social Inclusion）の理念が、その場所に居る人びとによって共有され、相互に社会的了解が得られていることが重要である。

図3.6-5は、その場所に求められる社会的包摂の理念をコミカルかつシニカルに描いた寄藤文平による東京メトロのマナーポスターである。このような場合、居心地の良い場所をつくり出せるかどうかは、「その場所にたまたま居合わせた人びとが、同じ社会、同じ環境、同じ空間で生活する他者であり、ともに居心地の悪さを最小化し、できるだけその場所を居心地良くする工夫・手段・感覚を持っているかどうか」にかかっている。

［3］居心地の良い場所におけるしつらえ

「できるだけその場所を居心地良くする工夫・手段・感覚」をもう少し掘り下げてみる。図3.6-6は、筆者が撮影した「居心地の良い場所」である。ここにひとは映っていない。あるのは建築的要素であるものの性質・特徴のみである。図3.6-6では、「葡萄棚越しに漏れ落ちる陽射しがコンクリート打ち放しの壁にあたっている」という「しつらえ」が、この場所の居心地の良さを生み出している。

このような場合、ひととものの関係が調和的であり、可変であり、工夫できることが望ましい。できれば主（あるじ）がしつらえたものではなく、その場所に居る人びとがしつらえたものの方が良い。場所への愛着とは、そのようなものから生み出されると考えられる。

（林田）

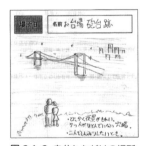

図3.6-3 自分たちだけの場所

図3.6-4 いつものマスターが居る場所

図3.6-5 寄藤文平による東京メトロのマナーポスター（2009-2010）

図3.6-6 富雄川沿いのカフェ（2019）

3-7 まちを私的に使いこなす

演習15 使いこなしの工夫 ⇒ p.24

［1］「利用者」という言葉で捉えにくいこと

「利用者」という言葉には、つくる人の存在とつかう人の存在を分けて考えるニュアンスが含まれている（図 3.7-1）。しかし、人間が目の前にある環境に対して自ら働きかけ、即席でつくり出す場は数知れずある（図 3.7-2）。与えられた刺激に対して反応するモデルとして人間を捉えることは、設計する上で扱いやすく、説明しやすくなる反面、狭義の存在として捉えてしまう危険性を併せ持つ。

［2］ものを持ち込み、環境を使いこなす

人間が環境に対して能動的に働きかける際、ものが介在することが多い。図 3.7-3 は公園でピクニックしている人たちを撮影した一場面である。彼らは、多くのものを持ち込み、自分たちの意思でその場所を選択し、公園でのひとときを楽しく過ごしている。また、ショッピングセンターに本や新聞、モバイル PC などを持ち込み、空調が効いた"私だけの空間"を獲得し、くつろいでいる。こうして人間がものを介在させてつくりだす様態は、簡素なつくりで必ずしも再現性は高くない（個別性が高い）が、当事者自らが、目の前に広がる物理的環境の中で気持ちよく過ごすためにはどうすれば良いか読み解き、環境に対して能動的に働きかけた結果生じる人間と環境が不可分の相互浸透的と言える（図 3.7-4）。

注釈
1. 例えば、「北浜テラス」（大阪市）「URBAN PICNIC」（神戸市）、「あそべるとよたプロジェクト」（豊田市）など。
2. 2011 年の都市再生特別措置法による「道路占用許可の特例」、2014 年の国家戦略特別区域法による「国家戦略道路占用事業」、2017 年の都市公園法改正による「公共設置管理制度」など。
3. 小規模かつ安価だが素早い、仮設的な試みの初期段階を通じて、まちとの相性を検証した上で、まちの実態に即した計画を調整しながら実践していく段階的なプロセス。
4. PPS のホームページ内にある "What is Placemaking? Eleven Principles for Creating Great Community Places" にて閲覧可能（2024 年 1 月時点）。

図 3.7-1 まちで見かける「利用者」という言葉

図 3.7-2 物理的な環境に対して人間が能動的に働きかけてつくりだす場
左：青空の下で将棋する人びと　中：閉店後の百貨店前で演奏するミュージシャン　右：コンコースの八百屋

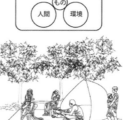

〈環境への働きかけ〉　〈相互浸透的な関係〉

自らものを持ち込む　一時的な居場所をしつらえる

図 3.7-3 公園でピクニックする人たち　　**図 3.7-4** ものを持ち込み、一時的な居場所を獲得する[※1]

参考文献・出典

1. 日本建築学会編『まちの居場所 ささえる／まもる／そだてる／つなぐ』鹿島出版会、pp.136-145、2019

2. 小林健治「パブリックスペースの使いこなしに関する研究 その2―ピクニック利用者が設える一時的な居場所の空間特性―」（『日本建築学会大会学術講演梗概集（東北）』2018

3. 泉山塁威、田村康一郎ほか編『タクティカル・アーバニズム 小さなアクションから都市を大きく変える』学芸出版社、2021

4. 田中元子著『マイパブリックとグランドレベル―今日からはじめるまちづくり』晶文社、2017

▶【演習15】使いこなしの工夫

［3］演習結果の分析・考察の例

図3.7-5は公園でピクニックしている様子の一例である。公園に既にある物理的な環境と持ち込むものを上手に組み合わせている様子が見てとれる。また、まわりが囲まれた場所ではないところで過ごしている様子がうかがえる。表3.7-1は持ち込むものと周辺環境要素を高さ別に示したものである。持ち込むものと周辺環境要素がGL+1500 mmを境に使い分けられていることがわかる。

［4］私的な使いこなしがまちに与える影響

2010年前後から、道路や河川・公園といったまちの公共空間を利活用する（使いこなす）動き（社会実験など）が全国各地で盛んに行われてきた[注1]。こうした動きの背景には、公共による制度的な後押し[注2]がある一方、公共ではない、民間や個人をベースにした「私的な実践」という、計画段階で相当つくり込んでから実践する従来までのまちづくりとは異なる初期段階プロセス[注3]の存在も見逃せない[文3]。また、田中による「パーソナル屋台」からはじまった「マイパブリック」[文4]のマインドは、全国にひろがっている。

Project for Public Spaces（PPS）は、まちに影響を与える私的な使いこなしの先駆者と言える。J・ジェイコブスやW・H・ホワイトらの影響を受け、1975年に設立された組織が掲げるプレイスメイキングの11原則[注4]は、今まさに、日本全国のまちの風景を変えはじめている（図3.7-6）。

（小林）

持ち込むもの				高さ(mm)	環境要素			
total	subtotal	BBQ	picnic		picnic	BBQ	subtotal	total
49	49	28	21	1500-	64	62	126	126
111	45	17	28	1000-1500	2	1	3	21
	43	18	25	500-1000	3	0	3	
	20	6	14	0-500	3	0	3	
	3	0	3	GL±0	8	4	12	
-	-	-	-	N/A	11	2	13	13

表3.7-1 高さ別の持ち込むものと周辺環境要素[文2]

図3.7-5 持ち込むものと既にある環境の多様な組み合わせ

図3.7-6
上左：TOKYO BENCH PROJECT　上右：QURUWA　中左：北町つつじマルシェ
中右：守口さんぽ　下左：御堂筋チャレンジ　下右：KOBE パークレット

図3.7-6 使いこなしで変わりつつあるまちの風景

生き物はみな、同じ世界のなかで違う環境を生きている
──心理的環境と環世界

　人間が行動の判断のもととしている環境とは、客観的事実としての物理的環境ではなく、その人間が固有の経験や知識、能力によって認知する心理学的環境である（→p.68）。動物行動学の分野で知られる「環世界論」では、生き物が認知する環境は、その生き物の種と、空腹である／身の危険を感じている／満ち足りているなどの、個体のモードによって異なる、と説明する。生き物にとっての世界とは、意味の世界であり、その個体にとっての意味の関係として世界を認識し、そのなかで生きている[文1]。この理論を図の右側のように表現してみよう。行為者である②個体の気分（モード）によって、行為のトーンが影響され、作用のトーンを通して世界は作用を受ける。その作用が行為者からどのように捉えられるか（①知覚像と③作用像）は厳密には異なり、いずれも知覚のトーンを通して個体にとって意味のある知覚像として知覚される。

　生き物は空腹である／危険を感じているなどのモードを持つが、社会的動物である人間にとってのモードは、こうした単体生物としての自らの身体性や身体に直接的に関連する危機感だけでなく、文化や習慣、知識、宗教、嗜好など、複雑にからみ合う"世界観"にも大きな影響を受ける。個体にとって意味のある知覚像とはすなわちコフカが述べた「心理的環境」であると理解でき、この心理的環境のベースとなる行為者（個々の人間）に固有の要素がある。人間にとって［健康］とは何かを説明した WHO の定義から人間としての構成要素を❶身体・社会・霊的精神・心理精神と捉えると、これに❷利用可能な技術を加えたものが個体のモードの要素として整理できる（図の左側）。特に❷について、関係するところでは文化人類学[文2]における「道具」論が知られており（→p.146）、道具は人間がつくる（あるいは道具として見出す）ものであるが、人間という存在は道具があってこその行動や思考ともはや切り離すことができず、相互作用をなす一体不可分なものであると言える。一続きの文化を持つ社会──例えば日本であっても、スマホやパソコン、インターネットがあたりまえに存在する現代と、それらが存在しないつい一時代前とでは、世界の見え方は違ったものであるだろう。また、同じ時代を生きていても、知識や経験の違いによって見えている世界は人それぞれ異なる。我々は、同じ世界を生きながら、異なる環境を生きている。

（山田）

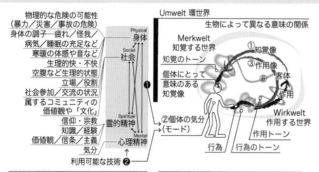

❶ 今日的な意味、かつ人間存在に対する「個体の（作用）モード」の影響要因は、WHO の健康の概念（身体、社会、霊的精神 spiritual、心理精神 mental の多様な要素で説明できる
❷ これらの要素やモードには、それぞれの個人や属する文化的・文明的社会において利用可能な技術が影響する

①知覚像は、②個体の気分（モード）と知覚のトーンにより、どのように知覚されるか異なる
・知覚像は③自らの行為という作用像によって補われ、個体にとっての意味をもつようになる
③作用像は「その動物の環世界に投影された働き」であり、⑥作用トーンを通してはじめて知覚像にその意味を与える

図コラム5-1　環世界と今日的な影響要素

参考文献・出典
1. ユクスキュル、クリサート著、日高敏隆、羽田節子翻訳『生物から見た世界』岩波文庫、2005
2. 松村圭一郎、中川理、石井美保編『文化人類学の思考法』世界思想社、2019 など

第 4 章

まちに暮らす人の行動観察

演習16　身近な生活環境における「場所」を記述し、言語化する ⇒ p.25

[1] 人びとの行為と心理を捉える

かつて、建築関連雑誌には竣工写真が多く掲載されていた。その写真はどれも「できたての美しい空間」であったが、写真には人びとが写っておらず、その空間での人びとの行為や心理をうかがい知ることはできなかった。

ところが近年、建築関連雑誌に人びとの姿が写る例が増えてきた。リノベーションが相対的に増えてきたことの影響も考えられるが、むしろ、「建築の設計・計画のポイントが、竣工から一定の年数を経た空間における人びとの行為や心理に移ってきた」ことの現れであると捉えるべきであろう。つまり、「時が止まったような美しい空間」をイメージするだけではなく、「時間をかけて生み出される人びとの生活と環境の美しい調和」をもイメージすることが重要になってきている。そして、建築の専門家は、もはや「物理的な三次元空間」をつくるだけでは不十分であり、そこで暮らす（ことになる）人びとの行為・心理を含めた「場所」という現象を捉えながら、設計・計画を進めていく必要がある[文1]。

▶【演習16】身近な生活環境における「場所」を記述し、言語化する

[2] 人びとの行為・心理と公・共・私

図 **4.1-1** は、L・カーン (1901 〜 1974) が示した「ルームの概念」である[文2]。カーンは、このような「フォーム・ドローイング（建築の本質を提示する目的で描かれたテキスト入りのスケッチ）」を多数残している。図 **4.1-1** の上部には、「建築はルームをつくることから自然発生する」「計画〜ルームからなる共同体は、住む、働く、学ぶなどのため

の良い場所である」とある。また、下部には「ルームとは心の場所である」とある。これらのテキストから読み取れることは、「人びとの行為・心理のための良い『場所 (ルーム)』をつくることから自然に立ち現れてくる現象こそが建築である」という主張である。そして、この主張は中央部に描かれたスケッチによって「場所」のイメージとして明確に認識される。このスケッチには人びとが描かれており、「ルームにおける人びとの行為と心理」「人びとの生活と環境の美しい調和」がうかがい知れる。このように、人びとの行為・心理を含めた「場所」という現象を捉え、それをテキストとして言語化することは、建築の設計・計画における最重要プロセスの一つである。

さらに、図 **4.1-1** の下部には、「小さなルームと大きなルームでは人びとの行為・心理は異なる」ことが示唆されている。図 **4.1-1** は住宅のような私的で小さい「場所」であるが、街路や集会所のような公的または共的で大きい「場所」は、どのように捉えるべきだろうか。

カーンは、別の著書[文3]で、「ルームは建

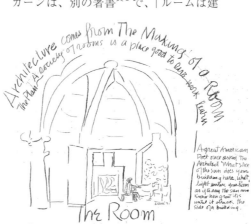

図 4.1-1 カーンの「ルームの概念」[文2]

参考文献・出典

1. 林田大作「人びとがつくる『場所』という現象をとらえる」(『建築と社会』日本建築協会 Vol.99、2018)

2. ウルス・ビュッティカー著 富岡義人・熊谷逸子共訳『ルイス・カーン 光と空間』鹿島出版会、p.13、1996

Architecture comes from The Making of a Room.
The Plan 〜 A society of rooms is a place good to live work learn.
The Room is the place of the mind.
In a small room one does not say what one would in a large room.
In a room with only one other person could be generative.
The vectors of each meet.
A room is not a room without natural light.

3. ルイス・カーン著、前田忠直編訳『ルイス・カーン建築論集』SD選書、鹿島出版会、2008

築の元初です。それは心の場所です。自らの広がりと構造と光を持つルームのなかで、人はそのルームの性格と精神的な霊気に応答し、そして人間が企て、つくるものはみな一つの生命になることを認識します。」「街路はコミュニティ・ルームです。集会所は屋根の下のコミュニティ・ルームです。集会所はまるで街路から自然に生まれたかのように見えます。」と述べている。このことは、人びとの行為・心理は公・共・私という環境の規模や性質によって変化するものの、その都度人びとは、アフォーダンス（→ p.100、3-6）を見つけて、使いこなし、環境の規模や性質に対応した「場所」をつくっていると解釈できる。私的な環境においては私的な「場所」を、共的な環境においては共的な「場所」を、公的な環境においては公的な「場所」を。

このように、人びとの行為・心理のための良い『場所（ルーム）』をつくることから、環境の規模や性質に応じた建築が自然に立ち現れてくる。

［3］ 人びとの行為のための「場所」

図 **4.1-2** は、筆者が撮影した楠神社（大阪市都島区）の夏祭りの様子である。毎年7月になると、提灯や暖簾（横断幕）が飾られ、さまざまな屋台・出店が立ち並ぶ。写真手前には、氏子が引く山車（だし）が見える。この「場所」は、年一回の夏祭りの時だけ街路上に立ち現れる非日常（ハレ）の「場所」である。

一方、図 **4.1-3** は、筆者が撮影した丸の内仲通り（東京都千代田区）の様子である。街路上に椅子・テーブルがしつらえられており、写真左奥のキッチンカーでは飲食物を購入できる。平日、丸の内のオフィスワーカーが昼食やお茶を楽しむことによって、ここが人びとにとっての日常（ケ）の「場所」になる。

両者に共通している点は、所轄の行政庁の許可をとって公共空間である街路を占有（道路占有許可）し、さまざまにしつらえることによって、人びとの滞留行為（通過交通ではない）のための「場所」になっていることである。しかし、前者の行為は非日常的な「イベント」、後者の行為は日常的な「アクティビティ」であり、これらは区別して認識する必要があろう。

［4］ 無為の居心地の良さ

デンマークを中心とした北欧における居心地の良さを表す概念として「HYGGE（ヒュッゲ）」がある。「居心地の良い雰囲気・時間・場・人間関係・暮らし」を意味するこの概念では、人びとの行為が表立っていない。むしろ、「何もせず、安心してぽーっとできる」ことが、「HYGGE」の本質であり、価値である。環境を自分好みにしつらえ、好きなものに囲まれて、好きな人と、リラックスした、落ち着いた、ゆったりとした時間を過ごせる「無為の場所」。それが「HYGGE」である。

「居心地が良い」というテキストは、「居る」という行為と「心地良い」という心理が一体化した言語表現と解釈できる。しかし、「居る」という行為を「ただ居るだけで何もしていない」と捉えることにより、その「場所」への認識が深まる。今後、「無為の居心地の良さ」に着目した設計・計画が錬成されていくことを期待している。 　　　　　　　（林田）

図 **4.1-2** 非日常の「場所」（2019）

図 **4.1-3** 日常の「場所」（2020）

[1]「〜できる」と思わせる要素

人がある行為をする理由を考えた場合、「アフォーダンス（→4.4）」の概念を踏まえると理解しやすい。人の行動は、物理的環境が発する情報を受け取って、取捨選択をすることで発生するもので、人に対して「〜できる」と思わせる要素があるという考え方である。具体的には、「環境の要素」と「本人の要素」の兼ね合いで、その場所で行為の可能性を判断している。例えば、ひとつの大きな岩があったとして、登攀能力が高い人は「のぼれる」と感じ、登攀能力が低い人は「のぼれない」と感じるだろう（図4.2-1）。そして、岩のぼりに興味がない人はそもそものぼれるかどうか考えもしないだろう。

環境の要素は、しつらえ、他者の存在、新しい製品の誕生などがある。

A）しつらえ：柱や壁、段差などの存在、ものの高さや奥行きなどのかたち、材料・材質などがあげられる。空間構成や建築などが持つ雰囲気や特徴も含まれる。

B）他者の存在：他者により人の行動は左右される。例えばゴミのポイ捨てなどは人が誰もいない時に起こりやすく、人目による行動の抑制がある。また、「赤信号みんなで渡れば怖くない」とう言葉があるが、悪いと思っている事柄でも同じ行動をする人が多ければ、その行動をしてしまう。一方、国や地域の文化も影響すると考えられ、ある国では日常的な行為でも、異なる国ではタブーもしくはマナー・ルール違反となる行為もたくさんある。例えばタイで子供の頭を触ること、シンガポールの路上でガムを持っていると罰金が科されること、アメリカでのトイレのノック禁止などがあげられる。

C）新しい製品の誕生：これまで存在していなかった製品が生まれることで人びとの行為も変化する（→p.104、コラム5）。例えば携帯電話の誕生は、これまで念入りに確認していた待ち合わせ場所の事前確認が必要なくなり、さらにSNSなどの誕生により、SNS映えする写真を撮るために旅行や飲食店に出向く姿も珍しくない。

本人の要素は、行為の内容、行為に対する本人の心理・価値観、行為の必要性、占有時間や広さ、集団人数や集団の特徴、姿勢などがあげられる。

[2] マナーやルールの変化と多様性

マナーは時代とともに変化するため、これまではなかったマナーの発生や、その逆もありうる。さらに人の特性によっても異なっている。例えば、かつて（現在でも）電子メールは時間を気にせずに相手に情報を伝えるサービスであるが、SNSなどはリアルタイムで通知が来ることもあり、相手

参考文献・出典

1. 2022年度駅と電車内の迷惑行為ランキング、日本民営鉄道協会HP〈https://www.mintetsu.or.jp/activity/enquete/2022.html〉、2023/4/24閲覧
2. 鶴田涼子・林萌絵：2021年度「東京電機大学学生レポート」2021/7/12

図4.2-1　登りたくなる情報を発している岩

に送付する時間帯を意識した活用が見られる。そのことで、電子メールを送る時間帯に配慮する人びとも存在している。また、2000年代初めごろはメールやFAXを送った後に電話連絡をして確認することがマナーとされていたが、特に忙しい人や情報機器の活用に長けている人などは、丁寧な電話連絡に対して「なぜ自分の時間を奪うのか」と迷惑に感じてしまうこともあると聞く。かつては「電話できちんと連絡しないとマナーに反する」ことが、人によってはそうではない可能性もある。すなわち、ある行為が相手を思いやる心から発生したものであっても、人びとの興味関心や価値観によって、受け取られ方は千差万別であり、マナーも時代とともに移り変わるものといえよう。表4.2-1は2022年度の駅と電車内の迷惑行為一覧を示したものであるが、時代が変われば許される行為も、その逆もまたあるかもしれない。電車内で携帯電話の電源を入れていること自体がマナー違反であった時代を、あなたは想像できるだろうか?

マナーやルールは、国や地域、信じる宗教によっても異なる。また、学校や企業、家庭など属するコミュニティなどによって多様なものでもある。昔から「郷に入って は郷に従え」のことわざがあったように、場所やコミュニティによって常識が異なることは「常識」だったのだろう。

▶【演習17】それ、家でやろう?

- 「家でやろう。」は、東京メトロが乗客に"マナー"の周知と理解を呼びかける、「○○(場所)でやろう」シリーズの車内・駅広告である。この広告は、「行為」には、それに相応しい場所がある、そして車内ではその行為は相応しくないのだというメッセージである。
- 混雑している車内と空いている車内それぞれで、次の行為はどれくらい「気になる」だろうか? また、あなたならその行為をするだろうか。

[3] 演習結果の分析・考察の例

表4.2-2は電車やバスの混雑度と行為の評価について分析したものである。混雑の有無に関わらず「音を出す」ことや「態度(酒に酔っている・ドア付近に座り込む)」は気になる行為としてあげられている。また、「物を使う」ことは特段気になっておらず、電車内でのスマホ利用などが一般化している現状を反映している。　　　　(藤田)

順位	迷惑行為項目	割合%
1	座席の座り方(詰めない・足を伸ばすなど)	34.3
2	騒々しい会話・はしゃぎまわり	33.9
3	乗降時のマナー(扉付近で妨げるなど)	27.0
4	荷物の持ち方・置き方	24.0
5	周囲に配慮せず咳やくしゃみをする	22.3
6	スマホの使い方(歩きスマホ・混雑時の操作)	18.7
6	ゴミ・ペットボトルなどの放置	18.7
8	酔っ払った状態での乗車	15.9
9	優先席のマナー	14.4
10	ヘッドホンからの音もれ	13.7
11	その他	10.7
12	エスカレーター・EVの利用の仕方	10.3
13	車内での化粧	10.2
14	電車の床に座る	8.8
15	混雑した車内での飲食	8.0
16	電子機器類の操作	4.0
17	ペットの持ち込み方	2.1
18	特にない	0.6

表4.2-1 駅・電車内の迷惑行為(2022年度)

車内	視点／観点	評点段階	音を出す	態度	物を使う	飲食	読む
混雑している	他人	気になる	78.5%	87.2%	37.0%	63.4%	58.6%
		気にならない	21.5%	12.8%	63.0%	36.6%	41.4%
	自分	やらない	67.2%	75.5%	52.3%	66.0%	81.1%
		やる	32.8%	24.5%	47.7%	34.0%	18.9%
混雑していない	他人	気になる	61.2%	74.2%	15.2%	47.1%	34.7%
		気にならない	38.8%	25.8%	84.8%	52.9%	65.3%
	自分	やらない	63.6%	71.4%	44.3%	51.4%	76.3%
		やる	36.4%	28.6%	55.7%	48.6%	23.7%

表4.2-2 車内の混雑度と行為の評価 [文1]

［1］環境のアフォーダンス

　人は、行為を行いやすくする手がかりを環境の中に見つけようとする。たとえば、ちょっと座れる場所や壁にもたれられる場所、荷物を載せられる台のようなものがあると、そうした行為はしやすくなるだろう。座るためには、イス以外でも、床の段差、腰高のガードレールなど、さまざまな手がかりを見つけようとする。その側に、床から持ち上げられたある程度の水平面があれば、荷物を載せることができるだろう。人通りの多いところであれば、壁の窪みや柱の陰、ちょっとしたレベル差などが、人の流れを避けて滞留しやすい場所として認識される。人（有機体）が何らかの行為を行おうとする際に、環境の中に見つける行為の可能性（〜できる性）は、アフォーダンス[文1]（→p.67 図1.1-18、1.1-19、p.112）、そのように行為を誘発する手がかりそのものはシグニフィアと呼ばれる[文2]（図4-3-1）。

［2］眺望−隠れ家理論

　実際にその場所で行為を行うかどうかは、空間の質そのものよりも、周囲の人の存在や視線が強く影響する。その場所で、その行為を行ってもよいのかどうか、周りの人に違和感を与えることがないかどうか、見極めたいと思うだろう。食事をする、身だしなみを整える、などはプライベートな行為であり、人の行き交うパブリックな視線からは逃れようとする意識が働くので、大勢の人たちから少し隠れて他者の視線を避けられる場所が選ばれやすい。また、完全に隔離された場所よりも、他者の様子が観察できるような場所で、人の流れや行為を眺められる場所のほうが落ち着くだろう。このような、他者から身を隠しつつ、外界に対する視界が開けていることを両立する環境を選ぼうとする心理は、prospect-refuge theory（眺望−隠れ家理論）[文3]として説明されている（図4-3-2）。

［3］他者の存在

　他者の存在は、さまざまな行為に対して、阻害要素としても促進要素としても働く。

　他者の視線があることは、前述したように、人目が気になり、自由に振る舞うことが憚られる要因となる。しかし、人によって、あるいは行為によって、他者の目を意識することでやる気になったり、他者に向かって自分の振る舞いをアピールする振る舞いが促進されることがある。この場合も、他者の視線の向きや、他者との距離感が、行為のしやすさにさまざまに影響する。

参考文献・出典

1. J・J・ギブソン『生態学的視覚論』サイエンス社、1985など。
2. D・A・ノーマン、岡本明他『誰のためのデザイン？ 増補・改訂版─認知科学者のデザイン原論』新曜社、1995
3. アメリカの心理学者 J. Appleton が著書「The Experience of Landscape」にて提唱。
4. 舟橋國男編「建築計画読本」（大阪大学出版会、2004）の中で、鈴木毅は、このような複数人による「居方」を「居合わせる」関係と呼ぶ。

図4.3-2　上：人の流れに対して背を向けて座る人。下：高いところからまちを見下ろすように座る人びと

図4.3-1　左：環境に存在する情報を、その必要に応じて人が発見・獲得・選択的に選びとる。
　　　　右：「座れる」という行為可能性を見出して、切り株に座る人（山田撮影）

他者の声や音についても、騒音として捉えられると、気になって集中できない要因となる。イヤホンなどで自分だけの音楽を流すことで、他者の騒音を遮断するとともに、他者の存在までも意識から遮断する方策がとられることがある。一方で、多くの人の雑踏が適度なノイズとなって、周りに気を遣いすぎなくてよい、自由に振る舞える雰囲気を醸し出す場合もある。不特定他者の中に紛れていられる匿名性は、プライバシーを獲得するための方法の一つでもある。

他者の存在そのものは、その場にいる人たちの振るまいが目に見えることにより、その場でどのような振る舞いが制限され、どのような振る舞いが許容されているのか、認識する指標としての役割を果たしている。誰もそのような振る舞いをしていなければ、その行為が許容されているとは確信できないが、他にも同じように振る舞う人がいれば、社会的に許容されていると認識できる。時には、社会的には許されていないはずの行為も、周りの人が行っているので大丈夫と感じ、無批判に同調してしまう集団心理につながることもある。

▶【演習 18】〇〇しやすさの生態学

[4] 許容性のある環境

さまざまな場所には、ここではこうした振る舞いが推奨されるというような、暗黙の社会的ルールが存在することが多い。中には、社会的ルールが明文化されることもある。特定の振る舞い方をすることが期待される場所では、逸脱した行為を行うことをルールで禁止することで、利用者にとって期待通りに過ごせる場所になる。しかし禁止の項目が増えていくと、その場で許容される振る舞い方が極端に制限され、窮屈さを感じる場所へと変貌しかねない。ルールそのものよりも、ルールを逸脱した際の他者の目が気になり、自由そのものが抑制

される感覚につながる。

近年、従来の社会的ルールを緩和するための措置を実施している場所も見られる。たとえば図書館は従来、本を読むか勉強するか、静かに過ごすための場所だったが、その中にカフェを併設し、BGM を流すことで、飲食したり友だちとお喋りすることが許容される場所へと変わった例がある。これまで制限されてきた振る舞いが許容され、過ごし方の自由度が高まったことで、誰もが気楽に過ごせる場所として、多くの利用者が滞在するようになった。

多様な人たちの多様な振る舞い、多様な過ごし方が自然に共存している場所では、社会的ルールで縛られないからといって、何でもありの無秩序な状態に陥るわけではない。その場にいる人どうしが意識的／無意識的に配慮し合いながら、その場特有の秩序がつくり上げられ、その秩序の範囲内で、一人ひとりが自由に過ごし、多様に振る舞っている[文4]。そこでは、自分の存在が他者によって受け入れられていると感じられるともに、自分も他者の自由を受け入れる側として振る舞うことで、心地よい環境が維持されている。そのとき、自分にとって過ごしやすい環境は、他者から与えられるだけのものでなく、自らその構築に参加しているのである。　　　　　（橘）

図 4.3-3 全国に拡がっている、子供や高齢者、障害者を含むまちの人びとが思い思いに過ごす「共生型」のケアの場所の例（三草二木西圓寺）（山田撮影）

［1］アフォーダンス

　幼い子供が道を歩く際、道路脇の白線上を歩いて電柱などの障害物を避けたらまた白線上の上をなぞるように歩くといった"遊び"をすることがある。大人でも、ボタンを見れば押せると判断し、取っ手を見ると引けると判断する。それが椅子でなくても、座れると思う段差に座る。人は、それまでの習慣や文化的刷り込み、また身体的な行為行動のしやすさによって、無意識のうちに空間やものからある行為をできるかどうかの情報を受け取っている。

　アフォーダンスとは知覚心理学者のJ・J・ギブソンが提唱した概念で、「環境が動物に対して与える意味」とされている[文1]。D・A・ノーマン[文2]は、アフォーダンスは性質でなく、物理的なものと人との関係性であるとしており、アフォードする性質を持つもの（のあり方）それ自体はシグニフィアと呼んで区別している。

　アフォーダンスは、意味の抽出に重きを置く人間の情報処理的傾向を示しており、その獲得は無意識に瞬時に行われ[文3]、人間が意図や目的と呼ぶことを越えている[文4]。また、アフォーダンスは知覚者自身が対象物に対して能動的に発見して獲得していく情報である[文5]。

［2］遊び心を誘う空間

　青木[文6]はあらかじめそこで行われることがわかる、空間が先に行為や感覚を拘束してしまう建築を「遊園地」と例え、これに対して、そこがさまざまな行為に使われていくことで空間の中身がつくられていく建築は「原っぱ」であるとした。原っぱはその場で遊び方を発明することを楽しめることが価値そのものであり、つまり空間と行為が対等な、利用者自らが何をするかを決める自由がある理想的な空間だという。「原っぱ」は、まさに漫画ドラえもんに出てくる土管の置かれた「空き地」（「6つの原風景」でいう、アジト＋オープンスペース→p.152、6.3）のようで、こういった要素が子供たちの遊びを創造する契機となる、すなわちアフォードする空間と言える。

　近年では、原っぱと遊園地の中間的な位置づけ、ある程度の設定がありつつ自由に遊ぶこともできる場所として、廃校となった小学校を改修するなどした、おもちゃ美術館（図4.4-1）のように、子供の情操教育や木育として木に触れて遊びながら自由に学ぶ体験の場などもつくられている。

参考文献・出典

1. J・J・ギブソン著、古崎ら共訳『生態学的視覚論―ヒトの知覚世界を探る』サイエンス社、1985
2. D・A・ノーマン著、岡本明他共訳『誰のためのデザイン？ 増補・改訂版 認知科学者のデザイン原論』新曜社、2015
3. 槙究『環境心理学 環境デザインへのパースペクティブ』春風社、2004
4. 佐々木正人『アフォーダンス入門　知性はどこに生まれるか』講談社学術文庫、2008
5. 渡辺秀俊ら『人体のまわりのエコロジー、シリーズ〈人間と建築〉1　環境と空間』朝倉書店、1997
6. 青木淳『原っぱと遊園地―建築にとってその場の質とは何か』王国社、2004

図 4.4-1　木育広場：東京おもちゃ美術館

図 4.4-2　IH クッキングヒーターのスイッチの位置関係の対応と使用感

図 4.4-3　関守石（博多楽水園）

7. 戸田都生男「木材と社会・身近な日常生活から」(『New技術・家庭 技術分野教師用指導書教材研究編』教育図書、2021)

8. 柴田祥江、松原斎樹「居住環境バリアフリー化の視点からみた高齢者の住宅における台所空間の実態と満足度評価」(『日本建築学会環境系論文集』75巻647号、pp.19-26、2010)

9. 松原斎樹「安全・安心・健康の人間環境学」(『都市・建築デザインのための人間環境学』日本建築学会編、朝倉書店、2022)

[3]「ついつい」が誘う危険から人を守るデザイン

建築空間において、例えばバルコニーの手すりの高さは1,100mm以上と建築基準法で定められているが、あくまで最低限の基準であり、幼い子供の転落事故の防止には手すり近くに上れる台などを置かないことなど、安全配慮として身の回りのしつらえや観察は欠かせない。建設現場では日頃からの5S活動(整理・整頓・清掃・清潔・しつけ)はもちろん、危険予知活動(KYK、危険と思われる現場の状態や作業員の不安全な行動を予知する)として、いわゆるヒヤリハットの事例をあげ、事故防止のため安全第一の意識を高める教育を行っている(戸田、2021 他)[文7]。居住環境でのヒヤリハットは、台所での調理時に火傷などの危険を感じた経験が最も多いことが指摘[文8他]されており、コンロのつまみとバーナーの位置関係に配慮したデザイン[文2]であれば、エラーが緩和される。"良くない例"として、**図4.4-2**はIHで手前2つの大きいヒーターのスイッチは各々の上面下にありわかりやすいが、奥の小さいヒーターのスイッチは手前側面にありわかりにくい。

また、我が国の庭園に見られる関守石(図4.4-3)はその先へ侵入することを伝える役目を担う。あからさまに立入禁止表示をせず、周囲の景観を損ねない秀逸な配慮と工夫のあるデザイン事例である。

これらのことは、「総合的に質の高い」環境デザイン[文9]を向上させる上でも不可欠であろう。

▶【演習19】あるある!? ついついこんなこと

日常生活で、環境の要素に誘われて「ついついやってしまう」ことや「頭の中で考えてしまう」ことをあげてみよう。

[4] 演習結果の分析・考察の例

"あるある"の行動として例えば、縁石の上を歩く、白い線上だけを歩く、石を蹴るなどが比較的多く見られた(**図4.4-4**)。時期は子供の頃、場所は歩道やまち中(**図4.4-5**)、主な理由はゲーム感覚や遊びたい、楽しいなどが見られた。これらの行動を分類した結果、多い順に「好奇心型:なんとなくやってみたい・興味があるから遊ぶ」「自分ルール型:ルールを考え設定し遊ぶ」「代用型:ものを違うものとして認識して遊ぶ」があげられた。

これらのことから、自然と身体を動かしアフォードされる要素が屋外に点在しており、幼い頃の遊び感覚が体験として記憶されていることがうかがえる。　　　(戸田)

図4.4-4 日常生活でしてしまう行為で多かった「あるある」(受講生画)

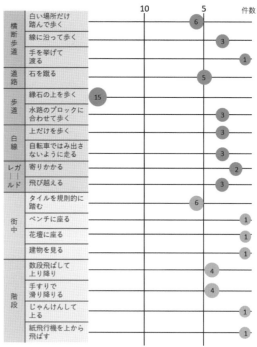

場所	行動	件数
横断歩道	白い場所だけ踏んで歩く	6
横断歩道	線に沿って歩く	3
横断歩道	手を挙げて渡る	1
道路	石を蹴る	5
歩道	縁石の上を歩く	15
歩道	水路のブロックに合わせて歩く	3
白線	上だけを歩く	3
白線	自転車ではみ出さないように走る	3
レガールド	寄りかかる	2
レガールド	飛び越える	3
街中	タイルを規則的に踏む	6
街中	ベンチに座る	1
街中	花壇に座る	1
街中	建物を見る	1
階段	数段飛ばして上り降り	4
階段	手すりで滑り降りる	4
階段	じゃんけんして上る	1
階段	紙飛行機を上から飛ばす	1

図4.4-5 日常生活でしてしまう行為の場所

4-5 | スケッチマップ

演習 20　スケッチマップ（自宅〜駅）　⇒ p.29　　演習 21　スケッチマップ（大学）　⇒ p.30

[1] 頭の中にある地図のようなもの

　アメリカの心理学者 E・トールマンは、ネズミを使った実験から、ネズミが経路を頭の中に描いておおよその餌箱の位置を定め、そこに向かう経路を選択していると解釈した。そして、人間も同じように頭の中に地図のようなものがあって、それをもとに移動しているのではないかと考え、Cognitive Map（認知地図）と名付けた。これを都市デザインの分野に適用したのが K・リンチである。『都市のイメージ』[文1]の中で、彼は人びとが都市を視覚的にどのように捉えているか、移動の際に何を手がかりにしているかを調査し、多くの人びとが共通して抱く都市のパブリック・イメージを探ろうとした。その中で用いたのがスケッチマップ法という、白紙に地図を描写してもらう方法である。

　有名な5つのエレメントについては **8-6** 節に譲り、ここではマップ全体から読み取れる内容をどのように分析・考察していくかについて述べる。

▶【演習 20】スケッチマップ（自宅〜駅）

[2] 認知地図の特性

　リンチ以降に行われたさまざまな研究から、スケッチマップとして表現された認知地図は実際の地図とは異なり、単純化や歪みが現れることがわかっている。例えば、直角に交わってない2本の道路が直交して描かれたり、平行でない2本の道路が平行に描かれたりする。

[3] 演習結果の分析・考察の例

　図 **4.5-1** は A さんが自宅と最寄り駅、隣駅までの範囲を対象にスケッチマップを描いたものである。図 **4.5-2** に示す実際の地図と比較してみると、まず川の向きが大きく異なっていることがわかる。線路と平行していると思っていたのが実は直交していたのだ。このような乖離が起こった原因として、普段電車に乗って移動する際にスマホを見ていて外の景色を見ていなかったため、川を渡ることを認識していなかったとのことであった。また、かつて通った小学校や中学校、あるいはスーパーや銀行、公

参考文献・出典

1. ケヴィン・リンチ著、丹下健三・富田玲子訳『都市のイメージ』岩波書店、1968
2. 大野隆造、小林美紀『安全で心地よい環境をつくる人間都市学』井上書院、2011

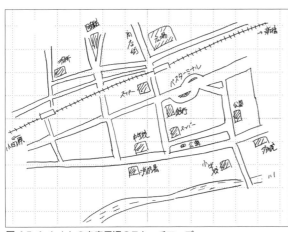

図 **4.5-1** A さんの自宅周辺のスケッチマップ

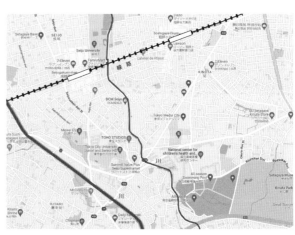

図 **4.5-2** 実際の地図（Google マップに加筆）

園など日常生活で頻繁に利用する施設は描けたものの、その他の建物の立地場所や用途を詳細に思い出すことができなかった。また、日常訪れる機会の少ない南西部のエリアについてはイメージが欠落していた。このことから、日常生活での利用と認知には関連性があると考察している。

［4］認知地図の発達と個人差

　子供を対象にした認知地図の研究からは、方角や距離が不正確なものからしだいに一般的な地図に近く、平面的な広がりをもったものに変化していくことが示されている。前者をルートマップ、後者をサーベイマップといい、大人が初めての場所に行った際も基本的にこれと類似しているとされる。ただし、スマートフォンが普及した今日では、どこに行くにもナビゲーションが利用できるため、サーベイマップ的な理解をしにくくなっていると思われる。

▶【演習21】スケッチマップ（大学）

［5］演習結果の分析・考察の例

　図 4.5-3、図 4.5-4 は B さんと C

さんが 1 年前まで通っていた大学キャンパス周辺のスケッチマップを描いたものである。B さんは普段自転車通学で、駅からの道を歩くのは雨の日だけだったため、駅からの経路を驚くほど覚えていなかったという。図 4.5-3 を見ると、大通りは描かれているがその他多くの街路は捨象されている。また、駅前のコンビニと大通り沿いの駐車場は合っているが、その他の要素は描かれていない。一方、電車通学の C さんは図 4.5-4 の通り、かなり詳細なマップを描くことができた。といっても地域全体が描けているわけではなく、描画範囲は自分のよく通った駅からの道を中心として、周囲に広がっている。このように、スケッチマップには個人の経験の量や質が反映される。また、どちらも曲がった道路を直線化したり、斜めの交差点を直交にするなど、［2］で述べた単純化が起こっていることが確認できる。　　　　　　　（諌川）

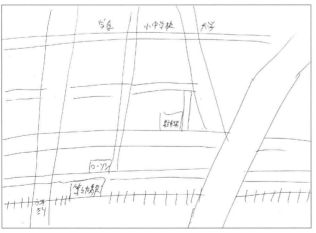

図 4.5-3 B さんの大学周辺のスケッチマップ

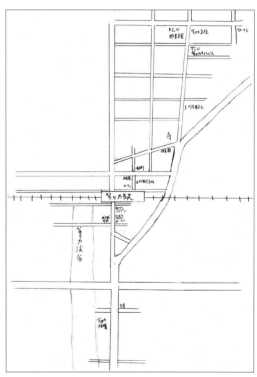

図 4.5-4 C さんの大学周辺のスケッチマップ

4-6　まちと道、わかりやすさと迷いやすさ

［1］経路探索と環境行動研究

目隠しをされたまま、よく知らないまちに連れてこられたあなたに、地点A（現在地）から地点Bまで行けという指示とともに一枚の地図が渡された。（図4.6-1）。さて、あなたは一体どんなルートを辿りそのミッションをクリアするだろうか。入学直後にワクワクしながら歩く大学キャンパス、かかりつけ医にもらった紹介状を握りしめ訪れる大学病院、友人との観光で訪れた先で乗り換えるターミナル駅。私たちは知らず知らずのうちに、先述のミッションと類似する場面に遭遇している。こうした不慣れな環境の中を迷いながら、さまざまな手がかりを発見し、目的地まで移動する行為を経路探索（wayfinding）と呼ぶ[注1]。

経路探索に関する研究は多分野[注2]で進められてきたが、環境行動研究では環境の認知と行動とが相補的な関係となる点に着目してきた。また非常時の避難行動、障害者などに着目した研究もある[文1, 2]。

▶【演習22】私は私の道をゆく

［2］探索行動・わかりやすさと迷い

人が道に迷った際の行動（探索行動）や反応には、移動を伴うもの（経路を間違える、後戻りする、うろうろする、立ち止まる）の他に、知覚や認知に関するもの（キョロキョロする、注視する）や心理的なもの（方向がわからず生じる不安感）など、さまざまなレベルがある。こうした探索行動を分析するには、移動ルートの記録に加え、移動中に見たものや考えたことを発話してもらい、その発言（言語プロトコル）を併せて分析する必要がある（図4.6-2）。

舟橋[文3]は、わかりやすさ（迷いにくさ）の要因として、物理的環境側で空間的環境の平面の形状・建築的分節・知覚的接近性・サインが、行為主体側で当該環境の把握があるとまとめると同時に、わかりやすさ自体の基本的概念・定義が未整理な点そのものが課題であると指摘している。日色ら[文4]は、都市空間での経路探索実験におけるプロトコル分析から、発言の中には迷いと発見の2種類の系列があること、語られないプロセスがあること、「とりあえず行動」によって迷いの状態が打開されること、などの特徴を明らかにしている。渡邉ら[文5]は空間タイプの異なる2つの複合公共施設における探索行動実験結果の分析から、エントランスに案内板がないと空間タイプの影響を受けやすいこと、目的室付近での空

注釈

1. 舟橋は、はじめて訪れる観光地や建物といった不慣れな環境における wayfinding を「経路探索」と呼び、通勤や通学など慣れた環境における経路選択と区別している[文3]。
2. 例えば、認知科学、地理学、人工知能やロボット工学、動物行動学などがある。
3. ウォーキングアプリ「ALKOO by NAVITIME」では「日陰ルート」の提供が2023年7月から開始された。

参考文献・出典

1. 藤井皓介、佐野友紀「経路選択時の要因及び行動に基づく大規模鉄道駅の経路探索行動—鉄道駅の火災避難時における利用者の避難方略の検討 その1—」（『日本建築学会環境系論文報告集』第704号、pp.829-839、2014）
2. 伊藤三千代、森一彦、他2名「情報（聴覚・視覚）障害者の探索行動実験 駅の情報環境のユニバーサルデザインに関する研究 その2」（『日本建築学会大会学術講演梗概集（九州）』pp.985-986、1998）

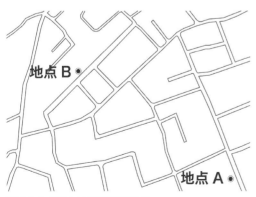

図 4.6-1　あなたはどの道を通る？

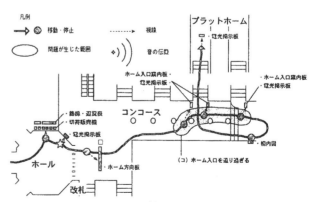

図 4.6-2　探索行動実験の記録例[文2]

3. 舟橋國男「"WAYFINDING" 研究に関する考察」(『日本建築学会近畿支部研究報告集』pp.325-328、1987)

4. 日色真帆、原広司、門内輝行「迷いと発見を含んだ問題解決としての都市空間の経路探索」(『日本建築学会計画系論文報告集』第466号、pp.65-74、1994)

5. 渡邉昭彦、森一彦「迷い行動の因子と情報空間との関連分析　建築空間における探索行動の認知心理学的考察　その4」(『日本建築学会計画系論文報告集』第491号、pp.99-107、1997)

6. 川崎寧史・山田あすか編著『テキスト建築計画』学芸出版社、2010

間の見通しの重要性など、場所ごとでの迷い行動の抑制効果の違いを指摘している。

［3］ウェイファインディングデザイン

　誰もがわかりやすく、迷いにくい空間には、無意識に認識できて覚えやすく、状況に応じた情報の伝え方を考えなければならない（図 4.6-3）。ただし、幼児・児童や高齢者、視覚や聴覚に障害がある方、言語文化が異なる場合など、行為主体の条件によって迷いの原因および必要な情報の種類、情報に対する発見や理解の度合いが異なるため、"誰一人迷わない空間"を実現するためにはさまざまな段階の課題に向き合わなければならない。また人間は、時間の経過とともに環境に徐々に慣れていくため、不慣れなときには迷った場所も、繰り返し訪れるうちに迷わなくなる。あるいは、多少の迷いがあっても目的地に辿り着いてしまえば、問題として認識されにくい。そうしたことからみても、自分がよく知っているまちを誰にとっても"迷わないまち"と

して実現させる（問題を把握する）のは意外と難しい。

　ウェイファインディングの課題を解決する技術としてナビゲーションシステムがある。時間や距離、乗換回数、料金（コスト）によってソートできることが一般的だが、夏季の熱中症対策として、日陰ルートを示してくれるアプリなども近年開発されている[注3]。

［4］演習結果の分析・考察の例

　図 4.6-4 は、仮想地図上で選択されたルートの分析例である。探索行動の一般的な特性として、左回り行動（反時計回りの移動）や獣道行動（最短距離の移動）などがあると言われている[文6]が、特性と異なるルートも選択されている。他には、曲がる回数、通路幅員、上下移動、最初のショートカットの優位性なども指摘されている。また実際の空間では、高低差、人通りの有無、明るさなど、さまざまな要因が加味される。

（小林）

図 4.6-3 情報の伝え方のバリエーション
左：優先順位をつけた情報の表現　中：建物に入ってすぐの床面に明示される情報
右：迷いやすい場所に過度に追加された情報

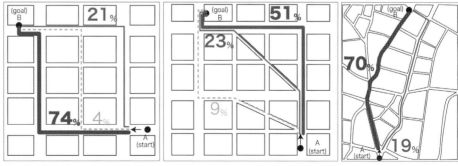

図 4.6-4 選択ルートの分析例（演習をもとに山田・小林作成）

4-7 時空間の値段

［1］切り売りされる時空間

都市空間では人びとの多様な行為や居方が観察される。人びとは、それぞれの場所で「ここでなら、この行為や居方ができる（許される）」と判断したり、逆にしたい行為や居方ありきで「それができる場所に行こう」と探したり移動をしたりしている。「ここでならこの行為ができる」と人びとに思わせる要素には、物理的条件（しつらえ）、個人の条件（心身の状況や経験、思想など）、社会的合意（マナー）がある。

一方でまちには、「〜するための場所」として売り買いされている時空間がある。例えば「カフェ」は、コーヒー（飲み物）を提供する場所である。これは、コーヒー代を払うことで滞在（休憩）できる時間と場所を買っているとも言える。例えばファミレスや喫茶店で時間を潰したり、勉強をしたことがある経験は誰しもにあるだろう。

売り買いされている時空間は、「ひと（歩行者）」用のものだけではない。車や自転車を置くための時間貸し、期間貸し（月極など）の駐車場や駐輪場も、それらが置かれるための時空間を提供し、利用者らはそ

れを買っている。さて、あなたはどのような時空間を買っているだろうか？

▶【演習 23】時空間の値段

図 4.7-3 は、受講生らが描いた「自分が買っている時空間」の例である。課題をしたりおしゃべりをするカフェや、ゆっくり時間を過ごす漫画喫茶、カラオケボックスなどの他、電車や下宿先も売り買いされる時空間だとする回答もあった。

［2］手持ち資金と体験可能領域

都市空間での居場所と居方／行為の決定には、これら、機能とともに「購入する」ことを誘導する時空間も影響する。このとき、手持ちの資金によって、購入することができる時空間は異なる。例えば 1000 円出せるときに居られる場所の選択肢と、1 円も出せないときのそれとが異なることは想像しやすい。つまり、一見誰しもに開かれているように見える都市空間であっても、人によって到達可能性（アクセシビリティ）は異なる。手持ち資金が 500 円のとき、デパートのうち無料で見て回れるゾーンには入れても、最も安いメニューが 500 円の

図 4.7-1　さまざまな滞在を誘発するカフェ（イグーネ荒井）

図 4.7-2　時間貸しの駐車場や駐輪場

注釈

1. コインランドリー、フットサルコートなど運動施設、カラオケ、映画館、駅などに設置されたワークボックス、スタディカフェ、音楽スタジオ、漫画喫茶、ホテル、温浴施設（スーパー銭湯）、ドリンクバーのあるファミリーレストラン、面白い例では一周乗っていられる山手線（環状線）という回答も。多様な時空間を買って使っていることに気づかされる。

参考文献・出典

1. 廣瀬健、吉川徹「空間利用料に着目した都市空間のアクセシビリティに関する研究」（『日本建築学会大会学術講演梗概集』pp.975-956、2003）

喫茶店には入れない。図 **4.7-4** は、この手持ち資金によって異なる、都市の利用可能容積を可視化したものである。手持ち資金街の中で時間を「過ごす」ことに対して、しばしば対価を求められる。手持ち資金によって都市空間は魅力的にも、排除的にも見えることがある。それゆえに、無料または安価に利用できる空間には特別の価値がある。ビルの足もとの公開空地や公園などの都市のオープンスペース、公共の図書館や公民館、コミュニティスペースなどの価値が改めて認識されるだろう。富める者もそうでない者もアプローチを妨げられることがない空間はそれだけで公共性があると言え、それは都市や文化の成熟と豊かさの証でもある。

人びとにそれぞれ固有の視点によってまちが異なって見えることは認知地図やバリアフリーのトピックスでも触れているが、金銭的自由という社会的要因によっても都市が異なるものであることを認識する必要がある。ひとつのまちであっても、そこを体験する人びとによって多様なバリアあるいはフィルタ、そして評価視点がある。

（山田）

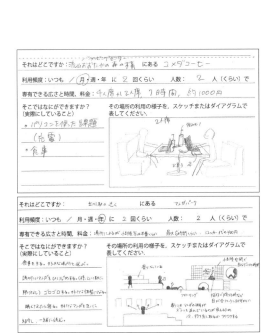

図 **4.7-3** 受講生が描いた「買っている時空間」の例[注1]

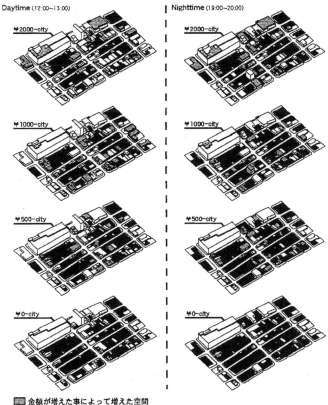

Daytime (12:00～13:00)　Nighttime (19:00～20:00)

¥2000-city

¥1000-city

¥500-city

¥0-city

▨ 金額が増えた事によって増えた空間

図 **4.7-4** 手持ち資金に応じた都市のなかの「利用可能な容積」[文1]

図 **4.7-5**「無料で居られる」ことによって滞在を誘発する都心部の公園

環世界論、イリュージョン、物語（ナラティブ）
—— 私たちが「みて」いるもの

生物にとって、世界とは個体にとっての意味の世界だとするユクスキュルらの環世界論（→ p.68、→ p.104）を受けて、動物行動学者である日高敏隆は「客観的」な、全体としての世界から抽出され、抽象された、生き物（観測者）にとって主観的な「見えている世界」をイリュージョン illusion と呼ぶ[文1]。そして、世界はイリュージョンなしには見えないのだ、と述べる。そもそも世界は、観測者それぞれによって、そのときどきのモードによっても異なるものとしてしか見ることができないのだ。

また日高は、自らが訳者となって日本に紹介した C・R・ドーキンスの「ミーム meme」[文2, 注1]の概念について、それは内的世界を持つ人間が「生きる」意味を認識するための価値観であり、どう生きるかの指針ともなると説明する。ミームとは、他の個体（の脳）に伝搬・複製可能である、社会的・文化的な情報を指す。行動パターンや慣習、考え方とも説明され、邦訳では自己複製子とも表現される。この、人間の特性であるミーム＝文化的自己複製子を残したいという望みが人間の文化を育んできたのであり、ミームというイリュージョンは人間の願望である死後の生命や輪廻といった価値観の現代的表現でもある[文1]。

生き物が見る世界がイリュージョンであり、イリュージョンとしてしか世界を見ることができないと表現できるよう

に、人間が理解できる世界は「物語（ナラティブ）」であり、人間は物語としてしか世界を理解することはできない、と言える[文3]。物語（ナラティブ）は、1960 年代に「物語の役割」に注目するフランス構造主義を発端として文学理論の用語として用いられ、今日では広く心理や教育、ビジネスや医療・看護・福祉の分野において、ナラティブアプローチやナラティブマーケティングなどに発展している概念である。物語の内容や筋書きを意味する「ストーリー story」が聞き手や語り手という主体を必要としないのに対して、物語（ナラティブ）では語り手（要支援者や患者、部下、顧客など）の視点による「物語」を重視する。

物語は、個別的であり、思い返すたびに変化し、積み重ねられていくものである。また同時に、その物語の「語り」、すなわち語り手自身が自らの体験や状況への理解を言語化し、他者に対して発露することを重視する。そして、それを課題の理解や共有、解決に結びつけようとする。つまり物語（ナラティブ）とは、語り手によってそれぞれ異なる「主観的な世界と因果」こそを意味あるものとして積極的に捉え、語りというその発露によって、その主観的な世界と因果と他者（主観的な世界の外側にある世界）とを結びつけていく行為である。それは全体を、客観的に、「みる」ことがそもそも不可能である世界を理解し、納得することで世界に自己を定位する、世界と自己の関係を調整するためのプロセスでもある。

環世界論やイリュージョン、そして物語（ナラティブ）の概念は、我々が「みる」、すなわち知覚し、理解し、認識できる世界はその認識の主体によって異なるものであり、普遍ではなく変化するものである、という世界の見方を示している。もちろん、その認識論自体もまた、人間がその知識と経験によってつくりだしたイリュージョンである。　　　　　（山田）

注釈

1. ドーキンスは、人間は他の動物と同じように自分の遺伝子を残すだけではなく、自分の名や作品など、自分が存在したことの証明—ミーム meme も残したいと望むのだと述べた。現在では、「インターネット・ミーム（インターネット・SNS においてさまざまな人が模倣し、拡散していく文章、言い回しや画像、動画。人間の創造性によって意図的に改編されながら拡がることが特徴）」のように「ミーム」の概念そのものが変異・進化しながら拡がっている。

参考文献・出典

1. 日高敏隆『動物と人間の世界認識—イリュージョンなしに世界は見えない』ちくま学芸文庫、2003
2. リチャード・ドーキンス著、日高敏隆訳『利己的な遺伝子』紀伊國屋書店、1991、原著は 1976
3. 大治朋子『人を動かすナラティブ—なぜ、あの「語り」に惑わされるのか』毎日新聞出版、2023

第５章

歩いて探そう！ まちの小さな違和感

[1] キャプション評価法

あなたは普段まちを歩いていて、不快感や違和感を覚えるものはあるだろうか、それらのどのような点が気になるだろうか。ここでは、誰もが参加できる調査手法を用いて、量的な分析から、まちのなかで好ましいことや課題と感じることを把握し、私たちを取り巻く都市環境への理解を深めよう。

キャプション評価法とは、古賀や小島ら[文1,2]によって開発された景観調査法で、評価者は評価する環境のなかの「良い／悪いと思う、気になる」事物を写真撮影し、その評価（良い／悪い／気になる）と理由のコメント（キャプション）を記録用紙へ記入する。こうして評価者の環境への評価を①評価の対象（〜が）、②評価の理由（〜だから）③評価（良い・悪い・気になる）の組み合わせで把握する。この調査法では、認知しやすい情報を契機として、評価者が自分の言葉で環境を評価し、それを写真とともに共有することでコミュニケーションツールともなる（評価の対象は、写真には写らない音や匂い、温度感などでもよい。それが「どこで」または「何を見ながら」感じられるかが写真に記録される）。さらに評価者の環境に対する理解や

意識の高まり、環境の再認識に寄与し、環境づくりへの主体的な関与につながる可能性を持つ。

▶【演習24】まちの中にあって嫌なもの・気になるもの

[ワークの手順]

(1)まちを歩いている中で、嫌な気分になるものを写真に撮って集める。

(2)それらがどのような場所にあるか、またなぜ嫌なのかなどを記述する。回答例を**図 5.1-1** に示す。

(3)結果の集計および分析を行い、まちがよりよくなるにはという視点から、事物を評価する。

分析例

● 例1　3軸での評価

受講生から収集したデータを用いて、学生が対象―嫌悪感の理由―性別の3軸で分析した例を**図 5.1-2** に示す。対象では［歩道］、理由では［阻害］への言及が最も多かった。まちのパス上の整備と利用者の歩行や滞在を阻害する原因の排除が課題だと考えられる。

● 例2　類似の項目をまとめた分類

対象と評価の理由について、類似のことがらをまとめていくKJ法[注1、文4,5]は、大

注釈

1. KJ法とは、文化人類学者の川喜田二郎氏が著書『発想法』（1967年）で提案した情報整理の効率的な手法である。一般的には付箋といったカード状の紙に各情報を記入し、そのカードを並べ変えたりグルーピングしたりする。

参考文献・出典

1. 古賀誉章・高明彦・宗方淳・小島隆矢・平手小太郎・安岡正人「キャプション評価法による市民参加型景観の認知と評価の構造に関する研究　その1」（『日本建築学会計画系論文報告集』第517号、pp.79-87、1993）

2. 小島隆矢・古賀誉章・宗方淳・平手小太郎「多変量解析を用いたキャプション評価法データの分析都市景観の認知と評価の構造に関する研究　その2」（『日本建築学会計画系論文集』560号、pp.51-58、2002）

3. 2018年度の受講生が分析した資料から抜粋

4. 川喜田二郎、『発想法　改版　創造性開発のために』中央公論新社、2017

5. 東大IPC、東大IPCウェブサイト、「KJ法とは？メリットやデメリット、やり

図 5.1-1 評価シートの回答例から、「嫌いなもの」を抜き出して作成した簡易調査シートの回答例

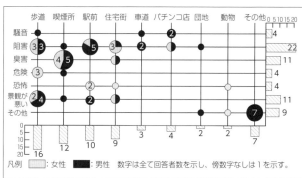

図 5.1-2 3軸での分析結果 [文3]

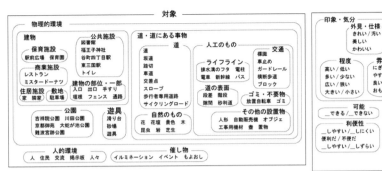

図 5.1-3 KJ 法によるカテゴリー分けの例[文7]

小それぞれのグルーピングにより、評価者の回答項目の傾向が可視化でき、課題点の把握に有効である。**図 5.1-3** に分析例を示す。特徴として、少数意見も多数意見と同様に扱われる点があげられる[文4]。

［2］経路歩行実験

北ら[文6]が考案した経路歩行実験とは、被験者が実験者によって事前に選定された経路（＝ルート）を歩き、歩行中に捉えた「都市において感じ取る曖昧な全体性（＝様相）」に着目し、それを把握した場所に対応づけて自由に用紙に記入（＝様相表現）する調査方法である（**図 5.1-4**）。記録内容は、建物や木々といった視覚的要素だけでなく、音やにおい、なんとなく感じたことなど、自由に書き込まれる。北ら[文7]はこれらの定性的なデータを、定量的・可視的に示している。この様相という概念は、主体－環境、物理量－心理量などの二項対立で捉えられてきた枠組みを一体として捉えている。

普段利用する通学・通勤路の佇まいや雰囲気をどのように感じているだろうか？ 感覚的な目に見えない要素に思いを馳せ、感じ取ってみよう。 　　　　　　（米ケ田）

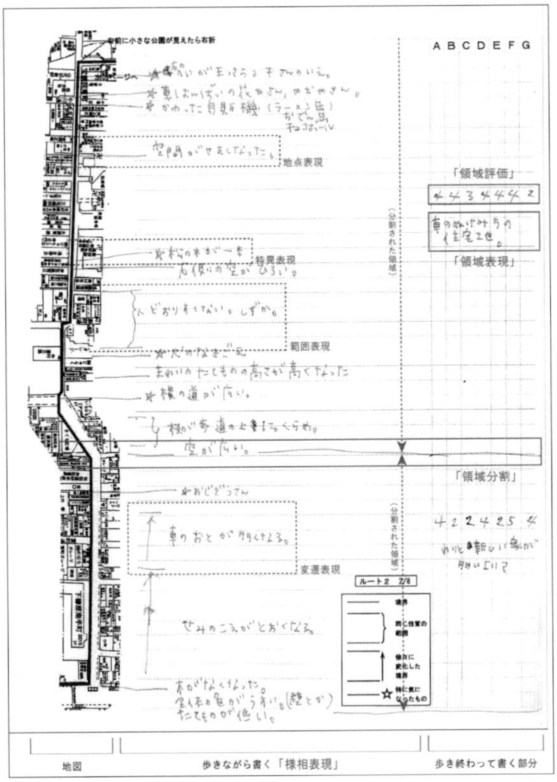

図 5.1-4 記入シートの例[文6]

領域評価指標	評価尺度
A：いい雰囲気だ	1：とてもあてはまる
B：エリア全体のまとまりを感じる	2：ややあてはまる
C：印象に強く残っている	3：どちらでもない
D：オープンな雰囲気だ	4：やや違う
E：秩序がある	5：まったく違う
F：京都らしい	
G：以前からよく知っている	

図 5.1-5 領域評価の項目と評価尺度の一覧[文6]

名称／説明	凡例
①地点表現（point expression） ある一点で様相の変化を感じた場合。	―――〜〜〜〜。
②変遷表現（gradual expression） ある範囲で徐々に変化を感じた場合。	〜〜〜〜。
③範囲表現（range expression） ある範囲内が同じような様相に感じられた場合。二つの地点表現の合成とも考えられる。	〜〜〜〜。
④特異表現（uniqueness expression） ある場所だけ周囲とは違う特異な様相を感じるが、その場所を過ぎても様相の変化がないという場合。	―――☆〜〜〜〜。

図 5.1-6 様相表現の記録方法の一覧[文6]

方・手順を解説」〈https://www.utokyo-ipc.co.jp/column/kj-method/〉、2023/03/29 参照

6. 北雄介、『経路歩行実験に基づく都市の様相の分析とモデル化に関する研究』、京都大学学術情報リポジトリ、〈https://repository.kulib.kyoto-u.ac.jp/dspace/bitstream/2433/161009/2/D_Kita_Yusuke.pdf〉、2012.09.

7. 北雄介、門内輝行、経路歩行実験による都市の様相の記述 都市の様相の解読とそのデザイン方法に関する研究（その1）」『日本建築学会計画系論文集、75巻651号 p.1159-1168、2010

5-2 評価の構造を可視化する

演習25　なんでそんなに嫌なのか　⇒p.34

［1］ 構造化と調査

　まちで私たちが不快感や違和感を覚える
ものは、なぜ私たちを嫌な気分にさせるの
だろう。ここでは、具体的な環境要素とそ
の感じ方との関係や、その評価の根幹を質
的な分析手法を用いて探求してみよう。

　代表的な調査手法のひとつであるインタ
ビュー（相手に話を聞くこと）は、以下3つ
の種類に分けられる[文1]。

　構造化インタビュー：一定の回答形式の
もとで、被験者はすべて同じ条件で・同じ
質問を受ける。インタビュアーの力量によ
らず調査を実施できるが、事前に想定され
る回答を仮説として構築する必要がある。
質問例）「○○の△△についての考えを、
以下の3つの中から選んでください」

　調査例）アンケート

　半構造的インタビュー：回答項目が決め
られており、数や順番、質問の仕方はイン
タビュアーが決める。質問例）「○○の△
△な点についてどう思いますか？」

　調査例）ラダーリング・インタビュー

　非構造的インタビュー：回答項目は特に
決められておらず、インタビュアーが質問
の仕方を自由に決める。インタビュアーの
力量に調査結果が大きく影響される。質問
例）「○○についてどう思いますか？」

　調査例）キャプション評価法

［2］ 評価グリッド法と
　　　　ラダーリング・インタビュー

　評価グリッド法は、環境心理学の分野で
讃井[文1]によって提案された定性的な要素
を抽出する分析方法で、「なぜ評価者は○
○のように感じるのか」、「○○と感じる要
因は何か」など、対象を深く掘り下げたい
場合に有効である。インタビューの起点と
なる評価項目（オリジナルの項目）を抽出し、

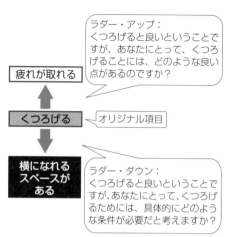

図 **5.2-1** ラダーリング・インタビューの基本 (文1
より作成)

評価者が回答したオリジナルの項目に関連
する要素を芋づる式に引き出す、ラダーリ
ングと呼ばれる手法を併用する[文1]。

　ラダーリングは、評価者が回答した項目
について、「具体的にはどうあればよいか」
と訊くラダーダウンと、「なぜそう思うか」
と訊くラダーアップで構成される（図**5.2-
1**）。この作業を全ての項目で行い、評価の
理由を満遍なく抽出して、複数人の理由構
造を重ね合わせると評価項目のネットワー
クが可視化できる[文3]。この方法の特徴は、
質問形式をある程度固定することで、イン
タビュアーの力量に大きく影響を受けずに
調査を実施できる点にある。一方で、回答
は回答者の言語化能力に大きく左右される。

▶【演習25】なんでそんなに嫌なのか

　[歩道に置いてある自転車がいや]の項
目を起点として、理由構造を示した例を図
5.2-2に示す。こうした資料は、具体的な
事柄―個人評価の根幹の関係を導き、環境
への好ましさを増し、不快を減らすこと
への提案に寄与する。さらに、計画・設計
の「理念や目的」と、「そのための具体的
な方法」の多様性にたったデザインを考え

参考文献・出典

1. 槇究『環境心理学―環境デ
ザインへのパースペクティ
ブ』春風社、2004

2. 評価グリッド法の原著論
文を以下に示す。讃井純一
郎、乾正雄「レパートリー・
グリッド発展手法による住
環境評価構造の抽出：認知
心理学に基づく住環境評価
に関する研究(1)」『日本建
築学会計画系論文報告集』
367巻、pp.15-22、1986

3. ユクスキュル／クリサー
ト著、日高敏隆、羽田節子
訳『生物から見た世界』岩
波書店、2005

4. 平尾和洋「計画と意匠・デザインの関係」(『テキスト建築計画』学芸出版社、2010、pp.23-25、第1章2節4項)
5. 山田あすか「計画知見的へのアプローチとその表現の変遷にみる今日の研究主題」(2011年度日本建築学会大会計画系懇談会「建築計画研究の表現にみる今日的課題」資料、2011)

るための構造把握に有効である。

平尾は、ユクスキュルの環世界論の「かたちは環境と主体の相互作用から生成したのであって、ただ機能に従って決まったわけではない」[文3]という指摘から、タンポポとカエデの種子は同じ「種子を遠くまで飛ばす」目的（機能）をカタチにしている中で、形態が異なることを例示し、それは建築の計画・設計も同様であると述べている[文4]。これをもとに、タンポポとカエデの種子の形態から、生物が生きて活動する目的（意味）とされる「自分の遺伝子を次世代にできるだけ多く残す」に遡り（図5.2-3の中右→左方向）、さらに目的からそのために必要なことやそれを可能とする手段に再度戻る（図5.2-3の中左→右方向）ことで、形態と機能の対応関係の多様性を含むデザインの構造を示す（図5.2-3）。このように、建築や都市のかたちは環境と主体の相互作用から生成されており、ただ機能に従っては決まらず、同じ機能でも形態の可能性は多様である[文5]。こうした構造化の手法を用いた本質への問いは、デザインの選択肢を格段に増やす。

（米ケ田・山田）

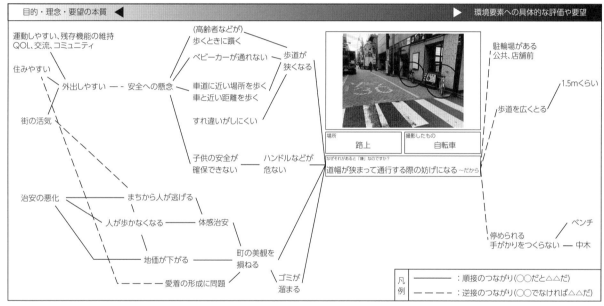

図 5.2-2 まちの中の放置自転車における評価項目のネットワーク図の例

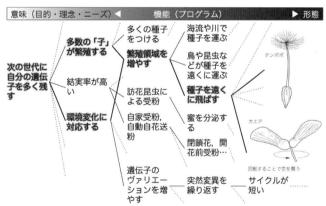

＊種の起原（ダーウィン）：進化は一定の「目的」を有して起きるのではなく，よりよく適応した個体はより多く子孫を残すので，その結果としてそのような特徴をもった個体が増え，種全体がその方向に変化していく（進化は結果として起こる）

図 5.2-3 具体的デザインとニーズの本質の構造[文5]

[1] 犯罪の起こりやすさと環境要因

1956年、米国のセントルイス市に建設されたプルーイット・アイゴー団地は、完成後20年を経たずに市の住宅公社によってすべて爆破解体された。犯罪や破壊行為に見舞われ、入居者が次々に逃げ出してしまったからである。元々周辺環境が悪かったこともあるが、オープンスペースと住居スペースの境界が明確でなく第三者が立ち入りやすかった、共用スペースや外廊下に死角が多く犯罪の温床になったなど、環境デザインが犯罪多発の一因となったとされている（図5.3-1）。

もちろん、犯罪はそれを企てる者がいるから発生する。犯罪心理学では、犯人の属性や性格、生育歴などを分析してなぜ犯罪を起こしたのかを探ろうとする。それに対して、環境の特性と犯罪に関わる者の空間行動から犯罪を分析するのが「環境犯罪学」である。環境犯罪学では、犯罪を起こしやすい機会があるから犯罪が起こると考えて、その機会を減らす対策を提唱している。

[2] 体感治安

近年、日本の刑法犯の認知件数は減少傾向にあるが、世論調査では治安が悪くなったと感じている人が多い（図5.3-2）。これは、実際に犯罪にあうリスクと人びとが感覚的・主観的に感じている治安（体感治安）が異なることを意味している。体感治安は、身近な環境にゴミが捨てられていたり、落書きが多かったりすると悪化しやすいとされる。

[3] 割れ窓理論

米国の犯罪学者G・ケリングらは、窓が一枚割られたのを放置すれば、その場所に誰も注意を払っていないサインになり、やがて建物全体の窓がすべて割られてしまうとして、「割れ窓理論」を提唱した。「割れ窓」とは比喩であり、落書きやゴミ、自転車の放置など地域の小さな秩序違反行為全般を指している。つまり、割れ窓理論の主張は、"小さな秩序違反行為の放置は、その地域の人びとが犯罪に関心をもたず対策もなされていないことを示し、より重大な犯罪を呼び込んでしまう"というものである。

秩序違反行為と犯罪との関係を検証した研究では、弱い関連しか見られないなど、この理論に対しては批判もあるが、単純明快なメカニズムは社会に共有されやすく、多くの防犯対策の取り組みの根拠になっている[文2]。

例えば、ニューヨーク市では、1994年

参考文献・出典

1. 内閣府「治安に関する世論調査（令和3年12月調査）概略版」2022
2. 雨宮護「コラム　割れ窓理論」（日本建築学会編『都市・建築デザインのための人間環境学』朝倉書店、p.91、2022）
3. 安田哲郎・大野隆造「繁華街におけるごみの投棄行動に関わる環境要因」（『日本建築学会大会学術講演梗概集（建築計画）』pp.789-790、2009）
4. 大野隆造・小林美紀「犯罪から守る」（『安全で心地よい環境をつくる人間都市学』井上書院、pp.71-78、2011）

図 5.3-1 プルーイット・アイゴー団地の荒廃した廊下 （Wikimedia Commons による）

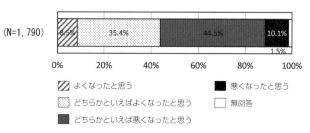

あなたは、ここ10年で日本の治安はよくなったと思いますか。それとも、悪くなったと思いますか。

(N=1,790)　6.5%　35.4%　44.5%　10.1%　1.5%

0%　20%　40%　60%　80%　100%

▨ よくなったと思う　　　■ 悪くなったと思う
▧ どちらかといえばよくなったと思う　□ 無回答
■ どちらかといえば悪くなったと思う

図 5.3-2 最近の治安に関する認識 （内閣府調査[文1]）

図 5.3-3 荒れた公園の整備と人が集まるプログラムをふんだんに取り入れた運営によって生まれ変わった公園（NY、ブライアント・パーク）（山田撮影）

に就任したジュリアーニ市長が、警察官を増員して落書きや未成年者の喫煙、無賃乗車、万引き、違法駐車などの軽犯罪を徹底的に取り締まった結果、殺人や強盗といった重大犯罪の件数が大幅に減少し、中心街が活気を取り戻し、住民や観光客が戻ったとされている（図 5.3-3）。

▶【演習 26】荒れる場所の法則

［4］ゴミのポイ捨てに影響する環境要因

道端にゴミを捨てるという行為は、建物の部分的な形状や使われ方など、周辺環境と関連していると考えられる。例えば、渋谷センター街周辺で投棄されているゴミの数と環境要因との関係を調査した研究では、建物の段差、庇、入口付近やゴミ箱・灰皿の周囲などでゴミが多く確認された。また、飲食店前の段差や入口に飲料容器が多く捨てられるなど、ゴミの投棄行動は物理的な環境要因と人間の行動によって説明できるとしている[文3]。

［5］演習結果の分析・考察の例

Aさんは、北千住と浅草という2つの街を歩いて調査し、ゴミが捨てられている場所とそうでない場所の周辺環境を考察した。実際にまちを歩くと、いたるところにゴミが落ちている訳ではなかったが、目線の高さを変えたり、普段注視しないところに目を向けると見つかったという。

調査の結果、「目立たない場所」や「他の人も捨てている場所」にポイ捨てが多いことを指摘している（図 5.3-4〜7、Aさん撮影）。また、北千住より浅草のほうがアイレベルで見える場所にゴミが多く、人や企業の多さが関係しているのではないかと考察している。

(諫川)

図 5.3-4 河川敷沿いの道路を高い位置から覗く

図 5.3-6 コンビニの通い箱の上に置かれた空き缶とつまみのパッケージ

図 5.3-5 女子トイレの汚物入れに捨てられた紙のコーヒーカップ

図 5.3-7 自販機横にまとまって捨てられた空き缶

5-4 生活感を感じる場所

「生活感」をキーワードに、身近なまちの場面を集めてみよう。どんな場面は好ましいと感じられ、あるいはどんなときには好ましくないと感じられるだろう。そこにはどのような差があるだろうか。

▶ 【演習27】「生活感」を感じる場所

［1］ プライベートの滲み出し

ある景観に対する「生活感がある」という評価には、二重の意味がある。「生活感」という言葉そのものも、「生活感のある」景観というもののいずれも、ポジティブにもネガティブにも捉えられることがある。

「生活感のある」風景には、人がそこで暮らしている雰囲気がにじみ出ている。私的生活に伴う要素がプライベートな領域の外にはみ出していて、日常の暮らしの様子が覗える、垣間見えると感じられるとき、「生活感がある」と感じられるだろう。

生活感とは日常性の表れであり、ハレ（非日常性）に対するケの要素である。いわゆる「美観」と呼ばれる景観が、固定的かつ客観的な指標に基づいて意図的に計画されるのに対し、日常性は、自然発生的に生まれる多様性や柔軟性、日々の変化をもたらすため、それを景観を乱す要素と捉えるか、ヒューマナイズされた親近性と捉えるかによって、その評価は分かれる。

また、空間に置かれたものによるパーソナライゼーション（→ p.88、**3-1**）や、住宅や店舗などの大きな開口が向いているとそこにいわば空間それ自体のパーソナル・スペースを感じ取る「生活の向き」の概念がある（図 **5-4-1**[文1]）。これらは、公的な領域において個人の侵しがたい領域を感じることともなり、それが好ましくないと感じられることもあるだろう。

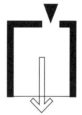

生活が向く側（開口側）に対して、私的な領域が発揮される

図 **5.4-1** 生活の向き（文1を元に作成）

［2］ 「表出」と「あふれ出し」 [文2]

不特定多数の人びとが行き交うような公共性の高い空間、形式性や非日常性が求められる空間に対してプライベートな要素がはみ出すことや、プライベート性の強すぎる（他者と共有されない）要素が外にはみ出す場合も、好ましくないと感じられる（図 **5-4-2**）。例えば手入れ不足の結果としての植栽のはみ出しや路上に駐輪された自転車などまちをゆく他者に対して価値を与えない要素がそれに当たる。外部の視線を意識せずに、私的要素が無秩序に外にはみ出すものは「あふれ出し」と呼ばれる。

一方で、生活の要素の中でも、他者と共有しやすい比較的ソーシャリティの強い要素が、パブリックというよりもセミパブリックな空間にはみ出し、それが風景の構成要素として受け入れられるとき、好ましさの評価が高まる。外部にはみ出す私的な要素が、外部からの視線を意識して、他者と共有されることを前提にしつらえられるとき、「表出」と呼ばれる。路地に並ぶ植木や鉢植えの花などが代表例である。それらは単に見た目を整えるための飾りではなく、水をやったり世話をするという、日常の営みが不可欠のものである。

住宅の周りに滲み出す「表出」は、住人にとって、私的空間を超えて周辺の空間の

参考文献・出典
1. 友田博通『心の住む家―家とインテリアの心理学』理工図書、1994
2. 鈴木成文 『「いえ」と「まち」』（鹿島出版会、1984）、小林秀樹「集住のなわばり学」（彰国社、1992）などによる。
3. オスカー・ニューマン著、湯川利和、湯川聡子訳『まもりやすい住環境』理工図書、1976
4. 日本建築学会編『生活景』学芸出版社、2009

図 5.4-2 ネガティブに捉えられがちなはみ出し。左／庭の植栽管理ができておらず道にはみ出している。右／歩道を埋めるようにスーパーの品物が並べられている。店の活気は感じられるが… (山田撮影)

図 5.4-3 ポジティブに捉えられやすいはみ出し。生活道路に植栽が置かれ、通過交通も排除されることから子供たちの遊び場にもなっている (山田撮影)

領域化を促す作用を持つ。生活の一部が外部にはみ出すことで、自分にとって親しみのある領域が、住宅外部にまで広がっていく。領域性の広がりは近隣関係を促し、路地単位のコミュニティが醸成され、近隣による共有意識が強まる (共有領域化[文3])。すなわち「表出」に彩られた町並みは、住人自らが手を加えてつくり出した風景であり、その風景は地域のコミュニティや文化が映し出されたものである (図 5-4-3)。

［3］領域性と段階的な空間構成

どちらも、私的要素が私的空間を超えてはみ出し、景観に「生活感」を付加することは共通しているが、「表出」は多くの人にとって好ましさにつながり、「あふれ出し」は好ましくないと感じる。このように、はみ出しは表出にせよあふれ出しにせよ、そもそも「領域」の感覚と切り離せないも

のであり、はみ出しによって形成される新たな領域や領域の越境に対する評価が行われていると捉えられる。こうした領域性については「段階的な空間構成」の概念が知られており、それは所属と結びついた空間への帰属感／愛着、また安心感をもたらすものとして説明されている。また、住環境における段階的な空間構成は、コミュニティの形成や部外者の入り込み防止など防犯にも寄与すると言われている。

［4］出会い／媒介としての「生活感」

このような、生活者によってつくり出され、地域風土や伝統、規範や価値観などが色濃く滲み出た景観は「生活景」と呼ばれ、再評価の対象となっている[文4]。それまでは、美観や風致といった都市景観の陰で、とくに意識されてこなかった (忘れられてきた) 日常の風景を「生活景」と名付けることで、生活と結びついた景観／風景に対する視線と価値観を見直そうとする動きである。「生活景」は、一部の権力者や専門家によって意図的につくられた表層的な景観ではなく、生活者の日々の営みが時間的・空間的に蓄積されて生み出される。それは地域で共有され、その地域の文化や価値観の再生産を促してきた「生きられた」景観と言える。「生活景」は、その場所で培われた生活の知恵や技術、地域の記憶を他者や後世に伝えるメディアとしても機能する。

「生活感のある」風景は、客観的な指標

で評価されにくい。景観を外的刺激と見なして評価者に対する影響を要素分解的に測定し、その価値をすくい上げることは難しい。その風景の中に自分を投影し、そこで営まれる生活の様子に触れること。その生活を間接的に疑似体験し、培われたコミュニティに思いを馳せ、その背後にある社会や文化に共感すること。風景と一体化する経験を伴いその意味や価値を味わうような、能動的で探索的な捉え方によって、その風景は評価される。

つまり「生活感」とは、評価者に何らかの反応をもたらす外的刺激ではなく、他者の生活（およびそれを取り巻く社会、文化）との出会いの契機であり、他者と経験を共有する媒介として作用する。そこから何を読み取るかは、評価者自身の経験や価値観、風景に対する捉え方の姿勢に大きく影響されるが、評価の差異は必ずしも相容れないものではない。評価者どうしでの議論や体験の共有によって読み取り方を学ぶことは、その価値の共通了解につながりうる。（橘）

注釈
1. EBS研究会『環境行動のデータファイル─空間デザインのための道具箱』、橘弘志執筆箇所より山田作成
2. オスカー・ニューマン『まもりやすい住空間』（1976）より山田作成

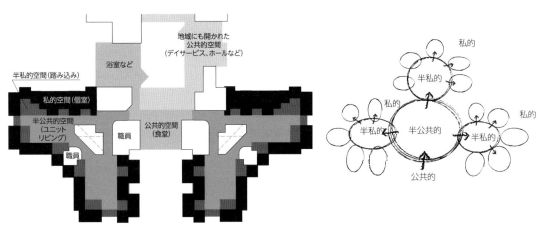

図 5.4-4 段階的な空間構成の例。
左：特別養護老人ホーム「おらはうす宇奈月」[注1]、右：帰属感を高め、防犯にも寄与する住環境[注2]

防犯環境設計とヒューマンエラー・マネジメント　　Column 7

「割れ窓理論（→p.126）」は、環境を整備することでその場所に監視性（住民の関心）があることを伝え、これによって犯罪を企てる人に居心地の悪さ、すなわちここではやりにくい、と感じさせ、犯罪の発生を抑制する。このような、環境を防犯に結びつけるデザインとして防犯環境設計という考え方がある。また、防犯には犯罪の発生そのもの（治安）と、治安が悪いと感じられることによる不利益（体感治安）の側面があり、両者が適切に制御される必要がある。雨宮[文1]は、ニュータウン内の公園・緑道における犯罪不安を〔監視性の欠如・領域性の欠如・無作為性の存在・他者の存在の欠如・逃避行動の不可能さ・隠れ場所の存在〕に分類して実態や回答者属性との関係を分析し、犯罪不安反応の個別性や、多面的な対策の必要性を指摘している。

同様に、ヒューマンエラーを属人的なもの、個人の問題だと捉えるのではなく、同じミスやエラーが発生しづらい仕組みやシステムによって再発を予防するヒューマンエラー・マネジメント（Threat and Error management）の考え方もある。例えば2人以上でボタンを押さないと起動しない機械や、色で複数の事物の対応をわかりやすくするデザイン、ひとつずつ正しい手順を踏むことで動くプログラムなどがある。個人の努力、いわゆる「気合い」や「注意」でミスを防ぐのではなく、デザインやシステムといった環境によって不適切な行為の発生を抑制し、適切な行動を誘導する。　　（山田）

参考文献・出典
1. 雨宮護、横張真「ニュータウン内緑道における犯罪不安の空間的要因」（『都市住宅学会』都市住宅学43号、pp.18-23、2008.08）

5-5 動線の違和感、そして勝手に最適化現象

演習 28　獣道を探せ！　⇒ p.37

参考文献・出典
1. 日本建築学会編『建築・都市計画のための空間学事典』井上書院、2005
2. 『新明解国語辞典』三省堂、2020
3. 内藤和彦・橋本雅好・日色真帆・藤田大輔編著『設計に活かす建築計画』学芸出版社、2010
4. 高橋優斗・千葉大地・本郷菜々子、東京電機大学レポート、2019 年度

[1] 獣道行動 (Desired path)

獣道とは、新明解国語辞典（三省堂）によれば「山林中に付けられた、それぞれの動物に特有の通路」と定義される。動物が生き抜くなかで樹木位置や斜面形状などから勘案される通りやすさや餌の位置、天敵との関係性などから最適と判断された通路であり、一般的に草などがはげて視認できる場合が多い。一方、人が過ごすまちや建物は道路や通路、廊下などが明快に設定され、本来はそこが最適な道となるはずである。ところが、少しでも最短距離を歩きたい、もしくは茂みを突っ切って道路を渡りたいなどの意識が働いた結果、人がそこを「通行可能」と判断し、本来は道でないところが獣道となる。獣道行動とはそのような想定された道路・通路・廊下などのルート以外を見出し、移動可能性を判断・獲得する行動である。どのような物理的環境や人びとの活動のセットが獣道行動を誘発しやすいのか考えながらまちを歩く楽しみもある。

▶【演習28】獣道を探せ！

[2] 群集行動

不特定多数の人びとがたくさん集まる場所では、多くの人が同じような行動をとるといわれている。そのため群衆の特性を理解した上で、(A)高密度になる場所をつくらない、(B)動線を交差させない、(C)わかりやすい誘導などの空間的配慮が必要となる。特に(A)では群衆が移動していて急にせまくなる場所、曲がり角、移動速度が落ちる階段ののぼり口などの計画に注意が必要である。

[3] 隅切り

隅切りとは、道路や廊下の交差点において、角の一部分に建物や壁などをつくらず、コーナー部分を切り取る方法を指す（図5.5-3）。通行時に曲がりやすくなり、見通しを確保する効果がある。隅切りを採用すると、人はその形態・空間に合うように最短距離を移動する。

図 5.5-2 歩く方向がそろう混み合った観光地

図 5.5-1 人が良く通った跡 (山田撮影)

図 5.5-3 交差点の隅切り

［4］演習結果の分析・考察の例

図5.5-4は街なかにあるさまざまな獣道の場所的特徴を示したものである。ここでは獣道が可視化されているか否かを重視し、通った形跡が残っているもの（目に見えるもの）、人や乗り物が通った時だけ可視化されるもの（目に見えないもの）に分けて分析している。目に見える獣道は草木などの自然が多く、目に見えない獣道は駐車場や整備された道などの人工物が多いことが読み取れる。また、獣道が発生した理由として、(1)横断歩道の位置の不便さ、(2)行きたい場所への道がないこと、(3)曲がり角でショートカットしたい要求があること、(4)行きたい場所への入り口が遠いこと、などをあげている。

図5.5-5は、受講生が集めた獣道の写真を、場所（公園・緑地、道路・街路、駐車場）に分類し、様態（つっきり、角のショートカット、広範囲）との対応を集計したものである。また、それを元に改善提案を行っており、安全のために獣道行動をできないようにする、歩行者が歩きやすいように道を整えること、などが提案されている。　　　（藤田）

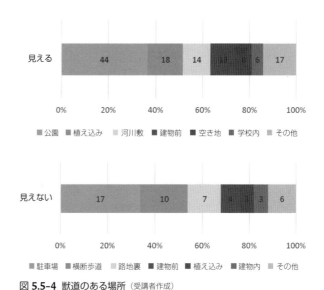

図5.5-4 獣道のある場所 （受講者作成）

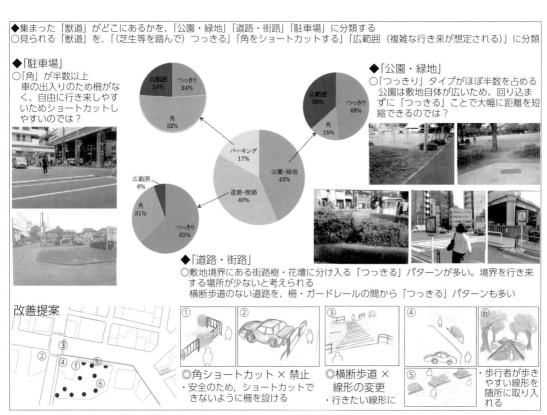

図5.5-5 受講生が集めた「獣道」の分類と分析の例 （受講生集計を元に山田作成）

［1］「居ない」けど「居る」

　建築計画学は建物の「使われ方」を調査し、そこから得た知見をもとに次なる設計（デザイン）へのフィードバックを試みてきた歴史を持つ。現在も観察をベースにした調査方法（例えば、誰がどこに、何人で、何をしているか）は頻繁に用いられているが、居る人だけに注目してしまう傾向がある。

図 5.6-1　枝にひっかかったまま放置された凧

A. 残存・名残　左：飲み終えた瓶　右：水やりの跡

B. 反復・時間　左：電車の座席　右：壁にできた傷

C. 上書き・手仕事　左：拾った片手袋　右：糞よけの傘

図 5.6-2　痕跡を発見・認識する要因

　図 5.6-1 は、筆者がたまたま通りがかった公園で撮影した場面で、園内には人がひとりも居なかった。しかし、この場面からは確かにそこに人が居たことを読み取ることができる。目の前に広がる風景の何を見て、何を読み取るか次第で、その風景が有する意味や価値は全く別のものとなり得ることを忘れてはならない。

［2］痕跡を認識する要因

　普段目にする風景のなかに痕跡を発見・認識する要因はいくつかある（図 5.6-2）。いずれも、痕跡を残した行為主体者側の意識は作用せず、それをみた「私」が認識するか否かにかかっている。

▶【演習 29】人の行為の痕跡探し

［3］痕跡から得るもの

　発見・認識された痕跡の読解により、私たちが得るものは一体何だろうか。3 つの例を紹介する。

見落としがちな問題

　図 5.6-3 は玄関先に取り付けられた手づくりの雨除けである。生活する中で生じた問題に対し、生活者自らが自己解決したものと思われるこの痕跡からは、計画当初には、見落とされた問題の存在が確認できる。

図 5.6-3　竣工後に取り付けられた雨除け

と同時に、人間は環境を受動的に受け入れるだけではなく、能動的に働きかけることができる存在であることを証明している。

アフォーダンス

図5.6-4は、飲み終えた飲料容器を庭園灯上部に置いた（捨てた）痕跡で、人間が物理的環境（庭園灯）のアフォーダンス（ものを置ける）をピックアップした証拠とみなすことができる。

風景に入り込む

図5.6-5は、新興住宅街に併設された小さな公園にある動物の遊具（オブジェ）で、この遊具のまわりだけ雑草が生えていない。　筆者がこの場面を見たとき、ここで遊ぶ親子の姿が頭に浮かんできた。そして、ここで遊んだ子供は今何歳くらいだろうか、母親と来たのだろうか、次から次へと想像が膨らみ、最後には、自分が子供を連れて公園で遊んだ記憶が蘇りもした。景観について議論する際、実際にそこから見えている風景を分析することが一般的だが、同じ風景から想起されるイメージは人それぞれの可能性がある。

このように私たちは痕跡からその原因や意図などの仮説を立て新たなアイディアや概念の源となりえる情報を得ることができる[注1]。一方、誤った推論やプロセスを推論する難しさなど、潜在的な落とし穴もある[文2]。従って、痕跡を調査する際、何を観察するかの選択は慎重に判断しなければならない。

［4］演習結果の分析・考察の例

表5.6-1は、痕跡を分類・整理する上で参考になるマトリックスである。この中で［定型的－非計画的］に該当する痕跡は、

図5.6-4　庭園灯の上に置かれた飲料容器

図5.6-5　遊具のまわりだけ雑草が生えていない

注釈
1. 文2（p.114-116）の中で深澤は、「『痕跡になる』というのはその場所に同じような行為をする別の要因がある」とし、「周囲に創発されたデザインを見つけることは穴の空いていた何かにはまり込む必然を見つけ出す経路と同じ」、「行為は『点』ではなく『線』である」と述べ、痕跡がデザインのきっかけとなり得ることを示唆している。

参考文献・出典
1. 後藤武・佐々木正人・深澤直人『デザインの生態学　新しいデザインの教科書』東京書籍、2004
2. J・ツァイゼル著、根建金男、大橋靖史訳『デザインの心理学　調査・研究からプランニングへ』西村書店、1995

	定型的方法 同種な事例が他にも見られる方法	非定型的方法 同種な事例が他には見られない方法
計画的方法 建築設計者や生産者によって決められた場所の機能を使った方法	［定型的－計画的］ 例：三角コーンの上に置かれたタイヤ、掲示板に画鋲で貼られた掲示物　など	［非定型的－計画的］ 例：風変わりな自転車置き場、斬新なデザインの掲示板　など
非計画的方法 生活者によって決められた場所の機能を使った方法	［定型的－非計画的］ 例：欄に干された布団、窓の格子部分に掛けられた植木鉢　など	［非定型的－非計画的］ 例：車を傷つけないように車庫の柱に縛りつけられた発泡スチロール　など

表5.6-1　痕跡の分類例（文3を元に筆者が作成）

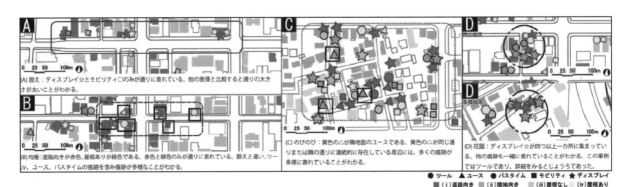

図5.6-6　痕跡の抽出記録例[文4]

3. 加藤拓道、宮田紀元、高橋正樹「外部空間における「行為の跡」からみた生活者の要求実現方法—生活者による物的環境の形成に関する研究（その１）—」（『日本建築学会計画系論文報告集』第545号、pp.93-100、2001）

4. 北村彩香、森傑、野村理恵「日常生活の痕跡が生む住宅地の表情に関する基礎的研究」（『日本建築学会大会学術講演梗概集』（北海道）、2022）

5. 馬瀬戸杏美「日常の暮らしが滲み出た街並みの魅力～「なんかいいな」の風景～」、2012年度実践女子大学卒業論文

6. 古谷誠章、小嶋一浩、妹島和世、西沢立衛『私の建築手法　東西アスファルト事業協同組合講演記録集』、東西アスファルト事業組合、田島ルーフィング、2005

従来の建築計画や設計論では読み落としている要求と見なすこともできる。図5.6-6は、痕跡（居住者の使用物や設置物）に着目し、その表れ方をプロットした図である。このケースでは、目的（用途）や設置された向きなどから、痕跡による４種類の表情を抽出している。図5.6-7は、「なんかいいな」と感じた風景に対して抽出された魅力の要素をまとめた図である。いわゆる景観研究で評価される調和・シンボルなども見られるが、「風景の背景に想像する他者の存在」が魅力としてあげられており、痕跡が持つ意味や価値を感じさせる。

［5］痕跡のデザイン

「せんだいメディアテーク」コンペ（1995年）の２等案には、痕跡に関する試みとして「本を借りて読み終わったらどの本棚へ返してもいいシステム」が提案された[文6]。好きな場所に本を戻すという行為の痕跡を、完成時からのズレとして捉えるのではなく、ある場所を好きな人びとが読む本が集まる場（人間と環境の相互浸透的な風景）を目指したデザインである。　　　　（小林）

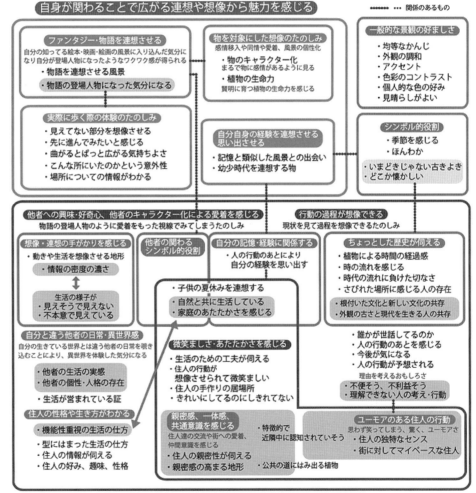

図5.6-7 「なんかいいな」の風景から抽出された魅力の要素[文5]

[1] 滞留・滞在しやすい場所

座ったり、立ち止まったりして、一定の時間、同じ場所に居る状況を滞留ないしは滞在と呼ぶ（図5.7-1）。まちの中で滞留・滞在している人びとの観察調査から、その空間的な特徴・要因を明らかにした研究の蓄積は数多くある。例えば、坂井ら[文1]は、ベンチや椅子の他に、植栽や階段、壁際、柱周辺などの存在を示している。船曳ら[文2]は、周辺環境（出入口や飲食店）、屋根、樹木やその陰、シンボルや眺望などとの関連を指摘し、小林ら[文3]は、状況や時間帯の変化に伴う滞在行動の特性を明らかにしている。都市社会学者のW・H・ホワイト[文4]は、1970年代にニューヨークの屋外空間の観察から、「人は座る場所があるところに最も多く座るようだ」と述べている。あたりまえのことだが、何もないところでは滞留・滞在は起こらないのである。

[2] オープンエンドなデザイン

広場や公共空間における滞留・滞在は、都市の賑わいへとつながる可能性が高いため、都市デザイン分野で議論されることが多い。J・ゲール[文5]は、座るのに適した場所の一般的条件として、背後を保護されたエッジ（縁）に位置していること、などをあげている（図5.7-2）。また広場や街路のエッジを滞留空間にすることは、広場の滞留者を増やすことにつながるとしている。さらに、ベンチや椅子を「基本席」としながら、「補助席」として基壇・階段・石・車止め・記念碑・噴水など、本来の役割がありながら必要に応じて座ることができる場所を十分用意すべきと述べている。まちの中にあるベンチや椅子は滞在を誘う仕掛けとなるが、ベンチや椅子があるからといって必ず人が滞在するわけではない。また「ここに座りなさい」と命令的なデザインになってしまわないように、「オープンエンドなデザイン」[注1]が必要である。

▶【演習30】待つ・座る…
滞在と滞留の場面を探す

[3] 演習結果の分析・考察の例

滞在・滞留の場面を分析する視点には、

注釈

1. 環境行動研究の創立者のひとりであるA・ラポポートは文6のあとがきで「デザインはできる限りオープンエンドであるべき」と述べている。

参考文献・出典

1. 坂井猛、萩島哲、有馬隆文「時刻レイヤーを用いた滞留の実態と広場の空間要素に関する考察」（『日本建築学会計画系論文報告集』第583号、pp.99-104、2004）
2. 船曳悦子、松本直司、廣澤克典、大橋怜「利用者の密度分布にみる駅周辺広場における停留・滞留特性」（『日本建築学会計画系論文報告集』第739号、pp.2257-2266、2017）
3. 小林茂雄、小林美紀「深夜の繁華街に顕われる路上滞在行動の特性」（『日本建築学会計画系論文報告集』第699号、pp.403-410、2014）
4. W・H・ホワイト著、柿沼照夫訳『都市という劇場アメリカン・シティ・ライフの再発見』日本経済新聞社、1994

図5.7-1 まちには滞留・滞在があふれている

図5.7-2 エッジ（縁）に座る人びと

図5.7-3 「座ってもらいたいのに誰も座っていない場所」の記入例

場所の名称	摂南大学10号館前	団地の中の休憩場所
場所のスケッチ		
ギャップが生まれる要因	座ってくつろぎたい場所なのに夏は日差しが直接当たっているなど、休憩するには少し不向きだと感じた。	刈りが木に覆われ、暗い木のベンチがあまりきれいでない人通りが少ない雨が降るとベンチがぬれる枯れ葉がたくさん落ちている

5. J・ゲール著、北原理雄訳『人間の街：公共空間のデザイン』鹿島出版会、2014

6. A・ラポポート著、大野隆造、横山ゆりか訳『文化・建築・環境デザイン』彰国社、2008

7. 鈴木毅「人の「居方」からの環境デザイン 6.それぞれの広場」（『建築技術1994)

8. 一川誠『「時間の使い方」を科学する 思考は10時から14時、記憶は16時から20時』、PHP新書、2016

9. 山下真知子「空間の色彩がヒトの時間的体感に及ぼす影響について」（『日本色彩学会誌』第44巻第3号、2020)

物理的環境の形状・高さ・素材、周辺環境、利用者の密度（分布）や姿勢、行為の種類、滞在時間などがある。**図 5.7-3** は「座ってもらいたいのに誰も座っていない場所」の記入例である。座る場所そのものではなく、人通りや日当たりといった周辺状況の影響があることが示唆されている。また鈴木[文7]は「居方」（→ p.138）という視点から、広場のエッジは安心で快適だろうが、観察者からみたときに個人個人が浮かび上がらない可能性を指摘している。滞在している当事者の満足度だけではなく、滞在している他者を含めた環境の印象（評価）を比較するなどの分析アプローチも考えられる。

［4］待つ場面のデザイン

まちの中での滞留や滞在には、病院・駅・空港の待合、バス停や店舗の行列など、仕方なく待つ場面も含まれる。特に高密度に人が待つ（並ぶ）場所では、安全性や満足度を上げることがデザインに求められる。

待ち方（並び方）をコントロールするには誘導する仕掛け（ガイド）が必要となる。ラッシュ時間帯の駅では、路面表示によって大勢の乗降客を分刻みで安全に誘導することに成功している（**図5.7-4**）。トイレや銀行のATMなどでは「フォーク式」と呼ばれる形式（並び方）が採用されることが多い（**図5.7-5**）。

こうした待つ場面で感じる時間（体感時間）と物理的な時間にはズレが生じることがしばしばある。その要因には、体験された出来事の数、時間経過に向けられる注意、感情、身体の代謝などがあると言われている[文8]。また、空間の色彩によって体感時間が異なるという実験結果もある[文9]。待つ場面をデザインする際、物理的な時間をコントロールすることには限界があるが、体感時間を意識することで人びとの不満を軽減することができる。併せて、待つという行為に伴って出現する風景（居方）のデザインも考えなければならない（**図5.7-6**、**5.7-7**）。 　　　　（小林）

図 5.7-4 表示に従って待つ人びと

図 5.7-6 待っている人のシルエットが浮かび上がる駅のホーム（阪急中津駅）

図 5.7-5 「フォーク式」の並び方

図 5.7-7 ヒューマンスケープ（写真：spacespace）

［1］居合わせる・思い思い

都市で生活していると、見知らぬ他者と直接的な関係（例えば、会話）を伴わないが、場所や時間を共有することは避けられない。このような他者との関係を「居合わせ」と表現する。とりわけ都市のオープンスペースでは、ベンチや椅子、植え込みや階段、車止めや小さな段差、地面などの座れる場所に次から次へと人が座ることで、見知らぬ他者どうしがいろいろな向きや姿勢をとり、思い思いに過ごす（図5.8-1）。たまたま居合わせた人どうしが互いをそれとなく認識しながら過ごす関係は、交流や賑わいとは異なる、都市だからこそ享受できる居方[注1]である（図5.8-2）。

［2］パーソナル・スペースの集まりとソシオペタル／ソシオフーガル

人が他者と居合わせるとき、それぞれが持つ見えない領域（パーソナル・スペース）と空間の状況と親密さの違いにより、距離や向きを使い分けており、我々（観察者）はそこからおおよその人間関係を読み取ることができる。

H・オズモンドは、精神病院の待合室で過ごす患者の様子から、空間には人間が会話などのコミュニケーションを活発にとる配置（ソシオペタル）、逆に相手との交流を拒否する配置（ソシオフーガル）があることを指摘した[注2]（図5.8-3）。

一般に、親しい人間どうしの交流を意図する場にはソシオペタルなしつらえが、逆に他者どうしが居合わせる場にはソシオフーガルなしつらえが推奨される。ただし、都市のオープンスペース、とりわけ利用者が多数かつ特定しづらい場所では、同じ人間が同じ場所に居るとしても、他者とのコミュニケーションを常に求めているわけでも、ずっとひとりで集中したいわけでもない。従って、都市のオープンスペースをデザインする際には、多様な関係を前提として考えなければならない。図5.8-4は、形

注釈

1. 人の居方とは、鈴木毅がつくった造語で、人がある場所に居るときの様子や風景、そこで生じている関係を扱うために、他者を含めた環境の豊かさを捉えようとする概念である（文1 p.76）。

2. その後、R・ソマーが座席の占め方のタイプ分類に用いたことから、ソシオペタル／ソシオフーガルは座席配置の特性を表すものとして広まったが、H・オズモンドは、空間全体の性質を表す用語として用いていた。

3. 土肥潤也による私設図書館「みんなの図書館さんかく」、守本陽一による「だいかい文庫」など。

参考文献・出典

1. 日本建築学会編『第4版コンパクト建築設計資料集成』丸善出版、2024

2. 高橋鷹志、西出和彦、長澤泰編『環境と空間』朝倉書店、1997 をもとに筆者作成

3. 舟橋國男編『建築計画読本』大阪大学出版会、2004

図5.8-1　新宿三井ビルディング（55広場）

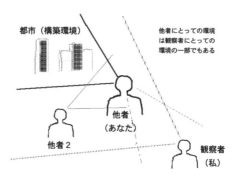

図5.8-2　他者の居方の意味 [文3(p.126)]

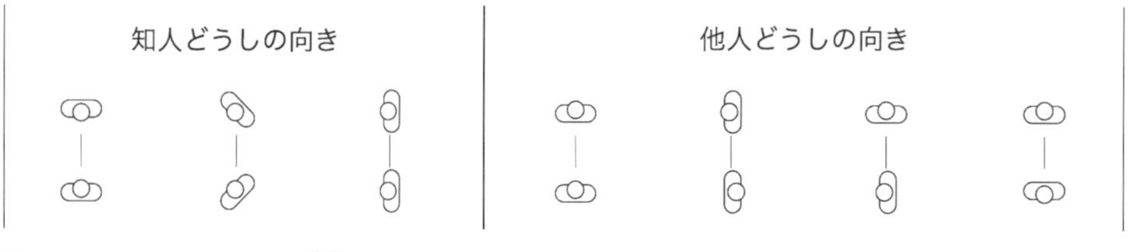

都市（構築環境）

他者にとっての環境は観察者にとっての環境の一部でもある

他者（あなた）

他者2

観察者（私）

知人どうしの向き　　他人どうしの向き

図5.8-3　人と人の向き合い方 [文2]

4. 加藤浩司「開放的な敷際での園芸活動が近隣交流の広がりと充実化に果たす役割—町家（自宅）軒下での実践に基づく一考察」（『地域施設計画研究』41、pp.9-16、2023）

5. 下林信夫・鈴木毅・松原茂樹・木多道宏「人と都市の媒介物のデザインに関する研究—「大きな本」を用いた実践を通して」（『日本建築学会近畿支部研究発表会』pp.277-280、2014）

6. 西田徹「新潟市における環境行動的研究　その2 —犬の散歩を通してみる地域空間の価値—」（『日本建築学会大会学術講演梗概集（関東）』1997）

状と配置などを工夫することで、利用者が互いの関係を選択できる家具デザインの例である。位置や向き・姿勢を変えることで、互いの距離感を選択・調整できる。図**5.8-5**は、ソシオフーガルなしつらえに工夫することでソシオペタルな場に変換するアイディアである。

［3］関係を生み出す「小さな存在」

よく知らない人どうしが居合わせる状況をデザインする仕掛けは座席配置だけにとどまらない。加藤[4]は、自宅の軒下空間での継続的な園芸活動が近隣交流の広がりや充実に影響することを示している。下林ら[5]は、ニュータウンの身近な過去、現在を紹介する「大きな本」（図5.8-6）によって、日常にはない人のつながりを形成しうることを示している。西田[6]は、犬の存在を通じた飼い主どうし独自のコミュニケーション形態の高い質と柔軟性を示している。また近年では、本を媒介にした活動（まちづくり）[注3]も注目されている。

▶【演習31】近くて遠い・遠くて近い

［4］演習結果の分析・考察の例

図5.8-7は場所を共有している場面の記入例である。見知らぬ人どうしでは、家族や友人に比べて、互いの存在を気にしながら滞在している様子が見てとれる。（小林）

図 **5.8-4**　そこに居る人自身が関係を選択できるしつらえ
左：せんだいメディアテーク　中：新山口駅北口駅前広場「0番線」　右：サンキタ広場

図 **5.8-5**　tre「わになる」
https://activity.tamabi.ac.jp/kikaku/4558202/
（©BankART1929　撮影：中川達彦）

図 **5.8-6**　千里グッズの会による「大きな本」

関係	家族や友人	見知らぬ人
場所の名称	ごはんの時の自宅	ショッピングモールのいす
場所のスケッチ		
場所の名称	かう桥の部屋	伊丹空港
場所のスケッチ		

図 **5.8-7**　場所を共有している場面の記入例

[1] 身近な災害リスクを知るための地図

災害が頻発する今日、自分の住んでいる地域やよく行く場所にどのような災害リスクが存在するかをイメージすることが重要である。災害の発生可能性が高い場所をその程度に応じて色分けして示した地図を「ハザードマップ」という。2000年の有珠山噴火の際に住民の円滑な避難に活かされたことでその有用性が認識され、現在では地震、津波、洪水、土砂災害、火山などさまざまなハザード（自然の異常な外力）に対して作成・公表が進んでいる。あくまである想定のもとで描かれており、これを超える被害が発生することもありえるが、リスクを客観的に表す情報として活用しよう。

ハザードマップは自治体が配布しているものを入手するか、国土交通省の「ハザードマップポータルサイト」[文1]を用いて確認することができる（図5.9-1）。このポータルサイトは大きく2つに分かれており、「重ねるハザードマップ」は全国一律の地図に災害リスクを表示するもの、「わがまちハザードマップ」は各自治体におけるマップの情報公開状況とリンク先を表示するものである。前者は複数災害を重ねたり、地形情報と重ね合わせて確認できるメリットがあり、後者は自治体ごとの避難場所など詳細な情報を得るのに役立つ。

[2] ハザードマップの内容を正しく理解するために

ハザードマップは視覚的にわかりやすい反面、正しく見ないとかえって危険を生じかねない。ハザードマップの内容を理解するために、重要なポイントを以下にあげる。

①災害ごとにマップが異なることに注意する

自治体のハザードマップは基本的にハザードごとにつくられている。例えば、地震と洪水は別である。1つのマップだけを見て早とちりしないよう、十分注意が必要である。

②どのような想定でつくられているのか、確認する

どのハザードマップを見る際にも、どのような想定でつくられたものかを確認しよう。例えば、洪水ハザードマップの場合、2015年の水防法改正を受けて「想定最大規模」（1000年に1回程度の確率の降雨）のマップへの更新が進められているが、古い情報が残っている場合もある。マップの作成時期にも注意する必要がある。

③自分の家が入っているかどうかだけで満足しない

ハザードマップを見て、自分の家が入っているかどうかだけ確認して満足してしまう人がいるが、これは危険である。もっと俯瞰的に、どの場所にどのようなリスクがあるのかを読みとる必要がある。例えば、学校や職場、通学・通勤経路などの日常生活の動線はどうだろうか。自宅は無事でも、

参考文献・出典

1. 国土交通省「ハザードマップポータルサイト（https://disaportal.gsi.go.jp/）

2. 目黒公郎・村尾修『地域と都市の防災』放送大学教育振興会、2016

3. 鎌倉市「鎌倉市　津波ハザードマップ　由比ガ浜・材木座エリア（鎌倉地域）」市民防災部総合防災課、2020

図5.9-1 ハザードマップポータルサイトのトップ画面 [文1]

出先から帰れなくなる可能性はないだろうか？ 市役所、消防署、警察署など重要施設のある場所はどうだろうか？ 避難場所や避難所の立地はどうだろうか？ そこまでの避難経路はどうだろうか？ などと、イメージしてみると課題が浮かび上がってくることが多い。これらは紙上での検討だけでなく現地に行って歩いてみるとより気付きやすい。

[3] 災害イマジネーション

発災からの時間経過の中で災害状況を具体的にイメージする能力「災害イマジネーション」[文2] は、適切な防災対策を講じるためには欠かせない。

災害イマジネーションを高めるためには、季節や天候、時間によって考えてみることが有効である。例えば、関東大震災（1923年）では火を多く使う時間帯で、かつ強風だったことで市街地火災が拡大したし、阪神・淡路大震災（1997年）は早朝であったために就寝中で建物の下敷きになっ

て亡くなった人が多かったというように、災害の発生状況によって被害の様相は大きく異なる。

▶【演習 32】その時、何が起こるかをイメージする

[4] 演習結果の分析・考察の例

A さんは、「鎌倉市 津波ハザードマップ 由比ガ浜・材木座エリア版（令和2年作成）」（図5.9-2）を題材として、鎌倉市中心部の状況をレポートにまとめた。マップから読み取れる内容として浸水深が深いエリアに教育施設が多くあるため、避難が難航するおそれがあること、源氏山公園や鶴岡八幡宮まで行くにはかなり距離があること、市内の広範囲で景観規制がかけられているため高い建物が少なく、津波避難ビルが不足していることを指摘している。そして、鎌倉は観光地であることから、不慣れな観光客に対して動画を事前に見てもらうなどの対策を行なうこと、地域住民の防災意識を高めて声かけ避難を促進することなどを提案している。

[5] お互いに共有して、イメージを深めることの重要性

この課題では、個人で考えをまとめた後、グループでの発表やディスカッションの時間を設けると効果的である。筆者の担当する講義の受講者からは内陸部に住む学生が津波のリスクを実感するきっかけになったり、同じハザードであっても自治体によってハザードマップの情報や表現方法がまったく違うといった気付きが得られている。また、災害イマジネーションについては、自分で考えたシナリオに他者から指摘をしてもらうことで、どのような対策が必要かを考え直せる（例えば、スマホで家族に電話するとあるが、電話は通じるのか、スマホのバッテリーが切れた時、連絡先がわかるかなど）。こうした気付きをもとに、どう対策すべきかを考えることが重要である。　　　　（諫川）

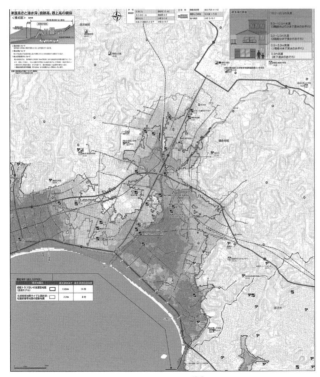

図 5.9-2 鎌倉市津波ハザードマップ（部分）[文3]

5-10 | まちづくりにおける心理的ジレンマ

演習33 社会を生きる悲劇とジレンマ ⇒ p.42

[1] まちづくりにおける選択肢のトレードオフ

図5.10-1に示す広島県福山市鞆の浦は風光明媚な港と歴史的町並みが広がる景勝地である。瀬戸内海の港町として栄え、町の中心部の一部は国の重要伝統的建造物群保存地区になっている。広島県は1983年に交通の混雑解消などを目的に、鞆港内を埋め立て、横断する橋を架ける道路建設計画を決定した。表5.10-1に埋め立て架橋事業を巡る経緯を示す。その後、「景観が損なわれる」として反対する住民らが起こした訴訟を経て、広島県は2012年にこの道路計画の撤回を表明した。また、鞆の浦の町の中心部を避けて山側へと迂回するトンネル道路計画を代替案とした。図5.10-2に示すように鞆の町の道路は狭いが、歴史的建造物が並んでいる。港を埋め立て架橋をつくる道路建設はこの景観を失う可能性があるが、住民の生活上の利便性は改善する。一方、山側トンネル道路計画は景観を守ることができるが、住民の利便性は改善しない。当初、住民生活の利便性を優先し、埋め立て架橋事業を実施する選択をしたが、結局、景観を保全する計画に至っている。20年以上にわたって道路建設が地域に与える影響を議論し、計画の是非を巡る論争が繰り広げられた。

道路建設計画などの都市計画には、こうした「あちらを立てれば、こちらが立たず」というトレードオフを伴う選択肢間の意思決定プロセスがしばしば見られる。トレードオフ関係にある複数の選択肢間の意思決定にはさまざまな人びとの心理的ジレンマや社会的葛藤を伴い、最終的な決定に非常に長い時間を要することがある。トレードオフ関係にある複数の選択肢から意思決定を行うには、心理的ジレンマや社会的葛藤といったコンフリクト（対立や衝突、緊張状態）を伴う。こうした問題は社会学、心理学、経営学、経済学、政治学など社会科学諸分野に加えて、都市計画やまちづくりの分野でも注目されている。

[2] 社会的ジレンマとまちづくりの合意形成

社会的ジレンマ[文1]の概念はR・ドウズ

参考文献・出典
1. Robyn M. Dawes, *Social dilemmas*, Annual Review of Psychology, 31, pp.169-193, 1980
2. 山岸俊男『社会的ジレンマのしくみ』サイエンス社、1999
3. 土木学会誌編集委員会『合意形成論 総論賛成・各論反対のジレンマ』土木学会、2004
4. Henry Sanoff, *Community participation methods in design and planning*, John wiley & Sons, Inc., 2000

1983年	広島県が鞆港の埋立架橋計画を策定
2007年	反対派の住民が埋め立て免許差し止めを求め提訴
2012年	広島県知事が埋め立て架橋計画を撤回表明
2016年	広島県が免許申請を取り下げ、訴訟が終結
2021年	広島県が山側トンネル掘削に向けた関連工事を開始

表5.10-1 埋め立て架橋事業を巡る経緯

図5.10-1 鞆の浦の風景

図5.10-2 鞆の浦の町並み風景

が提唱した。彼による社会的ジレンマの定義は、一人ひとりの人間にとって「協力」か「非協力」のどちらかを選択できる状況であるとき、一人ひとりの人間にとっては「協力」を選択するよりも「非協力」を選択する方が個人的に望ましい結果が得られる。しかし、全員が自分にとって個人的に有利となる「非協力」を選択した場合の結果は、全員が「協力」を選択した場合の結果よりも悪いものになるという概念である。

社会心理学の分野においては、山岸[文2]はジレンマやコンフリクトの社会的メカニズムに焦点をあて、発展させてきた。社会的ジレンマは地球環境問題をはじめとして、社会あるいは集団全体の利害と個人の利害の葛藤関係に根ざす社会構造を解明するツールとして幅広く用いられている。

道路建設計画など、まちづくりにおける合意形成は、合意に至るプロセスが重要となっており、このプロセスでは、トレードオフを伴う選択肢によって生まれる個人としての心理的ジレンマと、他者との関わりの中で生まれる心理的ジレンマが共存する。まちづくりにおける合意形成は個人としての心理的ジレンマと集団としての心理的ジレンマの共生の中で醸成されていく。

［3］NIMBY 問題

公共事業や社会資本整備をめぐる合意形成の問題を見ると、総論賛成・各論反対のジレンマの構造が考察されている[文3]。この構造が顕著に現れることに、迷惑施設の建設問題がある。

ごみ処理場や火葬場などの迷惑施設の社会資本整備を実施する時、住民を含めた利害関係者は非常に極端な心理状態を持つ。一般的に住民は日常の生活を通じてどこかにごみ処理場や火葬場が必要であることを認識しており、個人的な得と社会的な得を重ねて考えられ、共通の認識を形成しやすく、総論としては賛同を得やすい。しかしながら、自分の住んでいる地区の近くに設

置されることはひどく嫌う。嫌う理由は、粉塵が空気中に放出されるため、空気が汚れる、ゴミ処理場では人体に悪影響を及ぼす物質が排出される危険がある、ゴミ収集車の出入りや交通への不安からであろう。建設する場所の検討など、各論を議論する段階になると反対する。

迷惑施設が必要であることは十分に認識しており、さまざまな個人の共通の認識ができているにかかわらず、自分の敷地の裏側に設置されることを嫌う心理状態のことを NIMBY（Not In My Back Yard）、邦訳では「自宅の裏庭反対」[文4]という。これは日常生活環境や不動産評価に対して負の影響が懸念される社会的迷惑施設に対して、地域社会全体が自らの裏庭にあたる近接地区への立地に反対する事態を表現している。これらの施設をどこかの場所に設置する必要があることは理解できるが、自分の裏庭には設定してほしくないという個人的な利得と全体の利得が全く一致しない場合に生じる。この問題では個人の利得と全体の利得を近づけることは非常に難しい。NIMBY で見られる心理的ジレンマは立場によって異なるため、丁寧な合意形成プロセスが求められる。

▶【演習33】社会を生きる悲劇とジレンマ

あなたが住む市は人口が増加し、ごみ処理場が不足しています。そこで、市内に新たにごみ処理場を建設することになりました。この新ごみ処理場建設事業に対して、4 人ずつのグループに分かれて、次に示す役割を演じながら建設の是非を議論してください。①市長役、②建設予定地の近隣住民役、③一般住民役（建設予定地から遠方）、④環境汚染に悩んでいる市民（市内で空気汚染など環境汚染に悩まされている住民）になりきって、役割を演じ、自分の立場と相手の立場を考えよう[注1]。その後、議論のプロセスや各役割の心理的状態を考察しよう。

(熊澤)

注釈
1. 役割には「施設の受益者役（市内にゴミ処理場建設を望んでいるごみ処理業者）」もある。演習シートの内容を参考に別紙を用意するなどして受益者を加えた5役で実施してもよい。

[1] 環境における 3 つの次元

人間には、発達・力量（コンピテンス）・健康などの「身体的次元」、動機づけ・欲求・同一性（アイデンティティ）などの「心理的次元」、経験・価値・倫理・役割などの「社会文化的次元」があると言われている。一方、環境にも、自然・人工物などの「物理的次元」、種々の集まりなどの「対人的次元」、規範・制度・慣習などの「社会文化的次元」があると言われている（図5.11-1）。「ひとにやさしい環境」をデザインすることが重要であることは言うまでもないが、この場合の「ひと」とは一体誰なのだろうか？

近年、「人間は多様な存在である」という「ダイバーシティ（diversity）」の理念が社会浸透してきた。前述の「ひと」とは、今や「多様な人びと」であると言えよう。しかし、かつて「ひと」は「ミスター・アベレージ（健康な成人男性）」という、多数派（majority）の利便性が優先された画一的な人間像が設定されていた。そのような考え方でつくられた環境は、「ミスター・アベレージ」から取り残された高齢者・障害者・子供・女性などの少数派（minority）にとって「不便な状況（バリア）」となってしまう[1]。

「不便な状況＝バリア」を取り除くデザインを「バリアフリーデザイン」と呼ぶ。また、そもそも、高齢者・障害者・子供・女性などを含めた「すべてのひと」にとってバリアを生まないようあらかじめデザインすることを「ユニバーサルデザイン」と呼ぶ。現在と未来において、「ひとにやさしい環境」をデザインする場合、まずは「多様な人びと」という人間像を設定し、それぞれの多様性に着目しながら、丁寧に検討

を進める必要がある。ここでは、環境の「物理的次元」「対人的次元」「社会文化的次元」をバランスよく検討する方法を紹介する。

▶【演習 34】これってバリア？

[2] 「しやすさ」と「しにくさ」

画一的な人間像である「ミスター・アベレージ」を念頭に置きながら、身近な環境を考察してみると、そこにはいくつかの「暗黙の了解」を見つけることができる。

代表的なものは「右利き」である。例えば、駅の自動改札機は、通路の右側に切符投入口やタッチパネルが付いている。自動販売機のコイン投入口やタッチパネルも右側に付いている。これは右利きのひとには使いやすいが、左利きのひとには使いにくく、バリアになっている。このことは、環境の「物理的次元」に見られる「暗黙の了解」だが、「右手で箸を持ち、左手で茶碗を持つ」という環境の「社会文化的次元」も関係する。ヒンズー教やイスラム教では左手は不浄とされ、握手のために左手を差し出すことは失礼とされる。利き手である

注釈
1. マイノリティ minority は、マジョリティ majority（ある社会を占める人たち、多数派）に対して少数派と訳されるが、ある社会において意志決定に優先的に携わる者（権力を占める者、社会的決定において優先されている者）に対して「そうでない者」を指しても用いられ、この場合に女性（人口においては男性よりも多いのだが）を含む。

参考文献・出典
1. 日本建築学会編『人間―環境系のデザイン』彰国社、p.24、1997（山本多喜司「有機体発達論からの人間―環境システムモデル」より作成された次元）
2. 室崎千重「人と人との共生のまちづくり」（日本都市計画学会関西支部新しい都市計画教程研究会『都市・まちづくり学入門、学芸出版社、pp.202-216、2011）を参照

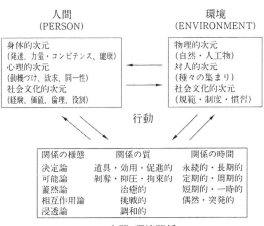

人間-環境関係
(PERSON-ENVIRONMENT RELATION)

図 5.11-1 人間と環境における三つの次元[文1]

右手で刀や銃などの武器を操作するので、その右手を隠しつつ、左手を差し出してくる相手を信用できないということもある。

また、ネジや水道の蛇口は「右回り」で締まるようになっている。これは、右利きのひとが力を入れやすい方向が「右回り」であることが関係しているが、左利きのひとには力が入りにくく、バリアになっている。

陸上トラックや野球の進塁は左回りに設計されており、左足よりも強く蹴りやすい右足を持つ右利きの人に有利である。スーパーマーケットの商品配置も、客が「左回り」することを想定していると言われ、左手でカゴを持ち、右手で商品を取るという右利きのひとの行為の合理性を前提とした環境であると考察できる。社会の多くの場面で、左利きのひとの行為の合理性に対する配慮は想定されていない。

このように、「ミスター・アベレージ」を念頭に置きながら、そこから少しでも外れた「人びと」の行為の「しやすさ」と「しにくさ」を検討することは、「バリアフリーデザイン」、「ユニバーサルデザイン」を実践する上での基礎調査として重要な意味を持っている。

［3］ 多様な人びとを包み込む環境を目指して

図 5.11-2 WHO 国際障害分類初版（1980 年）

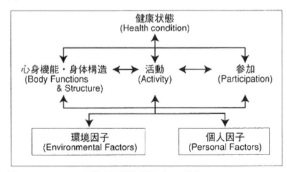

図 5.11-3 WHO 国際生活機能分類（2001 年）

図 **5.11-2** は、1980 年に世界保健機関＝WHO が発表した ICIDH（国際障害分類初版）である。障害に対するこの分類では、障害は疾病・変調が原因となって機能・形態障害が起こり、能力障害に発展し、社会的不利につながる、または機能・形態障害が直接社会的不利につながる、としている。この捉え方は、「しにくさ」である障害を個人の問題に押し込めた点や、「しにくさ」から起こる社会的不利のプロセスを不可逆（一方向）的なものとした点に大きな問題があった。

そのような課題を受けて、2001 年に WHO は ICF（国際生活機能分類）を発表した（**図5.11-3**）。この捉え方の画期的な点は、「人びとが健康的に暮らしていくためには心身機能・身体構造、活動、参加の三つの因子が総合的に関連する必要がある」とした点である。また、すべての要素が相互浸透（双方向）的な関係にあり、個人の問題として捉えられていた「しにくさ」である障害は、「環境因子」によって変化すると位置づけられた点も画期的である。

現実社会では、ある人にとっての「しやすさ」が、別の人にとっての「しにくさ」になっている場合もあろう。このような場合、社会的包摂（Social Inclusion）の理念が重要となってくる。

図 **5.11-3** は、2001 年に発表された生活機能分類であるが、すでに「すべての人びとが健康に暮らしていくためには、活動と心身機能・身体構造との関係を理解し、活動への参加の機会を確保し、そのための環境因子と個人因子の関係をデザインする」という社会的包摂理念の萌芽が見て取れる。

前述したように、環境は「物理的次元」「対人的次元」「社会文化的次元」という三つの次元を持つ。この三つの次元をバランスよく検討し、多様な人びとの「しやすさ」と「しにくさ」の相互作用を調整する環境デザインが求められていると言えよう。

(林田)

トランザクショナリズムと
STS、ANT を「つなぐ」（1）

環境行動の分野で、環境が人間の行動に影響し、人間もまた環境の一部としてその有り様に影響するという相互浸透論（トランザクショナリズム、→p.67）は、主唱者の一人であるS・ワプナーによればperson-in-environmentと表現される。これは、人間と環境を対立的・独立的なものとみるのではなく、両者の関係性を一体的な分析単位とする考え方である。S・セーゲルトはトランザクショナリズムからのアプローチの特性を以下の5点にまとめている[文1]。①person-in-environmentが分析の単位であること、②統一体の様相の一つとして人間と環境とは相互を定義し、変容させること、③常に安定と変化が共存していること、④変化の方向はあらかじめ決定されているものではなく創発的であること、⑤変化が次の変化に影響し新しい人間－環境構成を創り出すこと。

「環境」には自然環境や人工環境（人間がつくりだしたもの）、文化などの側面があるが、人間が自ら環境をつくり、またつくられた環境が人間を人間という存在たらしめる。文化人類学者M・モースは、身体の使い方や動作（身体技法）と、身体の外側に独立した機能である道具をつくり、それらの延長に技術（動作と道具の複雑な構成）をつくり、そのつくり出した技術に自分自身も影響を受ける、相互性因果の関係があると説明した[文2]。例えば人間がつくった石器（道具）は狩猟という社会的行為（技術）をつくり、人間のあり方それ自身である狩猟社会をつくった。

この概念はさらに発展し、文化人類学の領域ではいま、「人工物の政治性[文3]」や「科学技術社会論（STS、→p.66）[文4]」をキーワードに、科学、技術、社会の相互の関係性やそれによる科学や技術の、社会の課題が探求されている。人間と、人間がつくり出した社会というもの、そして道具や科学技術はもはや切っても切り離せないものであり、人間という社会的存在そのものを構成している。人間は環境と切り離しては存在しえない。

政治哲学者のL・ウィナーは、1980年代後半に「人工物に政治はあるか？（Do Artifacts Have Politics?）[文5]」と題された論文によって、人工物と物質－空間の配置は社会的関係と権力を具体化し、インフラと建築物といったある種の技術は、誰を利用者として想定し、人びとの関係をコントロールするかという政治的特性を含むと主張した。それはある面では差別的暴力であり、同時に、問題の解決を促す方法にもなりうる。構築環境（人工物）の政治的目的、政治性を明示的に、あるいは暗喩的に内包する潜在的な力が認識される必要がある。

権力の勾配や偏在（かたよっていること）は、ある人の選択について、それしか選べなかったという現実を、「それを主体的に選択した」と認識させる。誰かがそこに居ることについて、他に居る場所がないためやむを得ずそこに居る（そこにしか居られない）と捉えるのか、そこを積極的に選択したのだと捉えるのかではデザインとしての理解もアプローチも大きく異なる。環境が人の滞在や居方をつくることについて本書では繰り返し多様な事例とともに述べているが、その環境を介した人の滞在の誘導や禁止、コントロールというある種の暴力性について、デザイナーは十分に自覚的である必要がある。環境設定とはある種の権力であり、政治でもある。例えば「排除アート」や「排除ベンチ」などと呼ばれる（揶揄される）、ここには居着いてほしくないという場所に置かれるオブジェや横になることができないベンチ、寝転がれないようにゴツゴツした仕上げとされた高架下の空間など、あらゆる場所に権力と政治を見出すことができる——それを、知っていれば。我々は、知らないものは例え見えていても認識することはできないのだ。 （山田）

参考文献・出典
1. 日本建築学会編『人間―環境系のデザイン』彰国社、1997、pp.16～17、高橋鷹志執筆箇所
2. （pp.32-36）松村慶一郎・中川理・石井美保編『文化人類学の思考法』世界思想社、2019
3. アルベナ・ヤネヴァ（建築理論家）、『建築を政治的なものに変える5つの方法―設計実践の政治序説』イントロダクションより、10+1website 特集　建築の漸進的展開、LIXIL出版、2020.01、〈https://www.10plus1.jp/monthly/2020/01/issue-03.php〉、2022/07/14参照
4. 藤垣裕子責任編集『科学技術社会論の挑戦1―科学技術社会論とは何か』東京大学出版会、2020
5. Winner, Langdon, "Do Artifacts Have Politics?" in The Whale and the Reactor, Chicago, The University of Chicago Press, 1986

第 6 章

空間は記憶によって評価されている

[1] 学校空間のポテンシャルと写真投影法

　近年では多様な学び方に対応すべく、オープンスペースなどのある（以下、オープンプラン型）小学校が増えている。休み時間の活動場所において従来の小学校（図6.1-1）では居場所が教室に限られるが、オープンプラン型の小学校（図6.1-2）では学校全体に居場所が分布し、児童たちの活動のポテンシャルを高める学校空間である[文1]。伊藤ら[文2]は写真投影法を用い、オープンプラン型小学校で児童たちに簡単なテーマを設定して写真を撮ってもらい、「なぜその写真を撮ったか」をヒアリングした。児童たちはものや場所、人物などに価値を見出し、同じ対象でも意味づけが異なる。さ

図 6.1-1 従来の片廊下型の小学校 (倉斗綾子氏提供)
片廊下に教室が並び、南側に校庭がある

図 6.1-2 オープンプラン型の小学校 (打瀬小学校・倉斗綾子氏提供)
教室周りなどにオープンスペースがあり、人数規模や学習内容に柔軟に対応できる

まざまな場所や環境要素を持つ学校では、児童たちが自分たちで場所を見出し、意味づけをする[文1]。

[2] 愛着形成と人格形成

　こうしたさまざまな場所や環境要素がある小学校は安定的な居場所となり、記憶に残る場所にもなる。また自分で場所を見つけてそこを基地にする、そこで遊ぶなどの経験を通して愛着を形成し、その子の礎となる自己の成長・発達や人格形成にもつながるのである。

[3] 記憶に残る要素

　では成人になってから当時を振り返ったときに小学校の頃のどのような場所や場面が記憶に残っているだろうか。学校は勉強の場であるのが基本だが、さまざまな集団体験の中で社会性を身につける場でもあり、意外にも「勉強の風景」よりも強く印象に残っている場所や場面があるのではないだろうか。山田らは成人期の振り返りによる従来型／オープンプラン型／特徴的な屋内外環境のある小学校での記憶に残る学校像や場面を分析した[文3〜5]。従来型小学校では教室周りでの記憶に残る場面が少な

図 6.1-3 特徴的な屋内外環境のある小学校 (笠原小学校、山田撮影)
児童の居場所や活動場所となる半屋外空間や屋外空間も一体的に計画・設計されている

参考文献・出典

1. 上野淳『学校建築ルネサンス』鹿島出版会、2008
2. 伊藤俊介、長澤泰、山下哲郎「小学校における場所の認識と場所の見えに関する研究—写真投影法による分析」（『日本建築学会大会学術講演梗概集』E-1、1996）
3. 山田あすか「従来型小学校での「記憶に残る場面」にみる学校空間」（『日本建築学会計画系論文集』第76巻、第669号、pp.2065-2074、2011）
4. 山田飛鳥、山田あすか「空間構成に特色のある小学校での「記憶に残る場面」のにみる学校空間」（『日本建築学会計画系論文集』第78巻、第690号、pp.1751-1760、2013）
5. 山田あすか、工藤いづみ「特徴的な屋外空間をもつK小学校における「記憶に残る場面」の分析」（『日本建築学会計画系論文集』第80巻、第707号、pp.19-29、2015）

分析例

- 例①は、2019年度受講生によるグループ演習課題成果をもとに加筆・修正
- 例②は、2020年度受講生によるグループ演習課題成果をもとに加筆・修正

く、学ぶ場面よりも遊ぶ場面が多く言及され、空間や時間、行為などのさまざまな要素が記憶の形成を助けると指摘している。またオープンプラン型小学校でも教室周りが記憶に残ることが少なく、外部空間での場面が多く言及され、教室周りを単に開くだけでなく建築的な特徴と学びの内容をいかに関連づけるかが必要だと言う。さらに屋外環境も含めて計画された学校（図6.1-3）では日常の中に学びがあり、場面が記憶される要素がより多様で豊かだと述べている。

このように今時点で小学校がどのように使われているかだけでなく、成人になって振り返るとどうだったかという検証を計画

プロセスに取り込むことも重要であろう。

▶【演習35】記憶の小学校

［4］演習結果の分析・考察の例

例① 活動別・男女別の分析

記憶に残る場面の活動を男女別で分析したのが図6.1-4である。男女に共通して「固定遊具」や「道具を使う」、「走り回る」などの「遊び」に関する活動が記憶に残る場面として言及されている。また男子と女子で比べると、男子は「練習」、女子は「お喋り」が記憶に残る。

例② 校庭での評価分析

記憶に残る場所として最も回答が多かった校庭が「好き（＝はい）」と答えた人とそうでない人とで校庭への評価を見ると（図6.1-5）、「はい」と答えた人は校庭を「広い、騒々しい、きれい」など、活発な印象を抱いている。一方で、「いいえ」と答えた人は「静か、汚い、沈静的」など閑散な印象を抱いていることがわかる。また「はい」と答えた人の校庭への評価（図6.1-6）では、「広い、明るい、騒々しい、開放感がある、躍動的、軽やか」と肯定的に捉えており、特に広く、明るくて、開放感のある場所として評価している。　　　　（古賀）

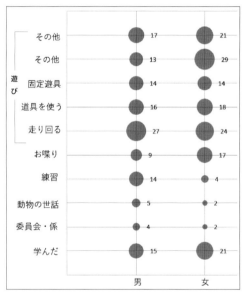

図 6.1-4 男女別の記憶に残る場面での活動 （受講生作成）

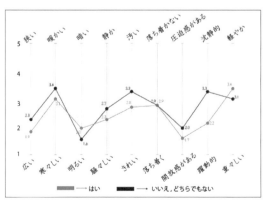

図 6.1-5 校庭の5段階評価 （受講生作成）

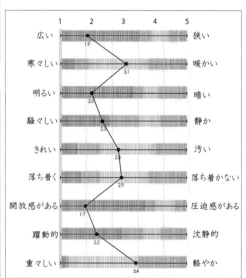

図 6.1-6 「はい」と答えた人の校庭の評価 （受講生作成）

▶【演習36】記憶と想起の中学校

［1］居たい場所、居られる場所

　まだまだ「子供」である小学生と、義務教育修了後の半ば大人として扱われる高校生の間にある中学生の時代。公立校であればなおさら、教室／クラスメイトには、勉強への意欲や興味関心もさまざまな生徒が混ざり合う。発達にも個人差があり、しばしば精神的な不安定さや対人的な葛藤を抱えつつも、自立や対人関係、進路といった課題に立ち向かう時期、「疾風怒濤期[注1]」でもある。

　演習で問うた好きな場所、嫌いな場所、一人で過ごす場所、友達と過ごす場所は、それぞれ、環境との関係がうまくいっている（いた）場所、そうでない場所、個へ向かう場所、社会的な関係とともにある場所、である。社会の中での自己の確立において、それらの場所を認知し、つまり場所を介して自らの存在を間接的に理解することは重要である。図 6.2-1 は、教科教室型中学校[注2]に通う中学生に対して、それら"想起される場所"についてのアンケート調査の結果である。比較してみると、「嫌いな場所」や「1 人で過ごす場所」は「ない」と回答した比率が他よりも高いなどの特徴がある。また、お気に入りの場所と、友達と過ごす場所が想起できないとする回答も 4 〜 6 割程度にのぼる。多様な滞在場所が校内に用意されていない、従来型の片廊下型・特別教室型運営の校舎の場合、より滞在場所の選択肢は少なく、「1 人で過ごす場所」を尋ねると、廊下などの動線空間とトイレに二極化する。さまざまな思いを抱えた、精神的ステージも異なる多感な時期にある生徒たちの過ごす場所として、それは適切な環境と言えるだろうか。

　想起する場所を尋ねたのと同じ学校で、実際に休み時間の生徒らの居場所を観察すると、教室やホームベースの他、その他教室や諸室での滞在が観られる。また、片廊下型では昼休みも教室とその周囲の割合が高く、メディアスペース型[注3]ではその他諸室の割合が高いことが特徴的である。建築形態が、児童・生徒らの学校での過ごし方に影響している様子がわかる。

注釈

1. ホール・G・スタンレイは、青年期を人生の重要な段階と捉え、著書『青年期—その心理、および生理学・人類学・社会学・性・犯罪・宗教・教育との関係—』（1904）において心理学的立場から青年期の研究に基づく、青少年の諸問題への提言を行った。このときの発達段階の整理では、児童期（〜 8 歳）、前青年期（〜 12 歳）に続く、22 〜 25 歳ごろまでの、心身の急速な高次発達に伴う不安と動揺を特徴とする時期とされた。疾風怒濤（Sturm and Drang）の表現は、感情や自然・苦悩・因習への反抗や叛逆を重視した 18 世紀ドイツ文学運動になぞらえたもの。古典的な心理学的に立った認識である。

2. 理科室・音楽室・家庭科室など「特別教科」に対応した特別教室だけでなく、国語・数学・社会・英語の普通科目にも専用の教室を設ける教室運営方式のこと。生徒らの生活の拠点には「ホームベース」が設けら

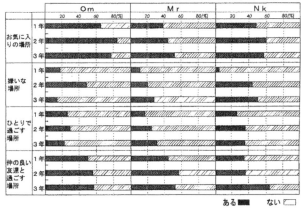

図 6.2-1　中学生に聞いた、お気に入りの場所／嫌いな場所／1 人で過ごす場所／仲のいい友達と過ごす場所の有無[文1]

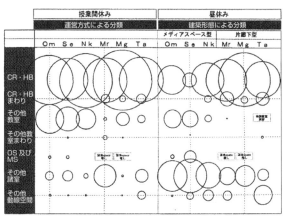

図 6.2-2　中学校で調べた、休み時間の実際の居場所

れ、カリキュラムに沿って教室を移動しながら1日を過ごすこととなる。日本では一般的には「特別教室型運営」が採用されており、この場合には普通科目は学級ごとの教室で受ける。教科教室型運営の場合、特別教室型運営に比べて、学校全体に生徒の滞在場所が分布しやすいことが特徴として知られている。

3. 教科教室の前など、近くに多目的に使えるオープンスペース状の空間が設けられている建築形態。片廊下型は、こうした場所を持たず教室の前は廊下のみである建築形態。

参考文献・出典

1. 常陰有美、新田佳代、倉斗綾子、上野淳「中学校における生徒の場所の想起と居場所の選択に関する分析」（『日本建築学会学術講演大会梗概集（小・中学校(2)、建築計画I』、pp.183-184、2005）

[2] "距離感を選べる"環境づくり

学校空間に、1人／小集団／中集団で過ごせる場所など滞在場所や行為の選択肢があることは、豊かな空間体験と、人間関係／距離感の選択肢をもたらす。自己確立の過程において、受容や肯定をされる感覚は、自己肯定感の醸成につながる。個人にストレスがかかる状態で、その発散が他者に向かうといじめ（心身への暴力や嫌がらせ）に発展することもある。環境への不適応は不登校につながる。さまざまな生徒がいること、心身の状況にも差異とともに変化があることを前提として、選択肢がありストレスが少ない環境であることは重要である。

また、記憶に残る中学校の様子を尋ねると、しばしば勉強の空間よりも、移動中の風景や部活動など学校の主たる目的的空間ではない時間・空間の記述が目立つ。こうした空間もまた、ストレスの解消や他者との距離感の調整を体験する場所となっていることが想定できる。部活動、委員会活動など、学級集団以外の集団に属することも人間関係の距離感や交友関係の選択肢を増やす。目的的な空間だけで構成されたキャンパスやカリキュラムは窮屈だ。「〜じゃない」があることは、クラスメイトや教員などの他者や、学校というプログラムそのものへの距離感の調整において重要である。オフィスに休憩空間やリラックスできる親自然的な空間が設けられるように、学校という連日長時間過ごす場所もまた、非目的的空間を有することは環境の質を高める。

[3] 時間立体で計画する

計画や設計をしている「いま」、施主がこうしたいと言っていることと、10年後や20年後の希望は違うことがある。また、ある空間を体験したことがない人が言うことと、体験後に言うことはしばしば異なる。例えば「こんなに大変だと思わなかった」などと、よく聞くだろう。その時々の行動観察調査やアンケート調査では、「いま」の利用者の行動や心理はわかるが、それしかわからない。しかし、ある環境の価値というものは、「いま」に留まらない。当時は嫌だと思っていたが、あとから思い返すとありがたかった、当時はそんなものだと疑いもしていなかったが、今思うとひどい。というようなことが、往々にしてある。そこには評価者自身の価値観の変化もあれば、社会の常識の変化もある。計画者、設計者は、その変化まで読んで、提案をする必要がある。あるいは、好ましい変化を誘導するための提案を行うこともあるだろう。そのために、ニーズ・デザイン・評価を［プロの視点で（他と比較する視点を持ち）］、［時間立体のなかで］考えることの重要性を、振り返りという評価手法は与えてくれる。　　　　　　　（山田）

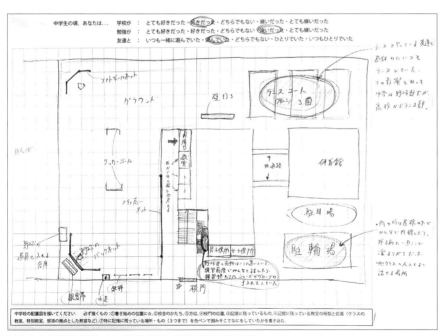

図 6.2-3 受講生が描いた、記憶に残る中学校の配置図の例

演習37　人生に必要なことは、すべて幼稚園の砂場で学んだ　⇒p.46

［1］遊びやすさや関わりやすさを助けていた環境要素

子供が遊ぶためには、子供自身が場所を選択し自由に活動を選択できることが重要であるが、現在ではそれを実現できる場は少ないかもしれない。かつては、自宅前の道空間が遊び場として機能し、クルドサック（行き止まり）や私道など車の通行が少ない場所では、自宅・庭と道路を行き来しながら近所の子供どうしで遊びが展開していた。自宅から少し離れていても「土管のある空き地」のような存在が、子供たちだけの占有を促し、遊びの拠点となっていた。現在の状況を見ると、道空間は自動車のための場所として子供たちをはじき出してしまっている。また、空き地は、管理責任上の観点からも自由に立ち入ることが難しく、子供たちが自由にアクセスできる遊び場とはならない。公園でも行きすぎた安全

図6.3-1　保育施設における屋外の遊具

図6.3-2　手ごたえのある環境（土の斜面）

重視のあまり遊具が撤去され、近隣住民からの苦情により公園でのボール遊びが禁止される事案が相次いでいる。アクセスの不自由さはこども園・幼稚園・保育所のような就学前施設でも同様であり、自由遊び（自由保育）の時間帯であっても活動場所が定められていることも多々ある。

> ▶【演習37】人生に必要なことは、すべて幼稚園の砂場で学んだ

［2］記憶に残る活動場面の特徴

既往研究によると、就学前施設で記憶に残る活動場面は、遊びの場面が過半を占めており、特に屋外空間の遊具環境（図6.3-1）があげられている。また、挑戦や成長の意欲をかきたてる克服すべき課題のある環境は、記憶に残りやすいようである。すなわち、自身が楽しみ、かつ数多く体験した事柄について記憶に残りやすいと言えそうである。また、保育施設で実践できている事例は多くはないが、園児たちにとって手ごたえのある環境（図6.3-2）や挑戦できる環境が整備できれば、かけがえのない経験、成功体験とともに記憶に残ると思われる。保育施設が子供を預かって、そのまま保護者に返す場ではなく、子供を成長させる場であるとすれば、克服すべき手ごたえのある環境や挑戦できる環境の重要性は明らかである。

［3］遊びの6つの「原風景」

仙田満氏が提唱した6つの原風景は、「子供時代に特に印象に残っている風景」について幅広い年齢の大人にヒアリングし、抽出したものである。これらを発展させ、図6.3-3のような6つの遊び空間を提案している。自然スペース（虫や植物などの

参考文献・出典
1. 仙田満「原風景によるあそび空間の特性に関する研究、大人の記憶しているあそび空間の調査研究」（『日本建築学会論文報告集』第322号、1982）
2. 伊藤美春、山田あすか「就学前保育施設における成人の記憶に残る建築空間と活動場面に関する研究」（『日本建築学会計画系論文集』Vol.79、No.695、2014）
3. 「特徴的な外部空間を持つ就学前保育施設における「記憶に残る場面」とその要因からみた施設環境　就学前保育施設における成人の記憶に残る建築空間と活動場面に関する研究その2」（『地域施設計画研究』38、pp.41-50、2020）

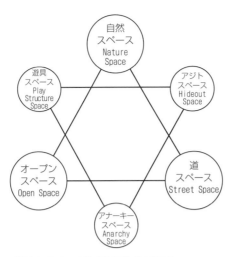

図 6.3-3 6つの遊び空間ダイアグラム

置き場や工事現場などのさまざまな要素が散乱し、子供の創造性を刺激する）が機能することで遊び空間計画のベースとなるダイアグラムを提示したものである。

［1］で指摘したような規制や、遊び空間が限定されることによって、かつての子供たちが体験できていた原風景を喪失してしまうことは、遊びの体験のみならず、それに基づく感性や発想が損なわれることでもある。

［4］演習結果の分析・考察の例

図 **6.3-4** には、通っていた保育施設の記憶に残った場面について受講生の回答例を示してある。好きでも嫌いでもないが記憶に残っている昼寝空間、好きと答えた園内で唯一遊べる屋内運動場などがあげられている。スケッチが苦手な受講者もいると思われるが、この課題に答えることで当時を思い出し、場の在り方まで意識を広げることができている。

（藤田）

採取遊びができる）、道スペース（さまざまな遊びの場をつなぐ空間で乗り物遊びなどができる）、オープンスペース（空間に広がりがあり、思いきり走り回れる）の3つをメインとし、補助的にアジトスペース（"秘密基地" に代表される大人から隠れられる）、遊具スペース（遊具を使って遊べる）、アナーキースペース（資材

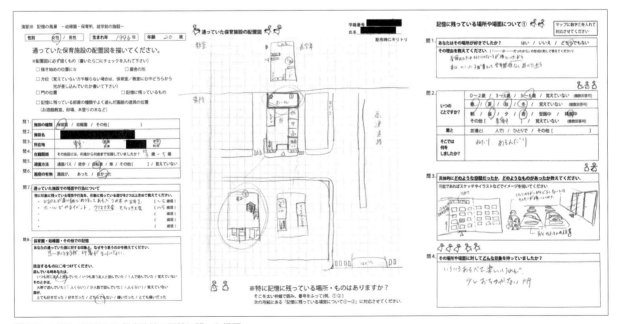

図 6.3-4 学生が回答した保育施設で記憶に残った場面

演習 38　記憶のまち、記憶の風景　⇒ p.47

[1] 大人と子供による環境の捉え方の違い

　都市やまちは衰退や発展を繰り返し、長い年月を通して変化を続けている。建物が建て替えられたり、街路空間が整備されたりといった目に見える空間の変化の一方で、私たち自身も変化を続ける人間であり、まちを眺める視点やその捉え方は大きく変わってきたことだろう。例えば大人と子供を比べてみても、身長や体格、生活習慣や行動パターン、日々の暮らしの目的や志向など、違いをあげるときりがなく、それぞれの目に映るまちは大きく異なる風景となっているだろう。ここではかつて"遊ぶこと"に没頭していた子供の頃を振り返りながら、当時の自身のまちの捉え方を思い出してみてほしい。

▶【演習 38】記憶のまち、記憶の風景

[2] 遊び空間のネットワークとしてのまち

　私たちは子供の頃、いつもひとつの遊び空間で一日を過ごした訳では無い。次から次へと遊びを変え、適宜その場所も移動しながらその時間を楽しんでいた。このとき

にある遊び空間から別の遊び空間に移動する間の空間や時間、移動手段が重要になる。かつては道路で遊ぶ子供も多く、そこは移動のための空間であると同時にさまざまな遊びが許容されるオープンスペースでもあった。しかし自動車の普及をはじめとする時代の変化によって、道路は単なる移動のための空間となり、自ずと子供の遊びや遊び空間の種類も大きく減少したように思える（図 6.4-1）。

　近藤ら[文2]は多摩ニュータウンでの子供の屋外活動の調査を通して、移動の手段に自転車が選ばれることが多いことや、ネットワーク化された公園やペデストリアンデッキなどによって構成される歩行者専用空間がそのエリアの子供の遊びを支えていることを示した。ここで見られたペデストリアンデッキはかつての遊び場としての道路と似た性格を持つ空間となっていると言えよう（図 6.4-2）。

　このように遊び空間をそれ単体で捉えるのではなく、歩行や自転車といった子供たちの身の丈に合った移動の手段によってつながれた空間のネットワークの中に位置づけ、まちの広がりを前提とした子供の遊び

参考文献・出典
1. 仙田満『こどものためのあそび空間』市ヶ谷出版社、1998
2. 近藤樹理、山田あすか、松本真澄、上野淳「多摩ニュータウンにおけるこどもの屋外活動に関する研究」（『日本建築学会計画系論文集』Vol.73、No.628、2008）
3. M・アルヴァックス『集合的記憶』行路社、1999

図 6.4-1 道路空間における遊び／移動空間としての道路

のあり方を眺める視点が重要であろう。子供の頃の遊びの経験はまちの情景と重なり、遊びが行われるさまざまな場所や空間の記憶は原風景として私たちの心に深く刻み込まれている。

[3] 遊びの原風景とまちの魅力

原風景は人生の経験に基づいて描かれるものであるために、他人どうしが全く同じ原風景を心の中に描くことはおそらくないだろう。一方でその一部を共有することは可能で、例えば同じまちで幼少期を過ごし

た人どうしであれば子供の頃の遊びの記憶を辿り、互いに楽しく語り合えるだろう。このように、原風景は本来は個人のものでありながらも、集団によって共有されたときには集合的記憶としてまちの個性やアイデンティティとなる。そして今生きるすべての人が遊びに明け暮れた幼少期を経験していることを思えば、まちを眺める子供の視点はそのまちの評価を大きく左右する重要な指標となるだろう。豊かな遊びを促すまちはこれからも子供たちの思い出に残る原風景をつくり続ける。　　　　　　（酒谷）

図 6.4-2　多摩ニュータウンにおける子供の屋外活動場所の分布[文2]

[1] 視点場

視点場とは、ある対象を見る人が位置する場所を指す。都市計画や建築設計の実際では、視点場からの見え方を重視し、環境・空間構成の組み合わせを判断し、計画・設計している。一方、環境行動の観点からは、人びとが写真撮影や絵画制作をする際に好まれる地点やその空間的特徴と定義されることもある。環境・空間づくりを個人の興味・関心から見ると、「なぜその場所が好まれるのか？」「なぜその場所で写真を撮りたくなるのか？」「視点場でどのように風景を切り取っているか」などを明らかにすることで、SNSが常態化した現代の環境・空間の設計の在り方に一石を投じる可能性があるだろう。

▶【演習39】「映える」空間／
　　思い出に残る空間

[2] SNS 映えを意識した写真撮影

SNS が登場する前は家族や友人・知人に直接話すなどして自身の体験や感動した風景を伝えていた。SNS 上で他者とコミュニケーションをとることが常態化した今日、SNS 上で自分自身が体験したことを効果的に伝え、共有する意識がかつてより

強化されたと思われる。

一方、地方都市の観光戦略を練る場合に、現在の観光コンテンツが観光客にどのように評価されるか把握することが重要である。観光情報の収集に Web や SNS の活用が浸透した今日、観光コンテンツが SNS の情報発信やそれを好む観光客のニーズとマッチするように整備することも一案である。そこで福井県の観光地域において学生が撮影した写真をいくつか紹介する。**図6.5-1** は花の時期が終わりかけた紫陽花（あじさい）で、花の美しさではなく、散りかけた儚さを評価している。**図 6.5-2** は地域猫で有名なエリアの猫で、「後ろをついていったら猫の道に案内してもらえるかもしれない」ことを撮影理由としている。このようなコメントは、観光客だけでは気づきにくい地域の魅力に踏み込もうとしているものと言える。**図 6.5-3** は、観光客の行為も含めた観光名所を評価している。**図6.5-4** は、展望台からの美しい風景自体を撮影したものであり、一般的に観光地に行き撮影するイメージと近い。

[3] 背景になる風景・建物・もの

図 6.5-5 はオブジェの隙間から見られる美しい風景であり、意外な視点やオブジェと風景のマッチングを撮影理由としてい

参考文献・出典
1. 高畑雅一「萬福寺庭園の好まれる風景と視点場」（『日本建築学会計画系論文集』第 802 号、pp. 2384-2395、2022）
2. 木村脩生、藤田大輔「撮影写真から抽出された観光コンテンツとその印象評価：若狭町を中心とした福井県嶺南地域におけるケーススタディ」（『日本デザイン学会第 3 支部 2020 年度研究発表会概要集』2021）

図 6.5–1 あじさい

図 6.5–2 通りかかった猫

図 6.5–3 鐘を鳴らす人

る。**図 6.5-6** は、海岸に流れ着いた漂着物を SNS でアップするために並べて撮影したもので、奥に見える海との連続性も意図している。この行為は「他者に見せるための表現／制作」といえ、SNS でアップロードする習慣や文化がなければ発生しなかった行為と評価できる。

［4］演習結果の分析・考察の例

学生が観光地を旅して写真撮影し、その中から印象に残った 30 枚を選定した。**表**6.5-1 は京都府の伊根町や天橋立あたりの観光地を 1 泊 2 日で旅した際のもので、「SNS で投稿したい写真」として 10 枚をさらに選定したものである。海や海辺のオブジェ、観光客がよくする行動、昼食などさまざまな写真が撮影されている。SNSで投稿したい理由を見ると、迫力のある外観、シュールさと可愛さ、他者の SNS 投稿や他者からの評価、珍しいものなど、撮影者の価値観の一端がわかり興味深い。

(藤田)

図 6.5-4 展望台の風景

図 6.5-5 オブジェから覗く風景

図 6.5-6 SNS 撮影のために
並べた漂着物

写真	何を撮ったか	なぜ撮ったか（具体的になるべく詳しく）	SNSで投稿したい（しても良い）写真
	夕方の浜辺	たまたま行った日がフェスと重なり、木で作ったハートがおいてあり、夕焼けとの相性が美しかったため。	若者人気の「インスタ映え」を体現しているものだと感じたため。エモい。
	知恩寺	夕方になるとライトアップされきれいな赤色になっていた。もともと迫力のある提灯と門がよりくっきりと映し出されていた。	迫力のある色と見た目は映えると思った。かっこよさがあり人気が出ると思う。
	干からびたフグ	伊根らしいのかはわからないが、かわいったため。種類は不明	このシュールさが何とも言えないかわいさがある。SNSに投稿する際こういう写真も一枚はあってもいいと思え。
	INECafé	景色がとてもよく、若者に人気。ケーキは少しは値を張ったが、それ以上に味と景色がよかった。	実際に多くの似たような写真が「＃INECAFE」で投稿してあるため。
	海	天気が良く波も穏やかできれいだった。堤防沿いに座っている友人もいい味を出している。	撮った写真の中でこれが一番きれい。海のきれいさもさることながら、構図がきれいすぎる。
	海へとつながる路地	自分が路地好きということもあるが、抜けた先がきれいな海なのはテンションが上がって撮った。	一部の層からのイイネが集められそうな写真。少し幻想的な感じを得られるからぜひ投稿したい。
	ウミネコ	船での餌やりにいた子だが、一向に飛ばずずっと手から食べていた。餌を取り合うこともなく一番頭がいいと思う。	こっちを向いている写真は可愛すぎる。一部の動物マニアからのイイネがもらえそう。
	夕方と海とブランコ	おそらく流木で作られていて、意外としっかりしていた。みえる景色はもちろんよかったが、何よりも背景が夕方の海というのがポイントが高かった。	一枚目に書いてあるのと同様映えると思う。後姿を映した写真ははやりそう。
	又覗き	天橋立名物の又覗き。これを写真に収めなきゃだめだと感じたため。	天橋立に行ったというのにこれを投稿しないのは非常にもったいない。雲の割れ目もあいまってとてもきれい。
	知恩寺	空の青さと画面いっぱいのお寺は壮観だったため。	画面いっぱいのお寺はとても迫力があり、空がとてもきれいで、投稿するのに向いていると思う。
	昼食	限定10食のサザエ丼。サザエ好きにはたまらない非常に美味な一品だった。見た目のインパクトはすごかった。	海鮮丼や天丼はよくあるが、サザエ丼はほかにないものだと思う。

表 6.5-1 SNS で投稿したい写真と理由の例

トランザクショナリズムと STS、ANT を「つなぐ」(2)

文化人類学における「相互的因果」の考え方では、生き物でもある人間を「人間社会のなかにあって、その一部を成す存在」として再定義する。これは、相互浸透論における person-in-environment の概念を文化や社会の側面から言い換えたものだと言える。ただし、相互浸透論では「環境のなかにあって、相互に影響し合う、"人間"とは？」というものの見方を提供することが、このフレーズからも注目できる。これは人間－環境系とも表現される。これに対して文化人類学の領域では、人間というものを環境と切り離して存在しうるものとは見なさないし、同時に必ずしも人間それ自体に焦点を当てるものでもない。"人間"とはそれぞれの個体という身体に留まる存在ではなく、だから人間と非人間物（インヒューマンシングス）の間に明確な境界を引くことや、人間「だけ」に注目すること自体が難しいと考える。科学社会技術研究者 M・カロンと B・ラトゥールらが提唱するアクターネットワーク理論（ANT, Actor Network Theory）[1, 2] では、近代社会が根底に持ってきた、人間中心主義から脱却したものの見方を与える（→ p.189）。例えば、人間と自然は対立の構造にもなければ互いに独立した存在でもないのに、人間にとって自然とは、という言い方／考え方は幾分かの矛盾――フォーカスの難しさを内包している。"人間"という言葉を人間社会や人間存在として用いるか、個体の身体に留まるそれとして用いるかが文脈により話者により大いに混在するからでもあるだろう。

ただ文化人類学、ANT と相互浸透論のいずれにせよ、これまでに人間社会や地球上で蓄積されてきた気候風土や歴史、文化や今日の科学技術や政治のあらゆる事象が相互の関係にあるということにおいては、互いに矛盾はない。人間という存在は、それ自身を含みそれ自身でもある周囲の環境（社会）が与える条件や制限に適応して、あるいはそれらにあらがいながら、建築・都市を含む広い意味での環境や技術をつくり、そしてつくられた技術によって自らもまた影響を受けて変節を続けていく。人は自身を含む、文化や社会を含む複合的な意味での環境から逃れて世界を認識することはできない。そして人がつくり、認識する環境もまた、人の影響から独立では有りえず、人の活動や働きかけの影響を受ける。それは、その環境の「均衡」がある意味で壊れ、その修復あるいは応答によって次の均衡がつくられて続けていく現象として存在する。

生物学者である福岡伸一は、生命とはそのときにあるもの（分子）が壊れ、入れ替わり再構築される、間断なく分解と合成を繰り返す現象である、という[3]。私たちの身体のすべてが分子の「淀み」でしかなく、絶え間なく壊すことでしか損なわれないように保つことができない、「あてどのない自転車操業のような営み」。その危ういバランスこそが生命であり、その有り様を〈動的平衡（dynamic equilibrium ダイナミック・イクイリブリアム）〉と呼ぶ。エントロピー（乱雑さ）増大の法則にあらがうために生命が選びとった有り様が、この自らをあえて壊し、そしてつくり変えるという自転車操業なのである、と説明する。

この現象としての生命における動的平衡の説明に、人間－環境系や ANT、相互的因果が多様な要素相互の関係に根ざしつつ、「影響－する・しあう」という変化を内在した概念であることとの共通性を見出すことができる。私たちは私たち自身を含む環境とともに、変わり続けることで存在している。 (山田)

参考文献・出典

1. M. Callon and B. Latour, "Unscrewing the Big Leviathan: how actors macrostructure reality and how sociologists help them to do so," in K. D. Knorr-Cetina and A. V. Cicourel (eds.), Advances in Social Theory and Methodology: Toward an Integration of Micro- and Macro-Sociologies. Boston: Routledge and Kegan Paul, 1981

2. ブリュノ・ラトゥール著、伊藤嘉高訳『社会的なものを組み直す―アクターネットワーク理論入門』叢書・ウニベルシタス、法政大学出版会、2019

3. 福岡伸一『動的平衡』木楽舎、2009

第 7 章

まちの音とまちに散らばる色の効果

日本には古くから虫の音を楽しむ文化があり、江戸時代には花見や月見と同様に「虫聴き」の行楽が行われていた。図7.1-1は江戸の虫聴き名所のひとつである道灌山（現在の西日暮里4丁目付近）が描かれたもので、さまざまな虫の音色が聴かれたようだが、特に松虫の鳴きが良く、薬草が豊富であったと言われている。

［1］ サウンドスケープの原点

「音の風景」（ランドスケープからの造語）とされるサウンドスケープは、1960年代にカナダの作曲家R・M・シェーファーによって提唱された[注1]。この概念が形成される社会的背景には鳥越[文2]によると、1960年代の環境に対する社会的関心やマクルーハンのコミュニケーション理論に代表される「視覚中心の西洋近代文明に対する反省と聴覚文化復権の試み」のような思潮[注2]があり、音楽領域では「芸術の環境化」「西洋近代音楽の枠組み[注3]からの解放への欲求」があげられている。

シェーファーは近代化に伴う騒音問題に関心が高く、「騒音公害は人間が音を注意深く聴かなくなったときに生じるものであり、騒音とは我々がないがしろにするようになった音」としている。そしてどの音を

残し、広め、増やしたいのかを考え、音環境を総合的に理解することで改善する方法が得られると述べている。

日本の1960年代は高度経済成長期であり、社会問題として公害が大きく問われた時期である。騒音に関してはそれまでの各都道府県での条例整備に加え、国として1967年に公害対策基本法（現環境基本法）、1968年に騒音規制法が制定された。

日本では1980年代にサウンドスケープを取り入れた事業が行われるようになり、1990年代には日本サウンドスケープ協会の設立や、環境庁（現環境省）による「残したい日本の音風景100選」が選出された。

［2］ まちの音の認識と取り組み

シェーファーによるサウンドスケープの構成要素を表7.1-1に示す。このうち「基調音」と「信号音」はゲシュタルト心理学の「地」と「図」の関係になる。

都市圏に生活する人びとの日常的な音の認識について安岡ら[文4]の研究では、1日の環境音の中で意識に残る音は3~4個であり、街の音として聞き取り記憶に留めているのは、7つに分類した音の種類のうち多いものから交通音（車の音、電車の音など）、人的要因による音（人の声、足音など）、信号

図7.1-1　広重画 「道灌山虫聞之図」[文1]

「江戸名所花暦」には、「くさぐさの虫ありて、人まつ虫のなきいつれはふりいでゝなく鈴虫に、馬追い虫、轡虫のかしましきあり。おのおのその音いろを聞かんとて、袂すゝしき秋風の夕暮れより、人々是（ここ）にあつまれり。」とある。

基調音	そこの地勢や風土、すなわち水、風、森、平野、鳥、虫、動物、などの要素。ゲシュタルト心理学の「地」にあたる。人びとの中に深く刻み込まれ、取り去られると生活がひどくつまらないものに感じられる。
信号音	前景の音であり、意識的に聴かれる音。ゲシュタルト心理学の「図」にあたる。どうしても聴かなければならない信号。ベル、汽笛、警笛、サイレンなどの音響的警告手段。
信号音 標識音	（信号音のなかでも）その共同体の人びとによって特に尊重され、注意されるような特質を持った共同体の音。ひとたび標識音として確立されると、その音は保護される価値がある。

表7.1-1　シェーファーによる音の分類

ある音が図となるか地となるかは文化変容、個人の心理状態や個人と場との関係による。[文3]

注釈

1. サウンドスケープは「個人、あるいは特定の社会がどのように知覚し、理解しているかに強調点の置かれた音の環境。したがって、サウンドスケープはその個人がそうした環境とどのような関係を取り結んでいるかによって規定される。」と定義されている。

2. マーシャル・マクルーハン（Marshall McLuhan、1911-1980、カナダの英文学者、メディア・文明批評家）。シェーファーは、「マーシャル・マクルーハンは電気文化の到来以後、われわれはこのような聴覚優位の状態へ再び立ち戻ろうとしていると言っているが、私も彼に同感である。」と述べている[文3]。

15世紀半ばにドイツのヨハネス・グーテンベルクによる活版印刷が発明され、それまでの音声言語によるコミュニケーションが書物の普及により視覚中心となった。19世紀になり電信機、電話機などが発明され、20世紀にラジオやテレビが普及し、電気文化の到来以後、再び聴覚優位の文化へ立ち戻るとしている。

3. 西洋の芸術音楽は、その音素材をいわゆる「楽音」（音楽の音）のみに規定し、他の「非楽音」（日常生活における環境音）とは厳格に区別していた。この両者の間の壁は20世紀の音楽におけるさまざまな試みのなかで徐々に取り外されてきた[文2]。

4. 環境省のHPには、感覚環境のまちづくり事例集（平成21年3月）が掲載されている。URL:https://www.env.go.jp/air/sensory/jireishu/index.html（2023年4月現在）

5. 視覚障害者は、視力の有無

や障害を持つようになった時期などによって空間のイメージの仕方が異なり、音の利用方法も異なる[文8]。

参考文献・出典

1. 広重「東都名所 道灌山虫聞之図」国会図書館デジタルコレクション
2. 鳥越けい子『サウンドスケープ』鹿島出版会、2022年
3. R・マリー・シェーファー、鳥越けい子他訳『世界の調律 サウンドスケープとはなにか』平凡社、2022
4. 安岡正人「都市の音環境の設計に向けての新たな試み―都市の具体的音響の把握と評価―」(『住宅総合研究財団年報』No.18、1991)
5. 土田義郎「鐘の音に対する住民意識―アンケート自由回答に着目した分析―」(『日本建築学会学術講演梗概集』2004)
6. 長野県松川村「松川村緑の基本計画」2022
7. 坂本優紀「住民による地域のサウンドスケープの発見と活用」(『地理学評論』91-3、pp.229-248、2018)
8. 岡本卓馬他「歩行空間における音環境デザイン」(『日本建築学会学術講演梗概集』2010)
9. 船場ひさお他、日本騒音制御工学会編『バリアフリーと音』技報堂出版、2015

音(電話のベル、目覚まし時計の音)などがあり、最も少ないものは自然音(鳥の声、風の音など)と報告されている。また長い時間が経過するとネガティブに捉えがちである交通音は記憶から消え、小川のせせらぎのような自然音が記憶に残るようである。

また都市のなかには時計台や鐘の音のようにその都市の特徴となる音がある。地域のなかの鐘の音に関する住民の意識についての調査[文5]によると、全体的には良いイメージを表すものが多く、10代は多様なイメージを持つが意味の広がりは狭い、10～30代は情緒的な面と「時計代わり」としての機能的面がある、40～50代は「地域」への思いが見られ、60代以上は「感謝」の念を抱くことが、年代別の特徴として報告されている。

昔からその地域にある音に新たな地域資源としての価値を見出し、まちづくりに導入している例がある。長野県北安曇郡松川村では、西原区に日本でも珍しい野生スズムシの生息地があり、全国に誇るスズムシの里づくりに取り組んでいる。1980年代半ばから取り組みが始まり、2010年には「安曇野松川村すずむし保護条例」を定め、自然環境や田園環境の保全に取り組んでいる[文6、文7]。他には2000年代半ばの環境省による感覚環境まちづくり推進の取り組みなどがある[注4]。

［3］視覚障害者の認識とバリアフリー

人が環境を認識する場合、大部分は視覚に依存していると言われている。まちを歩く際に利用する音について視覚障害者[注5]と晴眼者を比較した岡本ら[文8]の研究では、視覚障害者の音の利用目的について動作認知(危険回避、状態変化、横断機会の確認)と空間認知(進行方向、交差点、目的物、現在地、道路境界の認知)に大別し、晴眼者は空間認知としての音の利用はほとんどないが、動作認知のきっかけとしての利用が確認されたことを報告している。

視覚障害者の歩行は、モビリティ(mobility、移動のこと)とオリエンテーション(orientation、周辺環境を理解し、自分の位置や目的地の方角などを認識すること)によって構成される[文9]。**表7.1-2**に音の利用分類例を示す。視覚障害者の歩行の手がかりとなる音には、交差点の音響式信号の他に駅の改札の誘導鈴、駅のトイレ前のアナウンスや発車サイン音などがあり、認識の仕方が異なる障害者と晴眼者の双方に良い工夫がされている。

▶【演習40】まちが聴こえる

図7.1-2はサウンドマップの一例である。

（前田）

2024.01.15(月)
場所：都立代々木公園
時間：16:35～16:50
天気：快晴
風：普通

園内通路を挟み北側広場を見る

	用途	利用する音
モビリティ	危険回避	交通音：車、自転車、歩行者の足音(道路の横断(渡る方向に対する走行音など))
		音響式信号(大きな交差点など)
	障害物認知	エコーロケーション(障害物からの反射音)
		音の影(障害物によって遠方の音が遮られて小さくなる)
オリエンテーション	ランドマーク(目印。サウンドマーク、キュー)	より目立ち頻繁に鳴り特徴的な音
	パス(通路)	車の走行音、歩行者の足音
	ノード(接合点・集中点)	車の走行音、歩行者の足音
		交差点での停車音、停車時のアイドリング音
		音響式信号
	エッジ(境界線の認知)	エコーロケーション(自分の足音・白杖をつく音・近くを走る車の音の壁からの反射音)
		音の影(遠方からの音が壁や建物で遮られる)
	ディストリクト(領域をもった地域)	高い位置からの布団をたたく音など(周囲の建物で音が反射するとその一帯が団地と想像できる)

表 7.1-2 視覚障害者の音の利用分類[文9]

観測地点	分類	聞いた音
★北側の広場を見る	基調音	風の音
		公園外部の周辺騒音
	信号音	車のクラクション音
		人の声
		木々の葉が風で擦れる音
		人の歩く音・走る音
		自転車走行音
		スーツケースを引く音
	標識音	鳥のさえずり

観測表の一部

音の図

図 7.1-2 サウンドマップの一例（前田作成）

参考文献・出典
1. 日本色彩研究所編、福田邦夫著『日本の伝統色：色の小辞典』読売新聞社、1987
2. 山陽新聞出版局編『備中吹屋』山陽新聞社、1993

[1] 色名の表し方

色名は色を分類して伝える最も基本的な方法で、現在では以下のように分類されている。まず、基本色名は我々が経験する色の感覚を大まかに区別するのに使われる基本的な色名である。日本語には「白」「黒」「赤」「青」「黄」「緑」「紫」など昔から使われてきた基礎的な色名があった。次に、特定の色の様子を表すために使われる色名を、固有色名と言い、例えばさくら色やねずみ色などがある。着色する顔料や染料の名前、色を連想させる自然物や人工物に基づくもの、人名や地名からつけられたものなど多岐にわたる。固有色名の中で、日常生活でよく使われてきた色名を慣用色名と言う。図7.2-1に慣用色のカラーチップとCMYKの値を示す。

最後に、基本色名に、明るい、暗い、濃い、薄いなどの形容詞をつけて細かく色の違いを表現したものが系統色名である。JIS（日本工業規格）の物体色の色名（JIS8102）では、系統色名と慣用色名の二つを定めている。

[2] 色が持つ意味

図7.2-1に紅色を示す。中国ではあかの基本色名を表す文字は紅である。この字は糸に工からなる形声文字で、白糸を紅花の染め汁に漬けた色のことであったとされている。平安時代には歌人が紅色に託してさまざまな心情を表現するようになったこともあり、当時、京の都の上流下級の人たちは紅の染色に愛情とあこがれを持っていたという記録もある。江戸時代になると紅色は次第に広く使われるようになり、口紅や頬紅などの化粧用にも用いられ、食品の着色や絵の具にも盛んに使われるようになった。その他、橙色はダイダイの表皮の色からつけられた。果実とともに中国から輸入されたことが起源であったようである。今日では日常的にオレンジを食することが多くなったことから、オレンジ色の呼び名の方がなじみ深い。このように、色名の由来はさまざまであり、長い歴史の中で意味が形成され、今日に至るまで定着してきた。

[3] 色から見る景観と町の印象
―弁柄色の町、岡山県高梁市成羽町吹屋地区

図7.2-2に岡山県高梁市成羽町吹屋の町並みの写真を示す。場所は岡山県西部吉備高原上の山間地に位置する。吹屋地区は国の指定の文化財である鉱山町としての重要伝統的

図7.2-2　岡山県高梁市吹屋の町並み

図7.2-3　ベンガラ格子の商家のファサード

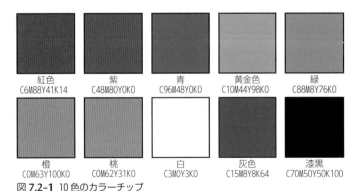

紅色	紫	青	黄金色	緑
C6M88Y41K14	C48M80Y0K0	C96M48Y0K0	C10M44Y98K0	C88M8Y76K0

橙	桃	白	灰色	漆黒
C0M63Y100K0	C0M62Y31K0	C3M0Y3K0	C15M8Y8K64	C70M50Y50K100

図7.2-1　10色のカラーチップ

建造物群保存地区に、昭和52年に選定されている。

吹屋地区は江戸時代から明治にかけて、鉱山と特産品のベンガラの生産で繁栄した鉱山町である。起伏の多い丘陵上の町道に沿って、石州瓦のあるベンガラ格子の町家群が、500mにわたって町並みを形成し、6.4ヘクタールの広さがある。屋根は赤褐色の石州瓦で葺かれ、赤い土壁や白漆喰壁の平入・妻入の町家が混在し、町家主屋や土蔵などが建ち並んでいる。町家のファサード（図7.2-3）には弁柄漆喰壁や弁柄格子戸を備えた弁柄色の町並みが形成されている。中には耐火を目的とした塗込造り（ぬりごめ）が用いられ、建物外部の柱や窓枠などを大壁造として塗り籠められている建築様式も見られる。

［4］気候風土と結びついた色土

弁柄色
C18M80Y79K40

図7.2-4 弁柄色

図7.2-4に弁柄色を示す。弁柄色とは、暗い赤みを帯びた茶色のことで、「ベンガラ」とは、土中の鉄が酸化した酸化第二鉄を主成分とする顔料で、染料だけでなく、食料としても多く使われていた。インドのベンガル地方で良質のものが取られたことからベンガラの色名がついたようである。JISの色彩規格では「暗い黄みの赤」と表記してある。吹屋地区は1000年以上の歴史を持つ銅山とベンガラ（紅殻、弁柄）の産地と知られ、周辺に金属を精錬・鋳造する職業や職人の住居があり、工場が軒を連ねていた。図7.2-5に示すように、現在でも石州瓦で葺かれた屋根が折り重なるように町並みが広がっている。

図7.2-5 吹屋地区の屋根群

▶【演習41】まちの中の色

まちの中で、あなたが担当する色（赤、紫、

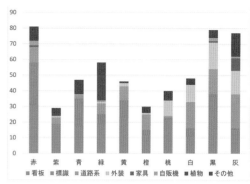

図7.2-6 受講生による演習問題の結果のまとめ

青、黄、緑、橙、桃、白、黒、灰色のうち1色）が使われているものや状況を10個、集めてくる。

［5］演習結果の分析・考察の例

まちの中で指定された色のものを見つけ、撮影し、使われ方と色の間にどのような関係があるかを分析した。

図7.2-6に、受講生による演習問題の結果をまとめた図を示す。まず、色が使われているものは、看板、標識、道路系、建築物の外装、ストリートファニチャのような家具、自販機、植物などに分類された。そこで、この分類と色との関係を考察した。

まず、標識は赤と青、黄色が多く使われており、建物外装は灰、黒、白、桃色が多く使われていた。看板は全体的に全ての色が使われているが、その中で赤と黒の使用が多いことがわかる。まちの中で色が使われているものはさまざまあり、標識のように他のまちでも使われる色の傾向が類似したものもある。一方、建築物の外装色などはまちによって傾向が異なる可能性もある。使用されている色とものの関係を考察することで、調査したまちの景観上の特徴を把握することが可能である。

さらに、色が使われている素材、地区の歴史や文化を同時に考察すると、より深く地域性を把握することが可能である。

（熊澤）

演習 42　好きな色の組み合わせ・嫌いな色の組み合わせ　⇒ p.51

［1］カラーユニバーサルデザイン（CUD）

人間の色認識は、錐体細胞の働きにより、色の見え方には個人差がある。S錐体は青色を知覚し、L錐体は赤色を知覚する。M錐体は緑色を知覚し、これら3本の錐体のバランスで色を知覚している。3つの錐体を持つ人はC型色覚と呼ばれ全色相を知覚できるが、M・S錐体を持つ人はP型色覚で赤色を知覚できない。またL・S錐体を持つ人はD型色覚で緑色を知覚できず、L・M錐体を持つ人はT型色覚で青色を知覚できないなど、知覚できない色相がある。日本人の場合は全体で320万人ほどが先天色覚異常（色の知覚の特性）があると言われており、男性では20人に1人、女性では500人に1人の割合である[文1]。CUDとは、色の見え方に特性のある人を含めて、さまざまな人にとって意図する意味を認識しやすい色や情報のデザインを行うことである。例えばバス路線図を色覚特性に配慮して検討すると図 7.3-1 のようになる[注1]。

［2］色の組み合わせと風土・文化

国ごと、地域ごとに色の組み合わせには特徴があり、その土地の自然や歴史、伝統や宗教などが関係する。日本では四季の移り変わりや自然などに影響され、古来より赤－黄緑、橙－青、黄－紫がよく組み合わされる伝統色として使われている[文2]。自然の緑の中に佇む神社の鳥居の赤、紅葉を背にする食事処ののれんの藍染など、色の組み合わせでその土地の風土や文化を感じることができる。

［3］空間の配色

空間の色彩は人の心理や行動にも影響する。色の統一感や温度感を整える色彩調和、周辺環境や立地条件などを考慮した色彩計画が大切である[文3]。特に医療福祉施設などのケアを必要とする人たちが利用する空間の色彩には配慮が求められる。例えば結核患者の療養施設としてつくられ、今では障害のある人たちが利用しているパイミオのサナトリウム（フィンラン

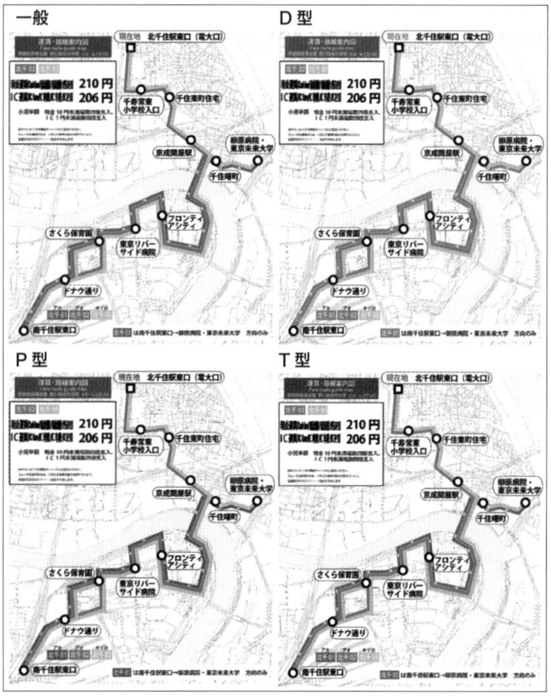

注釈

1. 2016年度受講生によるグループ演習課題成果

参考文献・出典

1. NPO法人カラーユニバーサルデザイン機構〈https://cudo.jp〉（参照年月 2023.4.1）
2. 小林重順著、日本カラーデザイン研究所編『カラーシステム』講談社、1999
3. 二井るり子・梅澤ひとみ著『医療福祉施設のインテリアデザイン』彰国社、2007
4. 日本医療福祉建築協会「海外医療福祉建築研修 2017 研修報告書」2017

分析例

- 2021年度受講生によるグループ演習課題成果をもとに加筆・修正

図 7.3-1 バス路線図の CUD の検討例 （受講生作成）

図 7.3-2 パイミオのサナトリウムの廊下

ド）（図7.3-2）では、床に淡い黄色を用いている。またアクセントカラーに色相対比のブルーを扉などに用いることで黄色の刺激を抑えて、温かみのある自己治癒力を高められる、バランスのとれたカラーデザインの空間をつくっている[文4]。

▶【演習 42】 好きな色の組み合わせ
　　　　　　　 嫌いな色の組み合わせ

［4］演習結果の分析・考察の例

受講生に、好きな色どうし／嫌いな色どうしの組み合わせをたずね、これを集計したのが図7.3-3／図7.3-4である。各図の各色の〇の中の数字は出現した回数（男女合計）で、線が好きな色どうし／嫌いな色どうしで選ばれた組で、太さがその回数を示しており、線が太い方が組み合わせとして選ばれた回数が多い。

好きな色の組み合わせの分析

好きな色の組み合わせの上位5つを見ると（図7.3-3）、上位4位までには色単体での出現回数が多い「黄、オレンジ、青」を含む色の組み合わせが選ばれた。一方で5位に「マゼンタ＆紫」の組み合わせが選ばれ、色単体での出現回数が多くなくとも組み合わせで選ばれる人気色があることがわかる。理由を見ると、1～4位の色の組み合わせでは「暖かい／明るい／さわやか／落ち着く」などが言及され、「マゼンタ＆紫」では「バランスがよい／相性が良い」など、1～4位の色の組み合わせとは理由が異なる。

嫌いな色の組み合わせの分析

嫌いな色の組み合わせ上位5つ（図7.3-4）では、「紫」を含む組み合わせが上位5組のうち3組（1／2／4位）あることが特徴的である。嫌いな理由では、「暗い／うるさい／補色」などの不調和や、「毒／悪者」などの色から連想するイメージがあげられた。なお好きな色と嫌いな色の組み合わせそれぞれで「マゼンタ＆紫」が選ばれており、人により好き嫌いが分かれることがわかる。

（古賀）

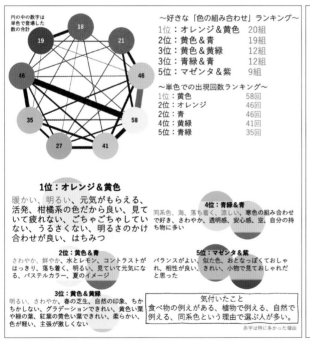

図7.3-3 好きな「色の組み合わせ」（受講生作成）

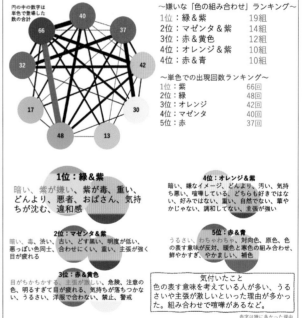

図7.3-4 嫌いな「色の組み合わせ」（受講生作成）

[1] 言語化された色のイメージ

　ある文化圏において、あるいは文化圏を越えて、「色」は、特定の概念と結びついてイメージされる。普段身につけているものから身の回りにあるさまざまなものや映像作品、都市空間に至るまで、目にする色とイメージの結びつきを再認識してみよう。

▶【演習43】色のイメージを言語化する[注1]

　色のイメージは、色相・彩度・明度の組み合わせによってつくられるとされる。色相のうち、暖色はプラスの感情、寒色はマイナスの感情と結びつきやすいと言われている（表7.4-1）。また、色のイメージには、人間の生理的・本能的な刺激要素としての性質に結びついたイメージと、血の色は赤い、日中の空気が澄んだ空が青く見えるなど事実としての色に結びついたイメージが混ざっている。前者は、赤は交感神経を刺激する興奮色、青は副交感神経を刺激する沈静色である、といった特性を意味する。同時に、国や地域・宗教などによる文化的思想や決まり事と結びついてもいる。現代の日本では「黒」は喪服の色だが、世界中どこでもいつでも喪服と言えば「黒」であるわけではない。例えばインドでは喪服は「白」が一般的だ。キリスト教圏ではユダの衣の色とされ、裏切りや背徳、幼さ、嫉妬、嫌悪、軽蔑などのイメージと結びつく「黄」は、中国では五行思想の中央に置かれる「土」を意味し、皇帝に通じる高貴な色とされる。タイでは崇敬される仏教の僧侶の衣の色でもある。色のイメージは時代や文化などによって異なり、変化していく。

　図7.4-1に、ある年度の受講生が選択した色のイメージを集計してみると、男女で差が生じる語は「運命」と「愛」であった。この年の受講生においては、女性の約半数が運命を「赤」としてほぼ暖色を選択したのに対して、男性の場合は特定色との関係が見られず寒色・中間色・暖色と幅広く分布しており最頻は白と、特徴的な差異を生じた。

　同様に「愛」では、女性の半数が赤を、男性の約4／5が濃ピンクまたは薄ピンクを選択した。

　その他、恐怖（大半が紺・黒・濃紫を選択）、幸福（大半が黄と薄ピンクを選択）、歓喜（大半が黄・濃オレンジ・薄オレンジを選択）など、語（概念）と色のイメージが結び付いていることを確認できる。

　なお、提示された刺激語に合うと思う色の選択（色彩投影法による性格検査）では、選択される頻度が特に低い色（脱逸色彩）を選

属性種別		感情の性質	色の例	感情の性質
色相	暖色	暖かい積極的活動的	赤	激情・怒り・歓喜・活力的・興奮
			黄赤	喜び・はしゃぎ・活発さ・元気
			黄	快活・明朗・愉快・活動的・元気
	中性色	中庸平静平凡	緑	安らぎ・くつろぎ・平静・若々しさ
			紫	厳粛・優婉・神秘・不安・やさしさ
	寒色	冷たい消極的沈静的	青緑	安息・涼しさ・憂うつ
			青	落着き・淋しさ・悲哀・深遠・沈静
			青紫	神秘・崇高・孤独
明度	明	陽気明朗	白	純粋・清々しさ
	中	落着き	灰	落着き・抑うつ
	暗	陰気重厚	黒	陰うつ・不安・いかめしい
彩度	高	新鮮はつらつ	朱	熱烈・激しさ・情熱
	中	くつろぎ温和	ピンク	愛らしさ・やさしさ
	低	渋み落着き	赤	落着き

表7.4-1　色と感情の関係[文1]

注釈

1. 演習シートは15の語に対する評価を得られるフォーマットとしている。与える語は、一般的にポジティブと考えられる語、ネガティブな語、どちらともいえない語の組み合わせ、あるいは出題者の意図によって設定し、表示の順番はこれらが混在するものとする。提示語の例は、幸福／恐怖／愛／運命／苦悶／歓喜／初対面／不安／未来／友情／懐疑／怨み／希望／瞬間／学校。

2. この脱逸色彩の選択頻度が極端に高いと病的な非同調型、極端に低いと過剰な同調型と判断される。多くの人は、脱逸色彩をある程度の頻度で選択する。これは、色のイメージには個人差があってあたりまえ、を意味する。そこには、個人の生育歴や経験、文化的背景など多様な要素が影響しており、文化圏（コミュニティ）や時代によってさまざまな差異がある。

3. 前提となる物事に対して「そうではない」ことを示す際に有徴化がなされる。例えば、男性があたりまえであると（無意識にせよ、実態としてその比率が高かったにせよ）されていた警官という職業に対して、女性の警官は婦人警官と呼ばれた。男性があたりまえであるという認識があるから、作家という職業に対して女流作家という言葉がある。男流という言葉はそもそも存在しない。女子アナ、ママさん○○、女優、こうした有徴化語は、それらがそもそも男性であることを前提とした概念であることを意図せずとも明確に示している。公共用途に、あるいは広く用いられる色彩における"女性用"の有徴化は、社会の前提が男性にあることを示す。

参考文献・出典

1. 日本色彩学会編『色彩科学ハンドブック』東京大学出版会、1980 より作成
2. 松岡武『色彩とパーソナリティー―色でさぐるイメージの世界』金子書房、1995

択する頻度によって、同調型／非同調型と判断するなど、色彩と色のイメージの結びつきからパーソナリティを探るアプローチがある[注2、文2]。

[2] 色の効果──大きい小さい　重い軽い硬い柔らかいそして

色のイメージは、その色である物体の硬さの感覚（寒色や低明度色は硬く、暖色や高明度色は柔らかく感じる）、重さの感覚（低明度色は重く感じる、高明度色は軽く感じる）、経時感（高彩度・暖色は時間を長く感じる。低彩度・中性・寒色は時間を短く感じる）などとも関係すると言われている。

色は対比によって異なるイメージを喚起することも知られており、おおまかには「差」に注目できる。対比の効いた配色は、快活さや動的で活き活きとした印象に、類似の配色は、上品さや落ち着き、穏やかさといった印象に結びつく。建築空間のデザインで用いる際には、下部に重い色を、上部に軽い色を配置すれば伝統や落ち着き、安心感に、逆の配置であれば躍進や革新、

モダンな印象を与える。

こうした、概念との結びつきや、感覚の想起を踏まえた上で、ものや空間、ブランド・ロゴなどの色彩は選ばれている。色相の対比を効かせつつ、彩度を落とし低明度や高明度のトーンで合わせると品のいい対比を与えつつ印象深い色彩調和をもたらすことができる。

色はジェンダー（社会的・文化的性差）とも結びつく。日本では赤は女性を意味する色のランドセルなどの持ち物や服装、公共トイレのサインなどで女性を有徴化[注3]する記号として用いられてきた。女性用と言えば好みやシチュエーションの多様性、あるいはコンセプトを無視してとにかくピンクが用いられる風潮はジェンダーや性別役割意識の固定化を招くとの懸念や反発から「ダサピンク」などと揶揄されることもある。色が特定のイメージを固定化することや、固定化したイメージを利用するデザインには善し悪しがあることには十分な留意が必要である。

（山田）

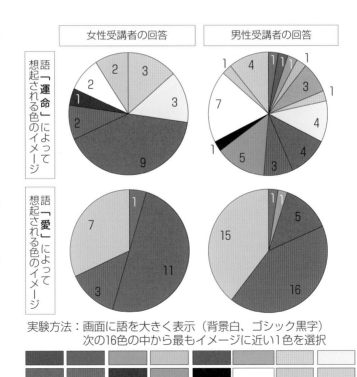

実験方法：画面に語を大きく表示（背景白、ゴシック黒字）　次の16色の中から最もイメージに近い1色を選択

図 7.4-1 演習結果にみる、特定語を与えたときに想起する色 （受講生の回答をもとに山田作成）

［1］色による自己や個性の演出

服や持ち物、家具など、あなたは自分自身、または自分の身の回りのものをどのような「色」で構成しているだろうか。個人の嗜好や性格、またその先にある自己表現・演出と「色」の関係を探ってみよう。

色の状態や特徴を示す表現には、色の三属性（→p.172）である「色相（Hue）／明度（Saturation）／彩度（Value）」のほかにトーン（調子）がある。トーンは、有彩色では色相をベースに明度と彩度の掛け合わせで表現される。また、明度と彩度の特徴を12のトーンにグループ分けしたものをトーン図やトーンマップと呼ぶ（図7.5-1）。このトーン図を各色相ごとに作成し立体的に整理したものが色立体（→p.172）である。

▶【演習44】持ち物の色

記入する際、持ち物の色が複数で構成さ

れている場合は「自分が認識している色」を回答する。また、判別が難しい色（茶、青緑など）は、上述のトーンの考え方を参考にどの色相の色か（暗い赤、暗い黄色など）を判断して記入するとよい（図7.5-2）。

人間は、相手から受ける印象において、顔や表情、体形、髪型などの外見的な情報に影響を受ける。また、あなたは他者から自らの服や持ち物について褒められた時に、自らが褒められたかのように感じたことはないだろうか。このような、自分の所有物（服やアクセサリーなどの着用物、車や家など）や自分が関係するもの（出身地や居住地、職業など）といった「私（"me"）としてみなされるものだけでなく、私のもの（"mine"）としてみなされるもの（外的対象物）」まで含めた自己のことを「拡張自己[文1]」と呼ぶ[注1]。このとき、外見的情報の中で多くを占める服とその色は、相手への印象、ひいては自分をどう見せたいかという「拡張

注釈

1. 演習では各自の「所有物」を外的対象物とし、拡張自己と捉えて色との関係を扱うため、R・ベルクの定義を示した。ほかに、藤原・池内[文2,文3]によれば、心理学領域での外的対象物と自己との関連性では、W・ジェームズ[文4]による、「知られる自己（self as known）」の構成要素としての「物質的自己（mate-rialself）／社会的自己（so-cial self）／精神的自己（spir-itual self）」の3つの自己側面の定義がある。なお「物質的自己」は、自分の生命や身体、物的所有物というような物質を、「社会的自己」は、地位や職業、名声など自分の社会的存在としての側面、また「精神的自己」は、自分の欲求や感情、意志、能力や性格など、個人の概念的・心理的側面を意味する。

赤を起点に作成したトーン図

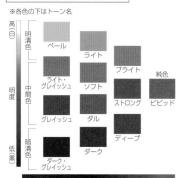

※各色の下はトーン名

例：各色相のダーク・グレイッシュトーン

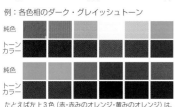

たとえば左上3色（赤・赤みのオレンジ・黄みのオレンジ）は、トーンカラーのみ見るといずれも茶色と認識されるが、このように並べるとそれぞれ色相が異なる。

図 7.5-1　トーン図

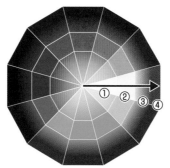

演習では、12の色相に対して中心から
①明清色（純色＋白）
②純色（各色相が一番鮮やかな状態）
③中間色（純色＋グレー）
④暗清色（純色＋黒）
となるようグラデーションをつけている。

明清色・中間色・暗清色の特徴

①明清色	③中間色	④暗清色
純色＋白	純色＋グレー	純色＋黒
・明るい ・澄んでいる ・パステルカラーなど	・くすみがある ・ナチュラルカラー ・アースカラーなど	・暗い ・澄んでいる ・ダークカラーなど

図 7.5-2　演習シートの構成

パーソナルカラーのグループ分けの一例

4つのタイプに分けるフォーシーズン法
肌や手首の裏の血管、瞳や髪（地毛）の色をもとに診断する。

・肌の色が黄みがかっている ・血管の色が緑系・青緑系		・肌の色が青みがかっている ・血管の色が青系・赤紫系	
イエローベース		ブルーベース	
Spring （春）	Autumn （秋）	Summer （夏）	Winter （冬）

※各季節には色の明るさや彩度などの色調によって色が分類され、色群が形成される。
※最も基本的な分け方が上記4分類であり、［黄み・青み／明るさ／鮮やかさ／濃淡］などの指標との組み合わせにより、16タイプ・24タイプとより細かく分類する場合もある。

季節ごとのパーツカラーの分類と似合う色の傾向

Spring （春）	肌：イエローベース 瞳：明るい茶 髪：茶	明るくて鮮やかな色が似合う
Summer （夏）	肌：ブルーベース 瞳：ソフトブラック 髪：ソフトブラック	明るくて抑えた色が似合う
Autumn （秋）	肌：イエローベース 瞳：暗い茶やアッシュな茶 髪：焦茶や赤みを感じる黒	深みのある抑えた色が似合う
Winter （冬）	肌：ブルーベース 瞳：黒 髪：黒	濃く鮮やかな色、メリハリ感のある配色が似合う

※上記はあくまで目安であり、顔色が良く見えるなどの個人に似合う色は、実際に色布を胸周りにあてて顔写りを見ながら判断する。

ベースカラー、または4つの季節グループに応じた色群に属する色どうしには親和性があるため、ファッションだけでなくデザインの世界でも配色を色群内でまとめると調和がとれると考えられている。

図 7.5-3　パーソナルカラー

---

2. パーソナルカラーはR・ドアやJ・イッテンによる色彩論を源流としてアメリカで発展した。多民族国家では肌・髪・瞳の色素の個人差が大きく、相互理解のための自己主張や、円滑なコミュニケーションに資する「健康的、魅力的」なイメージコントロールのためにパーソナルカラーが広く浸透したと考えられる。

3. 流行色はインターカラー（国際流行色委員会：INTERNATIONAL COMMISSION FOR COLOR）やPANTONEといった専門機関や企業によって、色彩動向や社会動向を踏まえて決定、発表される。特に服などのシーズンごとに切り替わる商品の展開で、流行色は重視されている。

参考文献・出典

1. Belk, R. W. *Possessions and the extended self*, Journal of Consumer Research, 15, pp.139-168, 1988
2. 藤原武弘、池内裕美「「自己」「拡張自己」「身体統制に対する態度」の相互関係に関する社会心理学的研究」（『消費者行動研究』4巻、1号、pp.99-114、1996-1997）
3. 池内裕美、藤原武弘「拡張自己の構造―日・西・米・中における普遍性の検討―」（『社会学部紀要』関西大学、第35巻、第3号、pp.39-59、2004）
4. James, W., *The principles of psychology (Vol.1)*, New York, Henry Holt, 1890
5. 山脇惠子『図解雑学よくわかる色彩心理』ナツメ社、2007
6. 小林重順『カラーシステム』講談社、1999
7. 千々岩英彰『人はなぜ色に左右されるのか』河出書房新社、1997
8. 一般社団法人 日本カラーマイスター協会『カラーデザインの教科書』株式会社秀和システム、2020

自己」としての自己演出や個性にとって重要な要素である。色を服として身につけると、色単体から想起されるイメージとは別のイメージが想起される。例えば昨今の就職活動などで、黒や紺などのスーツが推奨されるのは「真面目」「信用」などといった色が持つイメージが採用側に好印象を与える一面を踏まえたものである。また、選挙や政治でも、同内容の政策でもネクタイの色などの見た目によって支持率や当落に差が出るという調査結果もあり、パーソナルカラー[注2]などを用いた外見のイメージコントロールが重視されている。

服だけでなく、小物や車、家に至るまで、他者にも見られることを前提に人が身につけるもの／自分のためのものとして選ぶ色には自己表現の一面がある。もちろん、服などの色をそのまま当人の個性と一概に捉えることは難しい。毎年店頭に並ぶ服の色には流行色[注3]に伴う偏りがあることや、その日の気分による（気分に合わせた色、気分を変えるための色）選択、年齢、仕事、場面などのTPOによって相応しいとされる色の「空気を読む」などの、多様な要素が複雑に絡むためである。このように、服の色と個性の間には個人由来の多様な要素に加え、周辺環境や場面などの制約が多大に影響する。一方で、制約の影響を受けにくい、文具や傘、スマートフォン（またはそのケース）といった小物に類する「個人のもの」は嗜好や自身の個性（他者への印象を踏まえない自己の表出・演出）が比較的表れやすい。

［2］演習結果の分析・考察の例

演習の回答からは、性別、色相、持ち物といった属性と、好きな色／嫌いな色、性格の傾向、他者との関係の傾向が得られる。分析ではこれらの組み合わせから回答者群の傾向を探るとよい。

過去の分析では、5種の持ち物（財布、傘、鞄、携帯、ペンケース）を寒色系／暖色系／補色関係／多様／白黒（無彩色）の5つに分類し、男女別で色相関係を見た例がある（図7.5-4）。この時は、女性受講者の34.7％が補色関係で持ち物の色を構成する傾向が見られた。また男女ともに、約3割が特に色相や補色などに捉われずに色を選択している。また、性格の傾向と持ち物の色相の関係を集計し分析する例もある（図7.5-5）。

［3］色による共通認識の醸成やコミュニケーション

「赤い羽根募金」や「ピンクリボン運動」などの活動や運動に「色」が使われる場合

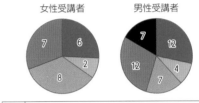

図 **7.5-4** 男女別の持ち物の色相

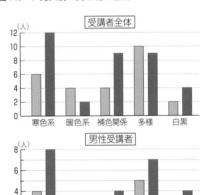

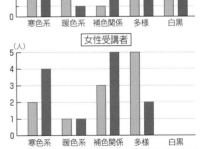

図 **7.5-5** 性格の傾向と持ち物の色相（図7.5-4～5は受講生の回答をもとに村川作成）

がある。色と活動や運動の組み合わせでは、ピンクリボン運動（乳がん予防）やイエローリボン運動（障害者の社会参加推進）があり、これらはアウェアネス・リボン（Awareness Ribbon）の一環である。アウェアネス・リボンには多様な色があり、それぞれの色が社会問題や難病などのことがらに対応している。その色のリボンを身に着けることで支援や支持、啓蒙などの意思を表明する。また、SDGsでは取り組み目標を色で直感的に認識できるよう、17の目標にそれぞれカラーコードが設定されている。このように、メッセージ性と共に普及した色は、共通認識として知覚される。そして、正しく認識されるために、設定された色やその色を用いたアイコンなどには周囲の余白スペースや背景色との組み合わせなど、使用ルールの設定があり、これに則って運用する必要がある。その相互作用により、詳細な説明や言語を介さない情報伝達を可能にする点は、色の記号性やコミュニケーション能力である。

（村川）

私はどこから来たのか　私とは何者か　私はどこまでであるか（1）

環境行動学は、人間と人間自身を含む環境相互の関係への関心をその基盤に置く。人間が環境をつくり、環境が人間をつくる。その変わり続ける動的平衡としての有り様のなかで——「私」とは、なんだろうか。

人間の身体は、親から受け継ぐ遺伝子によってつくられる。思考や行動様式は、社会がつくる（c.f.ミーム、→p.120）と言われる。これに対して、人類学者であるT・インゴルドは、そもそも人間は社会的存在かつ生物学的な個体であり、身体をもち生命活動をする生き物として自らや社会をつくる、生物社会的な存在であると説明する[文1]。人間とは遺伝子と社会が「つくる」ものではなく、生体遺伝子と社会（的遺伝子）との一体不可分な関係こそが人間存在「である」。

生命科学・場の研究者である清水博は、生き物は刻々と自己を表現する自己言及活動を行う存在であり、同時にそれ自体が自己言及する世界であり、時間やエピソードの蓄積のなかで一貫した存在としての自己を物語る歴史的世界、そしてひとつの内的世界すなわち自己を持つひとつの世界である、と述べる[文2]。自己言及活動とは数多くの関係子によってその世界を物語ることで、それは演じ続けることによって成立するドラマである、という。ある主体が、世界を自らの内的世界において物語るということは、世界の関係のなかに自己を位置づけつつその自己から見える世界を語ることである。そして、それは同時に世界が自己の内部の関係に位置づけられているということでもある。物語りたいその世界とは、世界そのものではなく、厳密には「自己が知っている世界」であるためだ。自分が認知する限りの世界と自己とは互いに入れ子の構造にあって、物語り続ける、つまり破壊と入れ替えによる再構築をし続けることによって存在する「動的平衡」の有り様を呈する。

人間がそうであるように、環境と人間の関係、環境のなかにある人間（person-in-environment）もまた、ひとつの生命であり、相互の関係を持つ系（人間－環境系）である。

（山田）

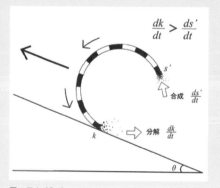

図コラム 10-1
福岡伸一による動的平衡の「ベルクソンの弧」モデル[文3]

$$\frac{dk}{dt} > \frac{ds'}{dt}$$

s'

合成　$\frac{ds'}{dt}$

分解　$\frac{dk}{dt}$

k

θ

参考文献・出典
1.ティム・インゴルド著、奥野克巳、宮崎幸子訳『人類学とはなにか』亜紀書房、pp.115-116、2020
2.清水博『生命知としての場の論理』中公新書、p.42、p.111、1996
3.福岡伸一『動的平衡』木楽舎、2009

第 8 章

人がまちに埋め込む空間イメージ

[1] 景観と色

　景観の構成物には色がある。色は、光の物質的性質ではなく、電磁波である光が人の目に入り、網膜の視細胞を刺激してそれが大脳に伝わってはじめて生じる感覚である。視覚の場合、適刺激は約 380 〜 780 nm（ナノメートル、メートルの 10 億分の 1）の電磁波であり、眼球の奥にある網膜中の錐体と桿体と呼ばれる二種の視細胞が受容器となっている。ここでは視覚神経系を経て大脳視覚野に生理的信号が達して刺激が生じる。二種の視細胞のうち、桿体は色覚と明るさ感覚に関係し、桿体は明るさ感覚に主に関係する。

　可視スペクトルの中で、700 nm の赤と 500 nm の緑、400 nm の菫といった色や明るさの違いなどがある。色覚の場合は色相（赤・橙・黄・緑・青・紫などの色調）、明度（明るさ）、彩度（鮮やかさ）の三つの次元にそって変化する。これらを色の三属性という。色相は波長に、明度は光の強度（輝度または反射率）に、彩度は純度という光刺激の特性にほぼ対応する。

[2] 色立体

　スペクトルの両端の赤と菫をつないで円環状に並べると、すべての色相を表す色円ができる。さらにその円の中央を垂直に貫く軸をつけて、その軸上の高さで明度を表し、円の中心からの距離で彩度を表すと円筒座標系によってすべての色を三次元空間中に配置することができる。これを色立体と呼ぶ。例えば、**図 8.6-1** のマンセルの色立体はその例である。この色立体の中心を貫く黒灰白を無彩色と呼び、その他の色づいた色をすべて有彩色と呼ぶ。

[3] 景観と環境色彩計画

　カンパーニャ州、カプリ島の歴史的建造物の建築ファサードの色彩計画が 2002 年 10 月 18 日に施行された。これはカプリ島の景観を調査し建築ファサードをカラーパレットの色に整備していく計画である。

　イタリアの景観計画における環境色彩計画は各州で異なり、内容も地域毎に個性があるが、歴史的地域においては、建造物の歴史的な背景、意味づけ、文化などが重視され、開発と保全の方法が考えられ、目標を達成できるよう詳細に定められている。

　図 8.6-2 にカンパーニャ州におけるカプリ島の港の風景を示す。地中海に面したカプリ島はナポリから船で 1 時間渡ったところにある。この地区の建物は、かつては白い町並みが流行しており、建物が白く塗り替えられ、その結果、白い町並みが形成されてきた（**図 8.6-3**）。しかし、近年、歴史的な位置づけを把握する動きが見られ、カ

参考文献・出典

1. 大山正、齋藤美穂『色彩学入門：色と感性の心理』東京大学出版会、2009
2. Antonia Zanardini, I colori di Capri：Progetto & Pubblico 24、pp.40-44、2006.4
4. 『新編感覚・知覚心理学ハンドブック』誠信書房、1994

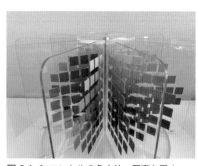

図 8.6-1 マンセルの色立体　写真を写す

図 8.6-2 カンパーニャ州、カプリ島、港の風景

図 8.6-3 カンパーニャ州、カプリ島、白色の外壁

プリ島内の建物の外観や建築物、地質が調査された。建物に使われた塗料の成分や地質が科学的に分析された結果、この地域の建物はもともと白い色ではなく、淡い黄色を基調としていたことが把握された。そこで、住民は自分たちのアイデンティティである淡い黄色い色を基調としたまちをつくりたいと、行政を巻き込みカプリ島の色彩計画が本格的に始まった。その活動の成果として作成されたのが**図 8.6-4** に示したカプリとアナカプリというまちの色彩パレットである。これを見ると、地域によって少しずつ色味が異なっていることがわかる。淡い黄色い色を基調としながら、地域ごとに異なる色を取り入れることで調和した環境色彩がつくりだされる。

図 8.6-5 はカプリ島における町並みの色彩計画である。上図は計画前の状況を示し、下図は計画後の状況を示している。計画前は白壁が目立ち、多少淡い黄色が残っている。計画後は淡い黄色が基調となった町並みを形成している。色彩の選択肢を残しつつ、町並みの調和を考えた色彩パレットによって、それぞれの地域によって少しずつ色味が異なり、淡い黄色い色を基調としながら、地域ごとに異なる色を決めていることがわかる。色彩パレットと色彩計画については、住民、自治体、専門家（建築家、

地質学者、歴史学者、色彩学者など）が長い時間をかけて協働でつくり、過去に使われていた素材や塗料を研究したそうである。この作業は大変な苦労を伴ったようであるが、愛着や誇りも一層強いものになり、統一感の中に個性が表出し、この地域らしさを生み出し、淡い黄色い色を基調としながらもそれぞれに個性を与え、この土地ならではの個性を守りながらデザインされていた。

このように、イタリアのカンパーニャ州カプリ島では、それぞれの地域において独特な計画を検討し、歴史的な建造物を尊重しながら、地域の住民と自治体、各種の専門家が連携し、地域に調和した色彩計画を策定していることが特徴である。色彩の基本理論に基づきながら関連するさまざまな主体を巻き込み、最適と考える環境色彩計画を策定している。

▶【演習 45】カメレオン発見。

- まちのなかで、風景や背景に溶け込むように「擬態」しているさまざまなもの。それらを見つけて、なぜ擬態しているのか（ねらい）、どのように擬態しているのかを考えよう。

図 8.6-6 に演習課題の回答例を示す。緑化された擁壁は景観になじむデザインになっており、周辺環境に溶け込みやすいことが考察されている。まちの中の景観をよく眺め、現場で色がもたらす影響を考えてみると、良好な景観形成に向けた色彩マネジメントに役立つ方法を発見できる。（熊澤）

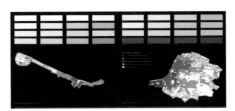

図 8.6-4 カンパーニャ、カプリ島の色彩パレット 文2

図 8.6-5 カプリ島の色彩計画（上：計画前、下：計画後） 文2

図 8.6-6 演習課題の回答例

演習46　どんなひとのおうち？　⇒p.55

[1] 理想の家

　理想の家を想像する時に何を思い浮べるだろうか。気持ちよく寝られる／畑仕事ができるなどの行為や過ごし方、一緒に暮らす人などの人的要素からイメージする人もいるだろう。または最初に建物の外観や内観をイメージする人もいるだろう。一方で特殊な立地をイメージする人もおり、家が周辺の環境条件や環境のイメージである場合もある。閑静な住宅街／田舎の田園を理想の家という人もいる。しかし実際に家を買う時には理想とするイメージに近い家というわけでなく、通勤ルートで選ばれることもあり、家を選べても周辺環境を選べないことはしばしばある。ではどのような周辺環境や外観が理想的な家だろうか。崖をくり抜いて建っている家（図8.2-1 ①）、木々に囲まれて自然と一体的に暮らせる家（②）、大草原に広がる小さな家（③）、または面白い見た目の家（④）、奇抜で特徴的な何か自分らしい家（⑤）、映画にある「ラピュタ」のような森と一体化した家（⑥）など、さまざまな家がある。

[2] 建物を着る：
表出される内面としての外観

　家から感じるイメージは、趣きや立地、気候、地域性、施主などから想起される。また色や色の組み合わせも影響する。この家は穏やかそう、親しみやすそう、厳格そう、おしゃれっぽいなどのイメージを聞いていくと色や様式で印象が異なる。理想の家は「House」でなく「Home」で、イメージしやすい建築種別である。家の外へと表出される外観はそこに住む人の現れとして、住む人のイメージと結びつく。人は物を置くことで環境をパーソナライズし、環境がその主体を現す。環境のイメージとし

分析例

• 2019年度受講生によるグループ演習課題成果をもとに加筆・修正

図 8.2-1 さまざまな「理想の家」のイメージ (Adobe Stock より)

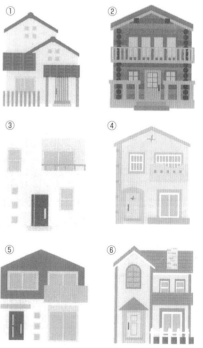

図 8.2-2 6つの家のイラスト (サイト「いらすとや」より)

て読み取る側の人間はその環境に関わる人の存在を読み取ろうとする。どんな人が住んでいるか、何をしているかの視点で空間や風景がほとんど無意識に評価されていく。このようにして、その環境を選んだりつくったりしている人が「なんとなく」イメージされていく。

▶【演習46】どんなひとのおうち？

6つの家のイラスト（図8.2-2）に対して、「理性的か感情的か」「大胆か繊細か」「落ち着きがあるかないか」「古典的か革新的か」などの8つの質問に回答する。

［3］演習結果の分析・考察の例

理性的な－感情的な

図8.2-3（〜図8.2-5まで、受講生作成）から①③⑤の外観では理性的な印象を受ける割合が高く、②④⑥では感情的な印象を受ける割合が高い。また「どちらでもない」の

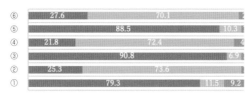

図8.2-3　理想的か可能的か

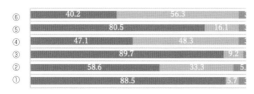

図8.2-4　落ち着きがあるか落ち着きがないか

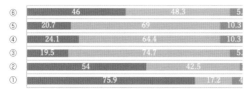

図8.2-5　古典的か革新的か

回答はわずかである。

落ち着きのある－落ち着きのない

図8.2-4から④⑥以外では「落ち着きがある」と回答する人が50％を超えている。また①③⑤では「落ち着きがある」の回答が80％以上である。

古典的な－革新的な

図8.2-5から①が「古典的」という回答が約75％である。また③④⑤が「革新的」と回答する人が50％以上である。さらに②⑥の「古典的」、「革新的」の回答割合が同程度である。

6つの家のイラストのイメージの特徴

これらの分析から、例えば①の柔らかみのある白色の外壁、青い屋根に木材が所々に用いられている外観からは、「理性的で繊細、落ち着きがあり古典的、真面目であるが存在感は無い、弱気であるが思いやりがある」人が住んでいるというイメージである。白色や青色から抱く感情面への関係と、木材が人に与える印象が関連しての結果と考えられる。また④の黄色や橙色など暖色系の色を基調に外壁に煉瓦が用いられているような外観からは「感情的で大胆、落ち着きがなく革新的、真面目で存在感があり、強気でわがまま」な人が住むとイメージされた。黄赤色から受ける感情「喜び・はしゃぎ・活発さ・元気」、黄色から受ける感情「快活・明朗・活動的・元気」から「感情的・大胆・落ち着き・存在感・強気・わがまま」が連想されたと考えられる。また「革新的」な印象は外観の曲線のバルコニーや屋根付近のマークに起因すると推察し、「真面目」は窓枠の白や玄関に用いた緑色から得た感情と関連づけられると考える。このように他のイラストに関しても外観から人をイメージする際には色と感情の関係、素材から受ける印象が関連していると考えられる。このことは、自分たちが文化や思い込みで持っているイメージで、無意識にいろいろな評価をしてしまっていることを自覚するきっかけになる。　（古賀）

演習47 美容院・居酒屋、どこに入る？ ⇒ p.56

[1] 外観のイメージデザイン

It's for me とは、私自らに合っている、もってこいだ、というニュアンスである。

商業施設の外観、つまり建築のファサード（建築正面の外観デザイン）が人に及ぼす第一印象は、店舗経営においても顧客ニーズや売り上げに関係するため重要な要素である。店舗は外観のデザインによって、店のコンセプトや狙っている客層に合った集客を企図している。

[2] イメージをつくる要素

建築の外観がもたらす印象として、サスティナブル建築の外観では物理的な構成要素のうち、外装材・外装色・色彩調和・全体形状・透明度・屋根形状・周辺環境と歴史性・耐久性・デザイン性・生活の質それぞれの評価因子との関係性が明らかにされている[1]。こういった建築の外観の魅力は、ある環境に対して個人の好みの度合いを問うものであり、環境選好と呼ばれ、デザインが社会に受け入れられる程度を反映している[2]。

また、住宅の外観においても建築学科の学生は外壁の色や仕上げ、建築士は平屋の住宅を比較的高く評価し、外観から得られる要素から内部や住民の生活などにまで考えが至ったこと[3]が報告されている。

一方、建築物の外観デザインに対する評価が、他の要因から受ける影響について複合環境評価実験により検討した事例[4]や温度と騒音が景観評価に与える影響を明らかにした報告[5]、視覚や聴覚以外の要因を総合的に捉えることの重要性を指摘した研究もある。また、飛田[6]は、違和感を生じる景観に反復接触すると景観の好ましさが低下し、地域への愛着形成を阻害する

ことを示唆している。

[3] イメージとそのギャップ

ル・コルビュジエなどのモダンな建築（近代建築）とポストモダン建築と呼ばれる、日本では主に1980年代頃からのバブル期に建てられた色や形状が奇抜な商業建築が見られる。このような建築は、一般人から嫌悪感を抱かれることもある。建築家（設計者）と一般人の好みや感性のギャップも時間を経て緩和されることもあるが、限界もある[7]。また、ポストモダン建築はサスティナブルやSDGsがうたわれる現在において、概ね負の遺産などとして疑問視されることが少なくない。しかし、近年のSNSに見られる「インスタ映え」や「エモい」などを好む若者（Z世代）や海外の観光客などの感覚はまた異なるようである。例えば図8.3-1の右端のビル（設計 P・スタルク）をどのように感じるだろうか。

実際、近年ではこの建物群を遠景などとした撮影スポットとなっているようだが、おそらく目立って気になる、あるいは元気が得られる、道中のシンボルになるなどのアイコン的な魅力やメリットもあるのかもしれない。こういったデザインが受け入れられるか否かは、時間の経過や地域差、個

図8.3-1 現代建築とポストモダン建築（写真右端）の風景

参考文献・出典

1. 渋谷達郎、宮脇務、岸本達也「建築の外観がもたらす持続可能性の印象とその魅力構造の分析 建築デザインの持続可能性に関する研究 その1」（『日本建築学会計画系論文集』75巻、647号、pp.227-233、2010

2. 杉山岳巳「持続可能性をめざしたデザインに対する認識：環境選好と持続可能性評価に関する実証的研究」（『日本建築学会計画系論文集』67巻、552号、pp.93-99、2002）

3. 柳瀬亮太、八鳥沙也加、松田昌洋「住宅外観がもたらす印象と居住選好に関する検討 長野市内の住宅団地を対象として」（『人間・環境学会誌』21巻、1号、p.44、2018）

4. 横山広充、松原斎樹、合掌顕、藏澄美仁「複合環境評価実験による建築物外観の検討：京都市内の近代和風、近代洋風、現代建築を対象として」（『日本建築学会環境系論文集』70巻、592号、pp.59-65、2005）

5. 松原斎樹、河上由香里、合掌顕、藏澄美仁、角谷孝一郎、大和義昭「温度と騒音の複合環境が景観評価に与える影響：京都らしい景観を対象として」（『日本建築学会計画系論文集』67巻、559号、pp.87-94、2002）

6. 飛田国人「違和感を生じる景観への反復接触が好ましさに及ぼす影響」（『日本建築学会環境系論文集』782、pp.348-356、2021）

7. 羽生和紀『環境心理学―人間と環境の調和のために―』サイエンス社、2008

図 8.3-2 木質化・ガラス張りファサードの
ショールーム

人差にも影響されよう。

建築家やデザイナーも遠景だけでなくビルなどの低層部の商業空間の外観デザインなどに貢献しているが、派手さに限らず、店舗のファサードに木格子やガラスなどを用いて落ち着いた雰囲気で目の引くデザインも見られる（図 8.3-2）。

以上のようにイメージとのギャップは個人差や学生と専門家、一般人などそれぞれの属性によっても異なる。こうした差異は SD 法による印象評価（SD 法を用いた環境のイメージ評価→ p.186、8-7）でも同様である。

▶【演習 47】美容院・居酒屋、どこに入る？

美容院と居酒屋の写真を見て、立地や客層などの特徴、店舗に入りたいか否か、その理由をワークシートに記入してみよう。

それなりの時間を過ごす、またここでなら適度に緊張感や解放感のある時間を過ごしたい、It's for me と思える店の外観はどのようなものだろうか。

[4] 演習結果の分析・考察の例

美容院では入りたいか否かは性差によって多少の違いが見られた。人数は男女ともに白色が多かったが、比率はとくに男性は黒色、女性は茶色に入りたいがそれぞれ高かった（図 8.3-3）。また、入りたい理由として、女性は男性より店内の様子が見えるか否かを重視している傾向にあった（図 8.3-4）。

居酒屋では、入りたいか否かの特徴として性差は見られず、外観色は茶色（木材）の外観が最も多く、入りたい人も多かった。また、赤など目立つ色の外観や店内が外から少しでも見えた方が好印象であった。

これらのことから、美容院も居酒屋も店内が外からほどよく見える方が入りやすいと推察される。また、美容院では入りたいと思う外観のイメージに性差の影響が見られ、外観の雰囲気や見た目で判断されていることから、建物のファサードにおいて清潔感や温かみのある素材や色の仕上げ、開口部の取り方などが重要と考えられる。

（戸田）

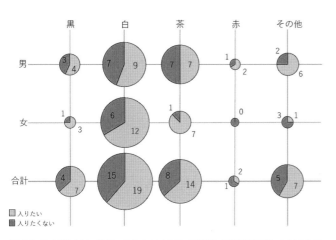

図 8.3-3 外観の色・性差・入りたいか否かの関係（美容院の例）（受講生作成）

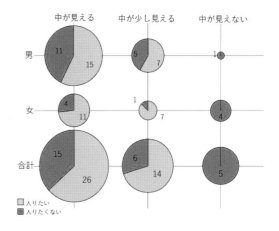

図 8.3-4 店内が見えるか否か・性差・入りたいか否かの関係（美容院の例）（受講生作成）

［1］文字のデザインによる視認性やブランディング

私たちが日常的に触れる文字は大きく分類して、漢字・ひらがな・カタカナ・アルファベット・数字の5種がある。まちを見わたせば、行先案内や広告看板、店舗看板などがあり、視認性を重視した公共のものから個性を表出させる商業のものまで、私たちは文字に囲まれ、情報や印象などを受け取って生活していることに気付く。

書体とフォント

共通したコンセプトでデザインされた文字の集まりを「書体」と呼ぶ。代表的な書体の例では、和文の「明朝体」や「ゴシック体」、欧文の「セリフ（serif）体／サンセリフ（sans-serif）体」[注1] などがあげられる（図8.4-1）。現在ではデジタル化した書体を「フォント」と呼ぶ。小塚明朝／ゴシック、游明朝／ゴシック、ヒラギノ明朝／ゴシックなどがこれにあたり、印刷技術やメディアの発展に伴ってさまざまなデザインフォントがつくられている（図8.4-2）。

書体とブランディング

デザインフォントは企業のロゴデザインやブランディングとも深く関係している[注2]。文字を使ったロゴ（ロゴタイプ）の多くで、文字列そのものが企業名を表してデザインされ、企業姿勢などのメッセージや企業が顧客などに持ってもらいたい印象を企図して書体が選ばれる。デザインされたロゴは、時代や流行、表示デバイスなどの変化に応じて刷新されている。

文字と視認性

特に駅などの公共交通機関や病院などの、必ずしもその場所に慣れていない不特定多数の人が利用する公共施設では文字情報の視認性が重要である。このような場所では、万人が見やすく読みやすい「ユニバーサルデザイン」[注3] の思想によって設計された「UD（Universal Design）書体」を採用するなどの取り組みがある（図8.4-3）。

注釈

1. セリフ体は文字を構成する線に強弱があり、終筆部である文字の端に装飾がある。この名称は欧文書体で装飾部を「セリフ（serif）」と呼ぶことから来ている。和文では明朝体などのフォントが対応している。また、和文・欧文ともに、この手書き文字の名残を感じさせる墨だまり表現の部分を「ウロコ」と呼ぶ。一方でサンセリフ体は一定の太さで構成され、終筆部に装飾がない。サンセリフ（sans-serif）は仏語で「セリフのない」という意味である。セリフ体はその装飾性の高さや歴史の長さから、古典的・伝統的、ひいては高級感や格式高さを印象付けたい場合にしばしば使われる。サンセリフ体は視認性に優れるほか、カジュアル・現代的な印象を与える。和文・英文ともに書体を表す用語を知っておくことは表現の幅を広げるほか、与えたい印象や意図に沿ったデザインを行うためにも重要である。

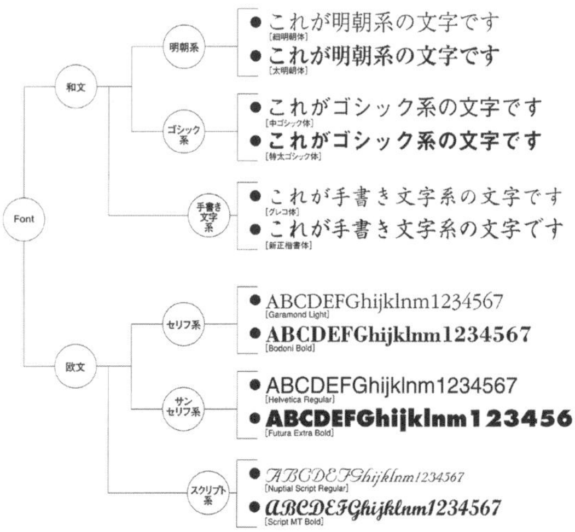

図 8.4-1 和文・英文の書体

図 8.4-2 さまざまなデザインフォント

新ゴ R　　UD新ゴ(AP版) R

新ゴ DB　UD新ゴ(AP版) DB　　新ゴ DB　UD新ゴ(AP版) DB

図 8.4-3 UD 書体（モリサワ UD フォントの例）
UD 書体では濁点・半濁点（左図）や "アキ"（右図）が大きく設計されている

2. ロゴは、企業や組織の特性や独自性の確立と発信を行うコーポレートアイデンティティ（CI）の構成要素の内のひとつであるビジュアルアイデンティティ（VI）において重要な要素である。

3. ユニバーサルデザインは1963年にデンマークの知的障害者福祉法の成立から広まった「ノーマライゼーション（障害の有無に関わらず一般の市民と同等の生活と権利を保障するという考え方）」に端を発し、1990年にアメリカで成立した「障害をもつアメリカ人法（ADA）」によるバリアフリーの思想を発展させたデザイン手法である。利用者にとっての障害（バリア）を取り除くバリアフリーとは異なり、身体能力や年齢、性別、国籍などの違いや状況に関わらず、すべての人が最初から利用しやすい環境を物理的やシステム的に整える・デザインすることを目的としている。

［2］グラフィック・フォントによるイメージデザイン

まちにあふれるグラフィック・フォント

サインや看板などでは公共・商業に関わらず、業種やターゲット層などにあわせて「おしゃれ」「庶民的」「高級感」「親しみやすさ」「スタイリッシュ」などのアピールしたいイメージをグラフィックス（写真やイラスト、図形、記号、文字などの視覚的要素によって平面に構成された表現）やデザインフォント、ロゴタイプによって表出させている（図8.4-4）。

まちの中にある、「文字で表されている」事例を集め、その目的や意図を探ってみよう。

収集する事例は、重複を避けるため、非チェーン店の事例を収集するとよい。また、対象事例の撮影の際には、その事例の雰囲気を伝えられる写真（たとえば居酒屋であれば本来の営業時間である夕方～夜に撮影するなど）とする。

▶【演習48】ホントにフォント？

［3］演習結果の分析・考察の例

まず、収集事例の概況を把握するため、施設や店の種類／周辺の状況／わかりやすさ／フォントデザインに対する印象／フォントデザインの種類などの分類で集計を行うとよい（図8.4-5）。

ある年度の受講生の分析結果から、施設・業種ごとのロゴデザインの傾向を見る（図8.4-6）。飲食店、サービス業、販売業ではロゴタイポとロゴマークの併用が多く、ロゴマークの併用により他店との違いの視覚的判断を容易にしていると考えられる。また、フォントに着目した、日本語表記と英語表記に対するイメージの違いといった視点での分析（図8.4-7）やこれを施設・業種と組み合わせての分析も有効である。

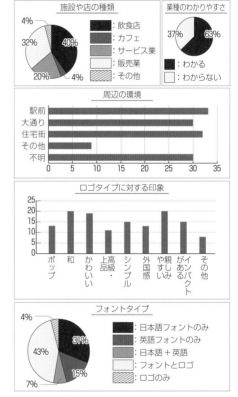

図 8.4-5 回答の概況（受講生の回答をもとに村川作成）

図 8.4-4 まちなかの多様な看板

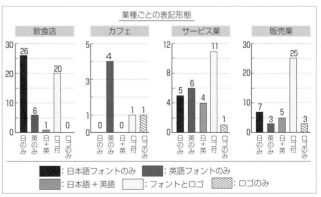

図 8.4-6 施設・業種ごとのロゴデザイン（受講生の回答をもとに村川作成）

［4］いろいろなフォント

デジタル書体の普及により、多様なデザインのフォントを誰もが手軽に入手できるようになった。そして、フォントから想起されるイメージの一例（**表8.4-1**）のように、選ぶフォントの書体やデザインが与える印象は大きく異なる。一般的に、フォントのデザインを選ぶに先立って、伝えたい内容やメッセージの確立が重要である。メッセージや内容に相応しいデザインは、内容と表現様式の一致により、受け手は安定感が得られ、発信側の意図を正しく受け取ることができる。　　　　　　（村川）

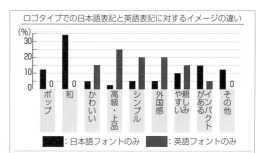

ロゴタイプでの日本語表記と英語表記に対するイメージの違い

■：日本語フォントのみ　■：英語フォントのみ

日本語フォント：
・和のイメージ。字体は明朝体と楷書体に偏りが見られた。
・「かわいい」より「インパクトがある」
英語フォント：
・書体が多様で「外国感」より「高級・上品」イメージを持つ人がやや多い。
・「親しみやすい」が同様に多く、使用されている色と関係があると考えられる。

図 8.4-7　ロゴタイプにおける日本語フォントと英語フォントのイメージの傾向

細い	優雅、軽やか、高級、上品
太い	力強い、個性的、野趣、安さ
丸い	幼さ、やさしさ、暖かさ、安さ

表 8.4-1　書体のデザインと印象

参考文献・出典

1. 株式会社モリサワHP、フォント用語集〈https://www.morisawa.co.jp/culture/dictionary/〉
2. 深見悦司『デザイン・レイアウトの基本テクニック』成美堂出版、2005
3. 内田広由紀『7日間でマスターするレイアウト基礎講座』視覚デザイン研究所、1998

私はどこから来たのか　私とは何者か　私はどこまでであるか（2）

Column 11

環境、あるいは社会と人間という存在が一体不可分であるように、環境と「私」という認識あるいは存在もまた、一体不可分である。どこまでが「私」であるかについては、自らの生命や身体のみならず物的所有物や職業などの社会的役割なども「自己」であるとする拡張自己の概念が知られている（→p.168）。演習で体験したように、その形態のみならず色彩（7章）や素材、フォントなど（8章）がそれをまとう／使う／自らのシンボルとする人や企業などの団体、建物のイメージをつくる。それらは選択の結果であることも、地域や年齢や職業などによる指定や割り振り、あるいは地域や社会による与条件であることもある。

それら割り当てられるもの、選択するものとしての拡張自我は、場所や人間関係、活動や振る舞いにもまた当てはまるだろう。どのような「空間 space」で、人びととの関係や活動、そして人にとっての意味である「場 setting」に我が身を置き、「場所 place」という意味の空間と関係を結ぶか。それもまた、自己（私）の一側面である。そして、そのそれぞれの空間や場や場所で、人はそれぞれ異なる振る舞いをするだろう。そのすべてがその人が持ちあわせる側面である。これは今日、統合され分割不可能である「個人 individual（＝それ以上分けられない、の意味で、"人"の単位）」ではなく、会う人やコミュニティごとに異なる振る舞いをする――関係とともに生じ、あるいは消え、関係とともにある「分人 dividual」の集合として捉える概念[文1, 2]も注目されている。場所や相手、シーン、そのときの役割によってそれぞれの分人が存在し、それらすべての集合がある「人」である。これは心理学でいう「多次元性自己／多元的自己／自己の複数性」の概念にも近いとされる。意味の集合としては、すでに存在する分人だけではなく、失われた分人（記憶）やありうる分人（可能性、未来、想像される関係や振る舞い）もまた「私」の側面となろう。　　　　　　（山田）

参考文献・出典

1. 武田英明「分人型社会システムによるAI共存社会の枠組みについて」総務省学術雑誌『情報通信政策研究』第5巻第1号、I-93-109
2. 平野啓一郎『私とは何か――「個人」から「分人」へ』講談社、2012

注釈

1. ユーザビリティ：使いやすさやわかりやすさ。「特定のユーザが特定の状況において、システム、製品又はサービスを利用する際に、効果、効率及び満足を伴って特定の目標を達成する度合い（JIS Z 8521:2020）」
2. UI：ユーザーインターフェース。ユーザーと利用対象の間にある事象すべてを指す。UX：ユーザーエクスペリエンス。D・A・ノーマンら[文1]の提唱を端緒とし、井上[文2]により「使いやすさはもちろん、製品によってもたらされる成果や使用感、使用中や使用後

[1] ユーザビリティデザインと情報の視覚化

ポスターや広告、雑誌は、情報の要素（写真、イラスト、色、文字）が複数あり、発信する情報量が多い。受け手の情報の取得、理解のために製作・発信側は、「ユーザビリティ」[注1] を重視している。Web やスマートフォンなどのデジタルデバイスでは、UI ／ UX[注2] なども重視される。

ここでは、紙媒体の中でも発信情報量が比較的多い「雑誌」に着目し、限られた紙面サイズ内で、情報や印象をどのような要素で構成・デザインしてコントロール・表出しているのかを探る。配布、または持ち寄った雑誌のページを対象に、グループで

項目に関して話し合い、コメントを記入する。印象は個々人で異なるので、多様な意見が集まるとよい。

▶【演習 49】雑誌のレイアウト

[2] レイアウトのパーツとして用いられる要素

紙面レイアウトに用いられる要素には、①図版（写真／イラスト／グラフ）、②文字・文章、③ケイ線・矢印、④色がある。

このうち、図版は視覚を通して与える影響力が強く、この影響力の強さを「視覚度」とよぶ。一般的に要素の視覚度の高低は、明解なイラストやグラフ＞写真（ひと・もの＞風景）＞文字である。視覚度の高い表現

データの種類

収集したデータの集計・分析には、そのデータの種類を理解しておく必要がある。データの種類は統計学的には以下のように分類される。

質的データ（カテゴリーデータ）	名義尺度	同質か異質かを表すため、区別するために、名目的につけられた分類を示す。	例）男女、血液型、都道府県、職業など
	順序尺度	値には大小関係のみが存在する。値の間には「何倍」などの意味はない。加減乗除はできない。	例）順位、5段階や7段階評価といった程度を表すもの
量的データ（数量データ）	間隔尺度	等間隔の目盛りをもち、間隔や大小関係に意味がある。和・差の計算ができる。	例）人数、点数、西暦、温度など
	比率尺度	間隔尺度の性質の上に、さらに絶対的原点（値が0の時に「無い」とみなせる）をもつ。加減乗除ができ、「何倍」という表し方が可能なデータ。	例）時間、距離、値段、金額、身長、体重、面積など

（参考）日本建築学会編「建築・都市計画のための調査・分析手法」井上書院、1987 年

データの可視化の例

円グラフ

・割合を表現するグラフ
・複数回答で得られたデータには使用できない
・絶対的な値の比較には向かない（10中の5：50%と1000中の300：30%では母数が異なるため単純に大小比較ができない）

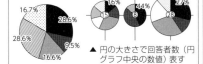

▲ 円の大きさで回答者数（円グラフ中央の数値）表す

棒グラフ

・ヒストグラムとも呼ばれる
・絶対的な数値の比較に適している
・目盛りの単位や間隔の取り方によって与える印象が異なる

積み上げ棒グラフ

・棒グラフと同様に、絶対的な数値の比較に適している
・項目を構成する内訳を表すことができる
・棒単体では絶対的な数値、棒内部の内訳は割合と複合的にデータを表すことが可能

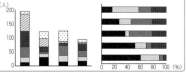

折れ線グラフ

・時間の変化に伴う値の推移の表現に適している
・複数の属性のデータを掲載・比較できる
・SD 法などで回答の傾向を見せる際にも有効

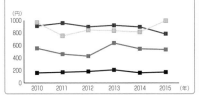

レーダーチャート

・項目ごとの性質や、評価対象を複数の観点から各項目のバランスで表現できるグラフ
・複数の属性のデータを重ねた比較も可能
・中心ほど小さな値、外側ほど大きな値となるよう作図し、面積が広いほど優れている（高い得点で構成されている）といえる

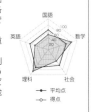

散布図・バブルチャート

・点や円の分布（散らばり具合や偏り）により、ある集合における動向や傾向を表せるグラフ
・1 つの点・円が 1 つのデータに対応している
・傾向の有無を表す際には近似曲線を添える場合もある

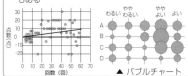

▲ バブルチャート

（参考）佐々木剛士『絶対はずせないデザインのお約束　デザイン・レイアウトのセオリー』グラフィック社、2006 年

図 8.5-1 データの種類と可視化の例

方法には、インフォグラフィックやデータビジュアライゼーション[注3]などがあげられる（図8.5-1）。また、図版率（紙面のうち図版が占める割合）や図版の切り出し方、図版そのもの自体の表現やその使われ方と役割[注4]も影響する。ほかに、フォントや文章では文字間や行間、段組みとその配置文章の段組みや揃え方などがある。文章の読みやすさには視線誘導が関連しており、大きくは、縦書きは右上から左下、横書きは左上から右下に読み進められるように文章を配置する。その際に、図版のレイアウトは読み進める流れを分断しないよう注意する（図8.5-2）。

図と文章の組み合わせでは、ジャンプ率（最大・最小のサイズ差）がある（図8.5-3）。色にも応用される概念（対比）で、図や文章と同様の効果がある。補色となる色や彩度・明度の差が大きい色の使用は、カジュアル・活発な印象、逆の場合は穏やかさや静謐さを演出できる。

これらの要素は、その扱い方で、印象以外の読みやすさ、わかりやすさといったユーザビリティに大きく影響する。また、紙面デザインにおいて最も重要な点は、情報の整理・取捨選択と優先度である。配置する要素や、写真・文字・文章を前面に出すのかを、与えたい印象に合わせて整理しておく必要がある。

［3］レイアウトと印象

レイアウトは大きくは①グリッドレイアウト②フリーレイアウト③シンメトリーレイアウト③ケイ線によるレイアウト（図8.5-4)、の3つに分類できる。

①グリッドレイアウトは秩序と統一感を演出する一方で、堅苦しさや単調な印象に陥る可能性もある。②フリーレイアウトは楽しさや躍動感を演出できる一方で、雑然としてまとまりがなくなる懸念もある。③ケイ線によるレイアウトは紙面に軸ができるため、まとまり感と自由さが共存できる。

前述の図版や文字・文章、色のジャンプ率やシンメトリー・アシンメトリー配置の

にユーザーの中に起こる感情などを含めたユーザーの体験すべて」とまとめている。

3 インフォグラフィックはイラストや図形により解説を行うダイアグラム、相関図や年表といったチャート、表やグラフ、地図など。データビジュアライゼーションは、ビッグデータの視覚化。

4 図版自体の表現には、写真はカラー／モノクロ、イラストは線の太さなどのタッチ、シルエット・手書き表現やコミカル・アート・写実的などのテイストがある。使われ方は、メイン／背景／挿絵などがあり、役割（図解、文章の補足、雰囲気をつくる）と併せて複合的に適切な表現を選ぶ必要がある。

参考文献・出典

1. Donald Arthur Norman, Jim Miller, Austin Henderson: What You See, Some of What's in the Future, And How We Go About Doing It: HI at Apple Computer, Conference companion on Human factors in computing systems, pp.155, 1995.7.11
2. 井上勝雄「視覚的な使いやすさ感と直感的なインタフェースデザイン」『感性工学』2016、14巻2号、p.74-80
3. 深見悦司『デザイン・レイアウトの基本テクニック』成美堂出版、2007
4. 佐々木剛士『絶対はずせないデザインのお約束　デザイン・レイアウトのセオリー』グラフィック社、2006
5. オブスキュアインク『レイアウトデザインのルール 一目を引くページにはワケがある。』株式会社ワークスコーポレーション、2008
6. 株式会社アレフ・ゼロ『魅せるデザイン、語るレイアウト。』株式会社エムディエヌコーポレーション、2005

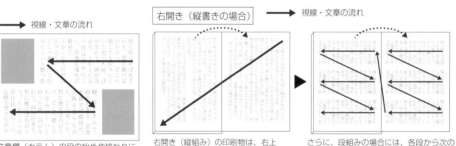

→ 視線・文章の流れ

文章欄（カラム）の段の始めや終わりに配置される図表・写真などの素材は、文章の折り返しを助ける役目を果たす。

右開き（縦書きの場合）　→ 視線・文章の流れ

右開き（縦組み）の印刷物は、右上から右下へ視線が流れるようにする。

さらに、段組みの場合には、各段から次の段にスムーズに視線が流れるようにする。

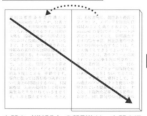

文章は左側の点線に続いているが、素材で区切られているために視線が右下に流れてしまう。このように、文章の流れを分断する配置は誤った方向へと視線を誘導させやすく、読みづらさにつながる。

左開き（横書きの場合）

左開き（横組み）の印刷物は、右開きほど指向性は強くないが、左上から右下への流れがある。

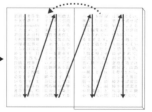

段組みの場合も、縦組みと同様の考え方で段から段へのつなぎがスムーズになるように配置する。

佐々木剛士『絶対はずせないデザインのお約束　デザイン・レイアウトのセオリー』グラフィック社、2006年　p.30　を参考に作成

図 8.5-2　文章の視線誘導

7. 内田広由紀『7日間でマス
ターするレイアウト基礎講
座』株式会社視覚デザイン
研究所、1998

組み合わせは、多様な紙面構成を可能にす
る（図8.5-5）。また、適切な余白は紙面に
奥行きや上品さを演出する（図8.5-6）。
　分析の切り口には、余白やジャンプ率、
レイアウトと印象の関係（図8.5-7）、背景色、
文字色、雑誌の分野などがあげられる。

（村川）

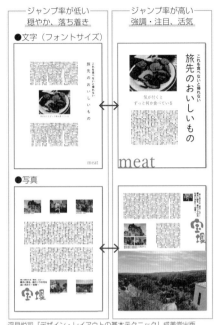

深見悦司『デザイン・レイアウトの基本テクニック』成美堂出版、
2007年　pp.36-37　を参考に作成

**図 8.5-3　文字（上段）と写真（下段）のジャンプ率の
違いによる紙面例**

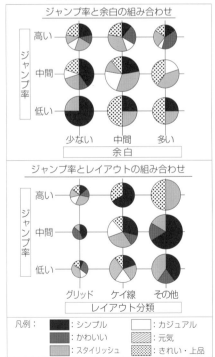

図 8.5-7　分析例

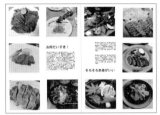

オブスキュアインク『レイアウトデザインのルール―目を引くページにはワケがある。』株式会社ワークスコー
ポレーション、2008年を参考に作成

図 8.5-4　レイアウトの法則3種

グリッドレイアウトをベースにイラストをは
み出させて楽しさや躍動感を演出した例

フリーレイアウトとジャンプ率の高い写真に
より、紙面に変化が出る

フリーレイアウトとグリッドレイアウトの組
み合わせで躍動感とまとまり感を演出

フリーレイアウトとシンメトリー配置で、楽
しさ、カジュアルさやまとまり感が共存

図 8.5-5　レイアウトの組み合わせによる紙面デザイン例

図 8.5-6　余白を活用した紙面デザインの例

図 8.5-7　レイアウト3分類と余白の組みあわせごとの印象

参考文献・出典

1. ケヴィン・リンチ著、丹下健三、富田玲子訳『都市のイメージ』岩波書店、1968

［1］都市を構成する５つのエレメント

「**4-5 スケッチマップ**」の項で述べたように、K・リンチは『都市のイメージ』[文1] の中で人びとが都市を視覚的にどのように捉えているか、移動の際に何を手がかりにしているかを調査している。リンチは鮮明なイメージは道を見つける重要な手掛かりになるだけでなく、人の行動を円滑にし、情緒の安定をもたらすと述べ、それを構成する要素として、パス、エッジ、ランドマーク、ノード、ディストリクトの５つをあげた。これらはその後の多くの研究でも支持され、都市のイメージを語る基本的なボキャブラリーになっている（**図8.1-1**）。

①パス（Path）

人が日常的にあるいは時々通る道筋。街路、散歩道、運河、鉄道などが該当する。地図を描くときに大抵通りをまず描くように、多くの人にとって支配的なエレメントである。

②エッジ（Edge）

人がパスとしては用いない、あるいはみなさない線状のエレメント。海岸、切り通し、川、開発地の縁、壁などがこれに当てはまる。エッジとして明確に認知されるためには、連続性と可視性が重要とされる。

③ランドマーク（Landmark）

点的な要素で、人が外部から見るもの。建物、看板、山などがある。特異性、つまり周囲のものの中でひと際目立ち覚えられ

やすい特徴があれば、一段と重要なものとして認知される。

④ノード（Node）

都市内部にある主要な地点で、人がその中に入ることができるもの。駅、交差点、広場など。人びとの活動が集中する地点であれば、物理的形態の明確さは必ずしも必要ない。

⑤ディストリクト（District）

中から大の大きさを持つ都市の部分で、２次元の広がりを持ち、内部の各所に何らかの共通の特徴が見られるもの。官庁街、商店街、住宅地など。

「○○（都市名）と聞いて思い浮かぶ場所やものをあげてください」というお題を与えて出てくる要素は、上記の５つに分類できる場合が多い。

【演習50】５つのエレメント

［2］演習結果の分析・考察の例

ある講義において、「渋谷と聞いて思い浮かぶ場所やものを５つあげてください」と問うて考えてもらい、学生20名から回答を得た。**表8.1-1**はその結果を整理して多い順にまとめたものである。最も多いのは、「スクランブル交差点」で20名中15名が指摘した。次いで「ハチ公」が13名であり、その次に「宮下パーク」や「渋谷スクランブルスクエア」といった近年再開発された商業施設があがっている。これら

パス　　　エッジ　　　ランドマーク　　　ノード　　　ディストリクト

図8.1-1　５つのエレメント[文1]

をリンチの5つのエレメントに分類すると、「スクランブル交差点」はノードであり、「ハチ公」はランドマークと言えるだろう。一方、「宇田川町」というのは地名であり、繁華街であるディストリクトとして認識されていると考えられる。なお、「道玄坂」は坂道としてイメージしている場合はパスであるが、商店街としてイメージしている場合はディストリクトであるというように、1つのワードが必ず1つに分類できるわけでなく、想起者によってその意味づけは異なりうる。

[3] 5つのエレメントから見た
現代都市の特徴

表8.1-1で上位にあがった「宮下パーク」や「渋谷スクランブルスクエア」は、外から目印になるという意味ではランドマークに分類できるが、その中に入ってショッピングを楽しむ場所という意味ではノードにもなりうるかもしれない。また、施設自体が大きくさまざまな機能を兼ね備えている場合は、1つの街のように捉えることが可能で、そうするとディストリクトとの違いがよくわからなくなってくる。現代の都市においては施設の大型化・複合化が進んでおり、こうしたランドマークともノードともディストリクトとも言える空間が増加しているのではないだろうか。

また、リンチはあくまで都市レベルでのエレメントを分析していたが、1つの大型商業施設の中にオブジェが置いてあったり、広場があったり、フードコートがあったりという光景をあちこちで見ることができる。こうした場所は、都市スケールで見ると1つの「ランドマーク」として認識可能であるが、建築スケールで見ると、ランドマーク、ノード、ディストリクトといった複数の要素が存在していると考えることができる。すなわち、エレメントが入れ子構造になっているのではないだろうか。こうした現象は、以前から存在してはいたが、昨今特に目立ってきたように思われる。こ

要素	指摘数
スクランブル交差点	15
ハチ公	13
宮下パーク	10
渋谷スクランブルスクエア	10
渋谷ヒカリエ	8
渋谷109	7
渋谷センター街	6
道玄坂	5
渋谷ストリーム	4
渋谷駅	3
スクランブルスクエア	2
宇田川町	2
Google	1
SHIBUYA SKY	1
エンタテイメント SHIBUYA	1
タワーレコード	1
ハチ公前広場	1
旧渋谷川遊歩道	1
献血ルーム	1
高層ビル	1
坂	1
渋谷ソラスタ	1
渋谷パルコ	1
渋谷フクラス	1
渋谷横丁	1
吹き抜けの建物（正式名称不明）	1
東急百貨店（本店）	1

（注）アルファベットと片仮名、略称と正式名称などはひとつにまとめた

表8.1–1 渋谷と聞いて思い浮かぶ場所やモノ
（2022年調査）

れは、外と中とを明確に分けない現代建築の潮流と関係しているのかもしれない。

筆者は毎年、前述のお題を出しているが、数年前に「ハロウィンの人の多さ」や「賑やか」という言葉をあげた学生がいた。これは5つのエレメントには分類できない渋谷のイメージである。リンチの提唱したエレメントはその調査手法からして静的で視覚的イメージに偏りがちであるが、実際には我々は五感で都市を認識しており、聴覚・嗅覚・触覚といったさまざまな感覚や流動的な要素にも着目して都市における人間行動を分析する必要がある。　　　　（諌川）

演習51　分解・理解・再構築（SD法の体験）　⇒p.60

[1] 形容詞を用いて分解、言語化・数値化する

SD法（Semantic Differential Method）は、C・E・オズグッドらにより1957年に開発され、言語の意味の研究を目的としたもので意味微分法ともいわれ、主に景観や空間の印象評価に用いられている。本来は言語の意味の研究を目的としたもので、複数の形容詞の対、例えば「広い（感じ）−狭い（感じ）」などの概ね30対位により7段階程度の言語尺度を用いて、評価項目ごとの各個人の程度の差を把握して心理評価を行う[文1]。上記の形容詞に、〜感じ、〜な感じなどを付けて問うと、より直感的な印象評価が得やすい。

評定尺度の段階は一般に5、7段階である。7段階の場合、中心を例えば「どちらでもない（普通）」とし、それを基準に左右対称として両側にそれぞれ、「やや」「かなり」「非常に」の順に並べる（図8.7-1）。

評価とその分析は、複数の形容詞対（両極尺度）を用いて対象の印象を評価した後、因子分析によって因子を抽出して印象の説明をするが、近年では多数の形容詞対を用いた段階評価をしているものもSD法と呼ばれている[文2]。なお、因子分析だけによる基本因子の強引な主張は懸念されており[文3]扱いには注意が必要である。

形容詞対は親近関係のある尺度や左右いずれかに例えばポジティブな意味の用語が偏らないようにランダムに並べて評価させる。評価する対象の示し方は、実空間が望ましいが、人数や場所の制限などにより実現が困難な場合も少なくないため、季節や時間、天候、明るさなどを配慮した写真、CG、VTRなどそれぞれの特性を理解して検討されたい。

各形容詞対の評定尺度ごとの全被験者の平均値と標準偏差を算出し、全尺度の平均値を並べた「プロフィール」と呼ばれる折れ線グラフを作成する。標準偏差が大きいと、調査対象空間に対する評価が評価者によって異なりバラエティに富むことを意味する[文1]。

その後、因子分析（直交バリマックス回転法など）により因子負荷量を基に因子構造を解釈し、因子を抽出して命名することが常套手段である。さらにクラスター分析により客観的に類型化して分類し、デンドログラムといわれる樹形図として表現するパターンも見られる。なおクラスターとは、房や群、集団の意味で類似したものの集合である。

[2] 環境評価手法による建築空間／都市環境のイメージ評価

建築や都市空間、景観の評価に関する多くの研究がSD法で行われている。その中で特に被験者属性により評価が異なることに着目できる。例えば、西應ら[文4]は、建築系学生は非建築系学生よりも緑を都市景観デザインのプラス要素として評価していることや、視覚要因以外の影響を制御できることを明らかにしている。烏雲ら[文5]は日本人学生と中国人留学生は屋上緑化の景観に緑の質や眺望性および景観の自然性と伝統性の認識が共通していることを示している。

このように、建築空間や都市環境は素人や専門家、学生などにより評定に相違や共通点が見られることから、被験者の属性も

参考文献・出典

1. 積田洋「意味を捉えるSD法」（『建築・都市計画のための調査・分析法［改訂版］』井上書院、日本建築学会編、2012）
2. 合掌顕「評価尺度をどのようにつくるか」（『心理と環境デザイン―感覚・知覚の実践―』技報堂、日本建築学会編、2015）
3. 小島隆矢「因子分析の用途の今昔」（『よりよい環境創造のための環境心理調査手法入門』技報堂、日本建築学会編、2000）
4. 西應浩司、松原斎樹、合掌顕、藏澄美仁、材野博司「都市景観評価に対する複合環境評価的視点からの実験的検討」（『日本建築学会計画系論文集』64巻、522号、pp.107-113、1999）
5. 烏雲巴根、長谷川祥子、下村孝「中国人学生、日本への中国人留学生および日本人学生による屋上緑化の景観評価」（『日本緑化工学会誌』36巻、1号、pp.69-74、2010）
6. 戸田都生男「博多駅前周辺における建築系学生のスケッチによる木質空間の評価　木の外部・内部空間が「賑わい」に及ぼす影響の観点から」（『日本建築学会学術梗概集　建築計画（2017）』pp.559-560、2017）
7. 古賀誉幸ら「キャプション評価法による市民参加型景観調査：都市景観の認知と評価の構造に関する研究　その1」（『日本建築学会計画系論文集』64（517）、pp.79-84、1999）

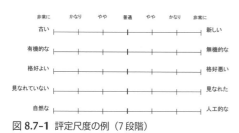

図8.7-1　評定尺度の例（7段階）

SD法による印象評価において重要な要素である。

［3］木質空間に見る素材と居心地の関係

空間の素材や色が認識しやすい対象として、**8-3 商業施設の外観から「It's for me」を感じる、**で述べたように、木質化ルーバーなどの温かみのある落ち着いた雰囲気で目の引くデザインの木質空間に着目できる。

建築系学生はある程度、建築の基礎的知識を保有しており、実空間や写真の空間の評価として形容詞対でその感覚を言語化することは困難でないと予測できるが、学年による習熟度の差も否めない。戸田[文6]は建築系専門学校の１年生を対象に、３年生が描いた木質空間（内部と外部）の飲食店や寺社建築のスケッチを主として、その実空間との相違を補う意味で写真も被験者に見せて、SD法で評価させ、さらに評価した理由などをキャプション評価法[文7]に基づく自由記述を求め、テキスト分析した。

図**8.7-2**の４種類の木質空間で評価のばらつきが小さい形容詞対に着目すると、「居心地がよく」「親しみがある」傾向にある。このことから、人が木質空間に魅了されることで「賑わい」に影響を及ぼす可能性があると考えられる[文6]。自由記述のキーワードの出現頻度は「木材」「自然」「温かみ」などが高く、「入口前に木材でつくられた看板があると入りやすい」「看板に木を使っているので自然を感じられる」「木材をたくさん用いているので温かみがある」な

どの記述例であった。

木質化では無垢材や集成材など、多様な仕上げがあり、空間に対する印象評価も個人差が多様である。そのためSD法のように限定された評価尺度や数値に基づく因子分析だけでなく、自由記述の分析やヒアリングなどの併用による個人差にも着目した、定量的かつ定性的な評価構造の分析による深い考察が望まれる。

▶【演習 51】建築空間のイメージ評価：SD法

異なる二つ以上の建築空間の写真などの画像に対して、数秒間の直観的な印象で評価をしてみよう。

［4］演習結果の分析・考察の例

図**8.7-2**の４種類各々の画像（図**8.7-3** 実際はカラー画像で評価）に対する印象評価の主な結果を抜粋する。分析は形容詞対の評価を１〜７点まで得点化し平均値と標準偏差を求めた。評価のばらつきは小さい順に、「居心地がよい－悪い（0.17）（数値は標準偏差、以下同様）」「人が通過しやすい－とどまりやすい（0.30）」「親しみのある－ない（0.35）」であった。総じて４種類ともグラフは「人が通過しやすい」側でなく、「居心地がよい」「親しみのある」側に各々、偏る傾向があった。承天寺は極めて「歴史的な」側に、Balanc Caféとマルイ休憩スペース（以下マルイ）はやや「現代的な」側に各々偏る傾向があり、木質空間の新旧の違いが明確であった。マルイは比較的「雰囲気が明るい」側にも偏る傾向があった。これらより、特にマルイのように洋風で植栽がある木質空間の商業施設は、現代的で雰囲気が明るいため、多くの人に注目され「賑わい」につながると推測される。

以上、質問によっては全員が近い評価もあれば、個人の経験、性格、見方などによって評価が分かれるものまである。画像の明るさなども人の判断基準に影響を及ぼすことを念頭に置くことが重要である。（戸田）

図 8.7-3
木質空間のスケッチ
上からマルイ休憩スペース・承天寺・Balanc Café・芳々亭

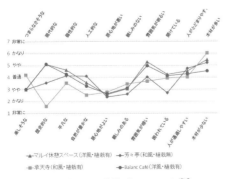

図 **8.7-2** 木質空間の平均値プロフィール[文6]

私はどこから来たのか　私とは何者か
私はどこまでであるか（3）

　生命と場の哲学を論じた清水博[X1]は、「自己の二領域の卵モデル」を提唱している。このモデルでは、自己は決して互いに混ざらない卵の黄身（局在的自己）と白身（遍在的自己：流動性のある「場」、関係性）で構成される包摂構造にある、とする。(2)（p.180）で述べた、場所や相手による振る舞い、関係性である「分人」は、このうち遍在的自己（白身）にあたるだろう。これに対して、場所や相手によらず存在する黄身の部分にあたる局在自己を想定することが、「卵モデル」の特徴と言える。

　生卵の殻を割って器に入れたときを想像しよう。それがどのようなかたちの器（場所）であるかによって白身（場）はあり方を変える。しかし、黄身（局在的自己）には器のかたちは直接は関係しない[X1]。また、遍在的自己は器の中で混ざり合うが、局在的自己が混ざり合うことはない（図コラム 12-1）。

　局在的自己（黄身）どうしではなく、私たちはそのときどきに身にまとう物品や価値観などの拡張自己を介して関係をつくり、その関係（分人）として存在する。

そしてそのとき、そこに存在する分人の集合として共同体をつくる／それを成す。また、遍在自己やその集合である共同体は器によってかたちを変える（図コラム 12-2）。

　そこには、器（場所）が形状を規定するために、白身（場）があるかたちをもって存在でき、白身（場）があるゆえに黄身（局在的な魂、場に参加する個人）も存在できるという構造がある。

　なにによって「私」が成立し（私はどこから来たのか）、私はどのように在り（私とは何者か）、環境や他者との関係と呼ばれるものとでありそれと不可分にそのなかに存在し物語をもって自己を世界に位置づける人間存在（私はどこまでであるか）——「私」は、さまざまなものの見方を知り、知識を得て、それらと関係を結んでいくことで、拡張あるいは変容する。環境行動学は、人間と人間を含む環境との相互作用を研究し、それを記述、理解しようとし、その知見を環境のあり方への介入（デザイン）に活かそうとする。それは、人間自身のあり方に影響を及ぼし、変えていく行為でもある。　　　　　（山田）

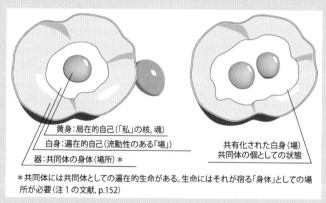

黄身：局在的自己（「私」の核, 魂）
白身：遍在的自己（流動性のある「場」）
器：共同体の身体（場所）＊

共有化された白身（場）
共同体の個としての状態

＊共同体には共同体としての遍在的生命がある。生命にはそれが宿る「身体」としての場所が必要（注1の文献, p.152）

図コラム 12-1 遍在自己と局在自己、器の関係

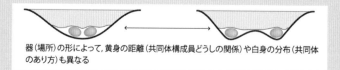

器（場所）の形によって, 黄身の距離（共同体構成員どうしの関係）や白身の分布（共同体のあり方）も異なる

図コラム 12-2 器の形が異なると——「私」をつくる空間、場、場所

参考文献・出典

1. 清水博編著（引用は清水氏著述箇所）『場と共創』、NTT 出版、p.147-152、2000

おわりに
「観る」ちからを計画・設計に活かす

［1］「知る」こと

　本書は、人間が環境の一部であり、環境のなかにあって環境をつくり、また環境によって自分自身（価値観や考え方）、行動、他者との関係を含めてつくられているという関係を多様な演習を通して実感し、共有することを目的に編まれた。この、人間と環境の関係は互いに分かちがたく包含的かつ双方向性を持っているという相互浸透論（トランザクショナリズム）や認識される環境はその主体個々によって異なるという考え方は本書の拠って立つところであり、今日の環境行動分野の基盤である。しかし、この分野の成り立ちから必ずしもそのように認識されていたのではない。人間の行動や環境によって決まるのだという環境決定論や、人間の行動の内容は行動場面（ビヘイビア・セッティングス）によって決定しそこに居る人間自身は交換可能（行動の主体に個別性はない）だとする論などに対して、果たしてそれは本当に適切なのだろうかという検証や議論の積み重ねを経て、今日の認識に至っている。

　この世界の理解の変化は、「**どのような知識や仮説をもっているか**」によって、**世界が異なって見える**ということでもある。今我々が拠っている論も、いずれは覆される日が来るかもしれない。どこまでいってもあらゆる論は「そう理解することができる」という仮説なのだとしておいた方が良いだろう、我々が思考する生き物として世界に在る限り。そうして我々自身が認知できる範囲において世界を認識し、理解し、人に伝え共有しようとしている現象を、日高敏隆は「イリュージョン」と呼び[文1]、あるいは広く「物語（ナラティヴ）」としての世界認識などとして知られている。結局のところ我々は、自分に関係がある要素、そして知っているものの集合として、また理解できる物語としてしか世界を見ることはできない。だから世界を楽しみ、自身も環境の一部としてより良い環境をつくることを目指そうとするとき、解像度高く、そして多角的にさまざまな要素とその関係を**観**ようとするちからが必要となる。それにはまず「**知る**」ことがステップとなる。

［2］ネットワークの舞台をコンダクトする

　上述のように、環境行動の分野においては、環境を構成する物理的な要素やその場所の運営ルールや人間関係などの社会的要素、また個人の経験や価値観など個人の要素が相互に絡み合い「系」を成していると認識されるに至っている[文2]。領域や理論が異なるようでいて実は同様の理解であると見なせるものとして、文化人類学のアクターネットワーク理論（ANT）がある。これは1980年代にM・カロンやB・ラトゥールらが提唱し多方面に影響を与えながら発展してきた[文3]。人間と自然、主体と客体、人と社会などを対立構造として捉える人間中心主義的な近代的世界認識へのアンチテーゼであり脱中心的なネットワークとして「社会的なるもの」を捉えようとする理論である。この理論では、人や社会、言葉、もの、自然の異種混合な集合体（ハイブリッド　コレクティヴス）であるネットワークにおいて、ものや自然にも人と同じように行為主体性（エージェンシー）がある行為者（アクター）であると説明する。本書で扱ったような演習を通して、我々が（我々自身がつくってきたと認識している社会や都市において＝それらは実際には双方向のネットワークなのだが）現実に影響を受けていることがらを体感し、改めて省みれば、人間ではない物（非人間物）（インヒューマンシングス）が社会的に積極的な役割や作用性を持つという説明は違和感なく納得できるだろう。

参考文献・出典

1. 日高敏隆『動物と人間の世界認識—イリュージョンなしに世界は見えない』ちくま学芸文庫、2007
2. 日本建築学会編『人間—環境系のデザイン』彰国社、1997
3. ブリュノ・ラトゥール著、伊藤嘉高訳『社会的なものを組み直す：アクターネットワーク理論入門』叢書・ウニベルシタス、法政大学出版局、2019

認知症高齢者のケアに尽力した精神科医である小澤勲は、人間とは個であり類（関係性）である[文4]と、また精神障害者の臨床ケアを広めた木村敏は人間の本質は「あいだ」にある[文5]と説明した。場の研究者である清水博[文6]は、人間の核となる局在自己に対して、他者との関係や場としての成り立ちとして存在する遍在自己がある、その両者が自己である、とする。清水はまた、場の生成と展開を、そこに参加する人びとや関わる事物による筋書きのない即興劇に例えている[文7]。

人や社会やさまざまな事物が互いに作用し分かちがたく関与する関係性として存在し、だからこそそこに生じる即興劇としての場面や人びとの振る舞いをどのように演出していくかを建築や都市に関わる人びとは考えている。こうした人びととの豊かな振る舞いや滞在の場面を観察し、その背景となる都市の小空間や座れるしつらえなどの装置の価値を論じたW・H・ホワイトの著書『City: Redis-covery of the Center（1988）』に、柿本照夫は「都市という劇場」という秀逸な邦題を与えた[文8]。我々自身もまた都市という劇場で日々繰り広げられる芝居の観客であるとともにアクターであり、演出家である。その意味で、アクターとアクター兼演出家の間にある違いは、さほど大きくはないのかも知れない。最も大きな違いは、変化（よりよくしようとすること）に対する意思の存在だろう。

［3］「観る」ちから

「知ること」と「よりよくしようとすること、そうできると思うこと」の基盤となるものこそ、「観る」ちからである。それは虚心坦懐にそこで起こっていることを捉え、理解しようとする態度であり、そのための分析的視点や技術であり、そこにさまざまな要素が在ることについての知識の総体である。知らないものは見えない。技術がなければ見えない。見ようとしなければ見えない。人間は言葉にできるより多くのことを知ることができる[文9]というが、同時に、言語（による伝達）は認識を拡張させる。我々自身が実は知っている多くの物事は、言葉や概念を与えられ、世界に定位されるとさらにより多くの物事に気付き、知るためのアンカーとなる。

都市に溶け込む小劇場のブームを引き起こしたアングラ演劇実践者の1人である寺山修司は論評集『書を捨てよ、まちへ出よう[文10]』で一躍名をあげた。そしてそのフレーズを引いて、社会学者であり演劇も研究対象としている佐藤郁哉は現場調査（フィールドワーク）の指南書として今も参照される『フィールドワーク—書を持って街へ出よう[文11]』を上梓している。都市、人間、芝居、「観る」ということ。ほんの少しの補助線で、これらの一見して別々の物事と思われそうなことがらは一つのストーリーの構成要素であると見えてくる。ひとたび知識を得ると、それを知らなかった時とは世界は異なって見える。知識や言語化は世界の認識を拡張させ、解像度を上げ、無関係だと思っていたことがらを関係性でつなぎ、物語をつむぎ、それを語る手段となる。

今日も都市という舞台では物語が繰り広げられている。さあ、今日は観客となるか、アクターとなるか、それとも演出家となるか。書を閉じて、あなたが得た知識や経験が世界の見方をどのように変えたかを楽しんでほしい。そしてまた書を手に取り、今度はあなたが他の人にあなた自身の気づきを教える側になってほしい。いろいろな見方で、いろいろな視点で、建築を、都市を、楽しみましょう。ようこそ、こちら側の世界へ。
　　　　　　　　　　　　　　（山田）

4. 小澤勲『痴呆老人から見た世界—老年期痴呆の精神病理』岩崎学術出版社、1998
5. 木村敏『自己・あいだ・時間—現象学的精神病理学』ちくま学芸文庫、2006
6. 清水博、三輪敬之他『場と共創』NTT出版、2000
7. 清水博『生命知としての場の論理—柳生新陰流に見る共創の理』中公新書、1996
8. ウィリアム・ホリングスワース・ホワイト著、柿本照夫訳『都市という劇場—アメリカン・シティ・ライフの再発見』日本経済新聞社、1994
9. マイケル・ポラニー著、佐藤敬三訳『暗黙知の次元—言語から非言語へ』紀伊國屋書店、1980
10. 寺山修司『書を捨てよ、町へ出よう』初版：芳賀書店、1967、現行版：角川書店（角川文庫）、2004
11. 佐藤郁哉『フィールドワーク—書を持って街へ出よう』新曜社、1992、現行版（増補版）2006

■編著者

山田あすか（やまだ・あすか）
東京電機大学未来科学部建築学科教授。博士（工学）、一級建築士。
東京都立大学大学院工学研究科建築学専攻博士課程修了。日本学術振興会特別研究員（DC1、PD）、立命館大学理工学部建築都市デザイン学科講師等を経て現職。主な著書に、『ケアする建築：「共在の場」の思想と実践』（鹿島出版会、2024）など。

小林健治（こばやし・けんじ）
摂南大学理工学部建築学科准教授。博士（工学）、一級建築士。
大阪大学大学院工学研究科建築工学専攻博士後期課程修了。遠藤剛生建築設計事務所、摂南大学理工学部建築学科講師を経て現職。主な著書に、『まちの居場所　ささえる／まもる／そだてる／つなぐ』（共著、鹿島出版会、2019）など。

村川真紀（むらかわ・まき）
東京電機大学未来科学部建築学科研究員。博士（工学）、一級建築士。
東京電機大学大学院先端科学技術研究科博士課程単位取得満期退学、後に学位取得。主な論文に『特徴的な平面を持つ急性期病院における看護負担感についての事例報告』（日本建築学会技術報告集、2021）など。

■著者 （五十音順）

諫川輝之（いさがわ・てるゆき）
東京都市大学都市生活学部都市生活学科准教授。博士（工学）。
東京工業大学大学院総合理工学研究科博士後期課程修了。東京工業大学大学院総合理工学研究科産学官連携研究員、東京大学・日本学術振興会特別研究員（PD）を経て現職。主な著書に、『都市・建築デザインのための人間環境学』（朝倉書店、2022）など。

熊澤貴之（くまざわ・たかゆき）
茨城大学大学院理工学研究科教授、博士（工学）、一級建築士。
東京工業大学大学院総合理工学研究科博士課程修了、岡山県立大学デザイン学部助手、講師、准教授を経て現職。主な論文に『ホールと図書館の複合施設における利用者の施設イメージが相互利用に与える影響』（日本建築学会計画系論文集、2023）など。

古賀政好（こが・まさよし）
竹中工務店医療福祉・教育本部専任課長／東京電機大学未来科学部建築学科非常勤講師。博士（工学）、一級建築士。
東京電機大学大学院先端科学技術研究科博士課程修了、国立保健医療科学院客員研究員を経て現職。主な著書に、『こどもの環境づくり事典』（青弓社、2014）など。

小松尚（こまつ・ひさし）
名古屋大学大学院環境学研究科教授。博士（工学）、一級建築士。
名古屋大学大学院工学研究科博士課程前期課程修了。主な著書に、『「地区の家」と「屋根のある広場」』（鹿島出版会、2018）など。計画・運営指導に石榑小学校（いなべ市）、川崎小学校（亀山市）、鎌田中学校＋第四公民館（松阪市）など。

酒谷粋将（さかたに・すいしょう）
関東学院大学建築・環境学部准教授。博士（工学）、一級建築士。
京都大学大学院工学研究科建築学専攻博士後期課程修了。日本学術振興会特別研究員PDを経て現職。主な論文に、『設計対象の多義性を構成する創造的対話のプロセス』（日本建築学会計画系論文集、2020）など。

橘弘志（たちばな・ひろし）
実践女子大学生活科学部生活環境学科教授。博士（工学）、一級建築士。
東京大学大学院工学系研究科建築学専攻博士課程中途退学。早稲田大学人間科学部助手、千葉大学工学部デザイン工学科助手を経て現職。主な著書に『まちの居場所　ささえる／まもる／そだてる／つなぐ』（鹿島出版会、2019）など。

戸田都生男（とだ・つきお）
ものつくり大学技能工芸学部建設学科教授。博士（学術）、一級建築士。
大阪芸術大学芸術学部建築学科卒業。京都府立大学大学院生命環境科学研究科環境科学専攻博士後期課程 単位取得退学。
Ms建築設計事務所、麻生建築＆デザイン専門学校講師等を経て、現職。主な受賞に2019年日本建築学会教育賞（教育貢献）（川上村木匠塾として共同）など。

林田大作（はやしだ・だいさく）
畿央大学健康科学部人間環境デザイン学科教授。博士（工学）。
東北大学大学院博士前期課程修了、大阪大学大学院博士後期課程修了。大林組設計部、和歌山大学講師・准教授、大阪工業大学准教授を経て、現職。主な著書に『名作住宅で学ぶ建築製図』（学芸出版社、2008）、『まちの居場所　ささえる／まもる／そだてる／つなぐ』（鹿島出版会、2019）など。

藤田大輔（ふじた・だいすけ）
福井工業大学環境学部デザイン学科教授。博士（工学）。
東海大学大学院工学研究科建築学専攻博士前期課程修了。岐阜工業高等専門学校准教授を経て現職。主な著書に『保育園・幼稚園・こども園の設計手法』（学芸出版社 2019）、『ケア空間の設計手法―地域にひらく子ども・高齢者・障がい者福祉施設―』（学芸出版社 2023）など。

前田薫子（まえだ・まさこ）
佐藤総合計画／東京大学大学院工学系研究科都市工学専攻協力研究員。博士（工学）、一級建築士。
東京大学大学院工学系研究科建築学専攻博士課程修了。主な著書に『オーラルヒストリーで読む戦後学校建築』（学事出版、2017）、『大槌コミュニティ・プレイスにおけるコミュニティ再生に向けた取組み』（建築雑誌、2017）など。ほか歴史的建造物保存再生や学校建築などに携わる。

米ケ田里奈（めかた・りな）
東京電機大学先端科学技術研究科建築・建設環境工学専攻博士課程／東京電機大学総合研究所特任助手。修士（工学）。
主な発表に『居場所とその時間的変遷の全体像「セルフプレイスネットワーク」の概念構築― A地区の子育て支援を起点とした地域拠点の運営者を対象として』（日本建築学会大会（近畿）学術講演会、2023）など。

ワークブック 環境行動学入門
建築・都市の見方が変わる51の方法

2024 年 3 月 20 日　　第 1 版第 1 刷発行

編 著 者　山田あすか・小林健治・村川真紀
著　　者　諫川輝之・熊澤貴之・古賀政好・小松尚
　　　　　酒谷粋将・橘弘志・戸田都生男・林田大作
　　　　　藤田大輔・前田薫子・米ケ田里奈

発 行 者　井口夏実
発 行 所　株式会社 学芸出版社
　　　　　〒600-8216　京都市下京区木津屋橋通西洞院東入
　　　　　電話 075-343-0811
　　　　　http://www.gakugei-pub.jp/
　　　　　E-mail info@gakugei-pub.jp
編集担当　岩切江津子・知念靖廣

DTP・装丁　KOTO DESIGN Inc.　山本剛史・萩野克美
印刷・製本　シナノパブリッシングプレス

© Asuka YAMADA, Kenji KOBAYASHI, Maki MURAKAWA et.al 2024　Printed in Japan
ISBN978-4-7615-3299-4